의사를 위한
AI 출판 가이드

의사를 위한 AI 출판 가이드

의사의 퍼스널 브랜딩을 위한 전략적 출판

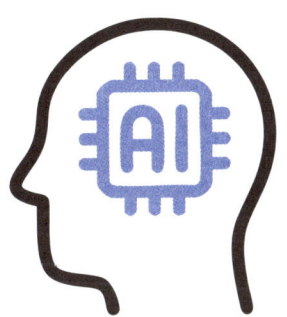

심진보 지음

| 목차 |

프롤로그 … 9
학습 목표 … 14

Part 01 실패하지 않는 AI 책 쓰기

- 첫 책은 가장 잘 써지는 주제로 써라 … 19
- 소제목 100개를 모으면 책이 뇌는 기적 … 22
- 제목과 목차를 정하고 쓰면 실패한다 … 25
- 고유한 관점으로 흐름을 만들어라 … 27
- 나를 정의하라! 그리고 책을 써라! … 29
- 잘 써지는 주제는 빨리 쓰고 싶어서 조바심이 난다 … 32
- 가망 독자의 니즈와 원츠를 구분하라 … 35
- 책이 잘 써지는 장소를 찾아라 … 37
- 책 쓰기, 스스로 고독한 몰입의 시간을 만들어라 … 40
- 명쾌한 주제 의식과 고유한 시선을 팔아라 … 42
- 에세이가 떠오르지 않을 때는 차트를 보라 … 45
- 스토리텔링의 보물창고 CRM, EMR, PACS … 47
- 책을 쓰고 싶다는 것과 실제 쓰는 것의 차이 … 49
- 작가의 경험을 AI가 따라올 수 없는 이유 … 52
- 책 쓰기에 있어 완벽한 준비는 없다 … 55
- 성공 공식 = [기획+몰입+집중] × AI … 58

- 고유한 관점으로 이륙하고 내러티브(narrative)로 비상하라　59
- 내 경험, 내 에피소드가 가장 특별하고 소중하다　61
- 타깃 독자를 정의하고 맞춤 해답을 제시하라　63
- 타깃 설정과 동심원 전략　65
- 정치인들은 왜 책을 빨리 쓸 수 있을까?　68
- 독립출판이 의사에게는 어울리지 않는다　69
- 나만의 고유한 주장은 무엇인가?　72
- 현장에서 책상으로, 매일의 경험이 글쓰기의 영감　76
- 소셜미디어보다 긴 리듬으로 책을 써라!　79

Part 02　의사의 퍼스널 브랜딩의 완성, 책 쓰기

- 퍼스널 브랜딩의 끝판왕 = 책　85
- 퍼스널 브랜딩, 공식은 없지만 패턴은 있다　87
- 개원 전에 책을 써서 성공하라　89
- 퍼스널 브랜딩의 촉매, AI 글쓰기　92
- 성공적인 출간으로 강의 시장에 진출하라　95
- 성공적인 출간으로 방송에 출연하라　98
- 유튜브 vs 출판 무엇이 더 유리할까?　100

Part 03　원장의 팬을 만드는 출판 마케팅의 효과

- 의료광고 심의의 한계, 출간으로 극복하라　105
- 개원가는 출간을 통해 무엇을 얻는가?　108
- 출간을 통해 시장을 선점하라　110
- 의료인 작가의 세계관과 매력　111
- 전국구 병원이 되고 싶다면 책을 써라　116
- 원거리 환자를 원한다면 책을 써라　117
- 여러분의 가치 있는 주말을 위하여　119

- 정보의 과잉 시대, 광고는 덜 믿는다, 책을 써라 ... 121
- 반드시 베스트셀러가 될 필요가 없는 이유 ... 123
- 병의원은 부동산업이었던가? ... 125
- 책 쓰기 = 설득 안 되는 사람을 빨리 거르는 것 ... 127
- 출간의 보람, 현업을 이어갈 위안! ... 129
- 의사 작가에게 팬이 생긴다는 것 ... 131
- 책과 가망 고객의 농도에 대하여 ... 134
- '유튜브 구독자 = 신환' vs '책의 독자 = 신환' ... 136
- 마케팅 고정비에서 탈출하는 책 한 권의 힘 ... 138
- 의사가 책 쓰기로 절대 손해 볼 수 없는 이유 ... 140

Part 04 공개! AI 활용 책 쓰기 비법

- 20:80, AI 책 쓰기 법칙 ... 145
- 책 쓰기 프롬프트의 핵심 구성 요소 ... 147
- 마케팅 책 쓰기에서의 프롬프트의 활용 ... 149
- 의사의 책 쓰기에서의 프롬프트의 활용 ... 150
- 의료인의 책 쓰기에 적합한 AI 프롬프트 ... 153
- 의료인을 위한 효율적 AI 글쓰기 구조 ... 154
- 복수 전문가의 공저처럼 책 쓰는 비법 ... 159
- AI로 2배의 효율과 속도로 책 쓰기 ... 162
- AI 글쓰기지만 나만의 문체가 필요하다 ... 177
- 질문이 곧 원고가 되는 AI 글쓰기 ... 179
- AI 책 쓰기의 효율적 원고 저장법 ... 182
- 내 글의 분량을 2배로 늘려주는 AI 프롬프트 ... 185
- AI 글쓰기, 자주 쓰는 만큼 성장한다 ... 188
- AI 출간 기획의 기초 ... 193
- AI에 주도권을 뺏기지 말고 책을 써라 ... 195
- 첫 출간, AI로 성공하기 ... 197
- 글쓰기에 있어서 AI의 혁명 ... 199

- AI 글쓰기의 특이점 양시론과 편향성   200
- AI를 이용한 효율적인 목차 만들기   202
- 책 쓰기의 어떤 단계에서 AI를 도입할 것인가?   205
- 실전! AI로 진료 가이드북 제작하기   208
- AI를 이용한 책 쓰기의 한계   212
- AI 글쓰기가 몰입력이 높은 이유   214
- AI를 이용한 제목, 목차 정하기   217
- AI의 함정, 할루시네이션   221
- 책 쓰기에 어떤 생성형 AI를 사용할 것인가?   223
- 책 쓰기와 번역 AI의 혁명   226
- AI를 이용한 작가의 블록 극복   228
- 퇴고 단계에서 활용할 AI 프롬프트   231

Part 05 초보 작가를 위한 출판 상식

- 출판의 형태 비교   237
- 출판에 필요한 최소 원고는?   239
- 출판사와 접촉, 이렇게 하라   241
- 책의 목차에 대한 상식   243
- 그림을 넣으면 책쓰기가 쉬울 거라는 착각   244
- 표지의 매력도 높이기   246
- 의료인의 책과 독자의 유형   247
- 누구에게나 쉬운 POD 출판   249
- 대표적인 POD 출판 플랫폼 소개   253
- 1,2,3,4도 인쇄의 차이점과 비용   255
- 팔리는 책 제목 짓기를 위한 TIP   257
- 추천사는 누구에게 받는 것이 효과적일까?   258
- 문장을 어색하게 만드는 나쁜 습관들   260
- 출간하면 어떤 서점에서 주로 팔릴까?   263

Part 06 출판 후 마케팅은 이렇게!

- 출판 마케팅에 기존 마케팅을 결합하는 비법 — 267
- 책의 마케팅 효력은 몇 년일까? — 269
- 출간 이후에 꼭 해야 할 일들 — 271
- 과연 환자들이 논문을 좋아할까? — 274
- 입구에서 돈을 받지 말라 — 277
- 의료인이 출판 마케팅을 하기에 유리한 이유 — 278
- 블로그? 유튜브? 책을 쓰면 자동 해결된다 — 281

Part 07 평생 작가로 살기 위한 꿀팁

- 시리즈 출간 전략 — 287
- 도서 대필 시장에 대한 정보 — 289
- 맞춤법에 자신 없다면 맞춤법 검사기를 써라 — 291
- 브런치를 통해 출간하기 — 293
- "90년 생이 온다"가 주는 교훈 — 296
- 의사를 대상으로 책을 쓸 때 주의할 점 — 299
- 첫 책 어렵게 쓸까? 쉽게? 넓게? 좁게? — 301
- 의료인의 정보의 보고 아마존 활용법 — 303
- 내 책을 번역하여 아마존에서 판매하기 — 305

에필로그 — 308
부록 — 311

프롤로그

오늘도 진료 현장의 최전선에서 묵묵히 환자들의 건강을 위해 헌신하시는 원장님들께 이 책을 바칩니다. 병의원 마케팅을 2008년부터 진행해 온 광고대행사의 대표로서 갈수록 치열해지는 개원가의 경쟁 상황을 현장에서 직접 느끼고 있습니다. 진료 차별화와 마케팅의 성과를 위해서는 의료인의 퍼스널 브랜딩이 가장 중요하다는 것을 시간이 갈수록 깨닫고 있습니다. 의료인의 차별화를 실현할 수 있는 가장 강력한 마케팅 도구는 도서 출판이며 생성형 AI의 출현으로 의료인이 출판하는 것이 이전에 비해 훨씬 쉬워졌음을 알리고자 이 책을 쓰게 되었습니다.

이 책은 의사가 퍼스널 브랜딩을 목적으로 본인의 첫 번째 책을 실제 서점에 입점하는 형태로 출판하는 작업을 실패 없이 완료하기 위해 생성형 AI 플랫폼을 활용하는 방법에 대한 실용적인 가이드를 제공합니다. 하지만 특정 AI 플랫폼을 활용하는 기술적 요소를 가르치지는 않습니다. AI는 매우 빠르게 등장하고 발전하고 있기 때문에 본 도서에서 이러한 지침을 공식화하면 1~2개월 후면 이 책은 쓸모없는 책이 될 수밖에 없을 것입니다. 이 책은 제가 그동안 10여 권의 책을 쓴 작가로서의 경험과 최근에 AI를 이용한 의사의 책 쓰기 코칭을 진행하며 얻은 근본적인 성공적인 글쓰기 경험과 지속 가능한 AI 근본 적용 기술에 중점을 두고 있습니다. 즉 '의사가 책을 어떻게 쉽고 빠르게 쓸까?'라는 질문을 해결하기 위한 응용에 초점을 맞추고 있습니다.

책 쓰기에 있어 AI의 진정한 가치는 생성형 AI를 작업을 완료하는 도구로만 생각할 것이 아니라 자신의 글쓰기 능력을 향상하게 시킬 수 있는 잠재적이며 계속 함께 할 파트너 또는 개인비서로 활용할 수 있어야 합니다. 인간과 AI의 협업을 통해 작가는 자료조사, 퇴고, 필력, 어휘력 등의 부담에서 벗어나 새로운 아이디어, 비판적 사고, 문제 해결에 집중할 수 있습니다.

오늘날 개원가의 경쟁 환경은 원장의 뛰어난 술기나 모두가 유사한 방식으로 하는 온라인 광고로는 충분하지 않습니다. 마케팅 비용이라는 고정비를 무한하게 투입하지 않는 환경을 만들기 위해서, 병의원의 지속적인 성장과 발전을 위해서는 병원의 브랜드 가치를 높이는 것이 필수적이며 그 핵심에는 바로 대표 원장 개인의 전문성과 고유한 세계관과 관점에 기반한 퍼스널 브랜딩이 자리하고 있습니다. 이 도서에서는 엄격한 의료법의 병원 광고 규제 속에서 원장님들께서 도서 출판이라는 강력한 도구를 이용하여 자신만의 퍼스널 브랜드를 구축하고 이를 통해 병원의 가치를 높이는 방법을 지금까지와는 다르게 AI를 이용한 책 쓰기라는 혁신적이며 효율적인 방법으로 상세하게 소개합니다. 여러분은 이 책을 통해 의료인의 효율적인 마케팅 도서 집필 방법과 이에 AI를 활용하여 기존의 책 쓰기에 비해 2~3배 빠른 집필 방법 및 기존 병의원 마케팅과 도서 출판 마케팅의 결합 기법 등을 터득하실 수 있을 것입니다. 이는 단순한 출판 가이드가 아닌 의사의 전문성을 가망 신환들에게 알리고 병원의 브랜드 가치를 높이는 종합적인 전략입니다. 원장님이 가진 무한한 지식과 경험, 의료철학과 관점, 주장이 책이라는 신뢰성 있는 매개체를 통해 더 많은 환자와 보호자들에게 전달되어 원장님의 병의원은 물론 지역사회를 넘어선 우리 사회 전반의 건강 증진에 기여할 수 있기를 희망합니다.

원래 본 도서는 출간 계획이 없다가 갑작스레 기획되어 쓰게 된 책입니다. 저의 병원 마케팅 도서는 병의원 마케팅 전반을 다룬 "원장님께 드리는 병원 마케팅 조언(2021)", 개원 준비 의료인을 위한 "병원 개원 마케팅 이기는 전략(2024)"을 출간하고 다음으로 개원한 지 일정한 시간이 지난 후 조직과 마케팅에 비효율이 생긴 병의원을 위한 "병원 마케팅 리빌딩"이라는 책을 한창 집필하다가 갑작스레 떠오른 영감으로 의료인의 AI 출판에 대한 도서를 출간하게 되었습니다.

본 도서에 본문에서도 언급하였지만 특히 첫 책을 쓰려는 의료인에게 하고 싶은 말은 '책을 쓰고 싶어서 빨리 퇴근하고 싶은 책', '책을 쓰는 것이 설레는 책'을 쓰라는 것입니다. 저는 현재까지 10권 정도의 책을 출간하였는데 바로 이 책이 저에게 있어서 오랜만에 그러한 책 쓰기의 희열과 도파민 분출을 느끼게 해준 책입니다. 책을 기획하고 쓰는 내내 저에게 제가 아는 내용을 빨리 책으로 출간해서 알려 드리고 싶은 조바심과 설렘이 있었습니다. 그래서 원래 계획되어 한창 집필 중인 책을 잠시 중단하고 이 책을 쓰게 되었습니다.

본 도서를 출간하겠다는 생각이 갑자기 떠오른 건 개인적으로 원장님 세 분의 책을 코칭하면서 책 쓰기에 대한 자료를 정리하던 중 저 스스로 책 쓰기 자료를 정리하는 과정이 다른 문서 작성보다 훨씬 수월하게 느껴졌기 때문입니다. 매월 의료인을 대상으로 하는 무료 강의로 '병원 마케팅 이기는 전략'이라는 강의를 medibrain.co.kr이라는 사이트를 통해 접수하여 진행해 왔습니다. 이 강의 중에서 특강 형태로 '의료인의 책 쓰기'라는 강의를 할 때도 저 스스로 제가 평소 다른 강의보다

할 말이 많다는 것을 느꼈습니다. 지금 생각하면 이것 역시 이 책에서 제가 말하는 저자 스스로 끌어낼 주제가 많았던 것이라 생각됩니다.

저는 직장 생활을 했던 13년 정도의 기간에는 글로벌 IT회사에서 재직하며 기술 영업직으로 제안서와 기술문서를 고객이 쉽게 이해할 수 있도록 글을 쓰는 일을 해왔고 IT에 관한 책을 출간하였습니다. 퇴사 후 마케팅 대행사를 창업한 이후에도 주로 사람을 설득하는 제안서를 써 왔고 책은 마케팅에 대한 실용서를 출간해 왔습니다. 저는 줄곧 사람을 설득하는 실용 서적과 기술 문서만 주로 써왔고 순수 문학이나 소설, 시를 써서 출간한 적은 없습니다. 제가 주장하는 바는 순수문학이 아닌 실용서 집필에 AI는 매우 도움이 된다는 것입니다.

제가 본 도서에서 방법론을 제시하는 '의료인의 글쓰기' 역시 순수문학이 아니라 의료인의 퍼스널 브랜딩을 위한 마케팅 글쓰기입니다. 마케팅 글쓰기는 고도의 필력이나 어휘력이 필요하지 않습니다. 특히 어휘력은 AI에 도움을 받기가 매우 용이합니다. 어휘력이나 필력보다는 내가 남들보다 잘 아는 전문 분야가 필요하고 그 분야에 대한 나만의 세계관과 관점을 말하고자 하는 의지가 필요합니다. 그러나 대부분의 사람들은 실제로 노트북을 열고 자판을 쳐보기 전에 내 안에 그러한 고유한 스토리가 있다는 것을 알 수가 없습니다. 우리가 내 안에 있는 나만의 고유한 스토리를 끄집어내어 적어 보지 않았을 뿐이지 끄집어낸다면 화산 아래에 있던 마그마처럼 분출될 수 있으며 원하는 잠재고객을 충분히 설득할 수 있다는 것을 모르고 있을 뿐입니다. 더구나 이러한 책 쓰기가 더 대중화되는 길목에 가속도를 붙인 촉매는 생성형 AI의 출현입니다. 이 책에서는 다른 직업이 아닌 의료인의 출판 마케팅에 특화된 AI의 활용법에 대한 내용을 언급하고 있습니다. 또한 의사이기 때문에 다른 직업과 달리 책 출간이 쉽고 출간의 실패와 금전적 리스크가 적은 이유에 대하여 설명하였으니 꼭 읽어 보시기 바랍니다.

　장기적인 관점에서 병의원의 생존은 입지, 인테리어, 장비와 같은 요소가 아니라 병의원이 현재의 장소에서 이전하더라도 변하지 않는 가치는 의료인의 퍼스널 브랜드입니다. 브랜드 이미지는 짧은 시간에 구축되지 않습니다. 많은 원장님께서 멀지 않은 거리에 동일한 진료과가 개원하는 것에 대하여 경계하고 계십니다. 그러나 우리가 브랜딩이 되어 있다면 걱정할 필요가 없는 것이 브랜딩은 결코 단기간에 이루어지지 않습니다. 원장님의 퍼스널 브랜딩이 잘 되어 있다면 누군가 나의 병원을 따라 하는 것이 두려울 것이 전혀 없습니다. 오늘부터 가슴이 뛰는 책을 쓰시기를 바랍니다. 그리고 나만의 관점으로 퍼스널 브랜딩을 하시고 전국 단위의 환자를 팬으로 만드시기를 바랍니다. 도서 출판을 통해서 여러분 병의원의 지역성을 극복하고 현재보다 원거리에서 신환을 확보하기를 바랍니다. 생각보다 어렵지 않습니다. 이 책이 원장님들의 첫 번째 책 출간이라는 새로운 도전에 작은 도움이 되길 바랍니다. 원장님만의 고유한 스토리텔링이 세상을 더 건강하게 만들 것입니다.

2025. 03

심진보 드림

학습 목표

국내 의료 시장에서 병의원의 성장과 발전을 위한 마케팅 활동은 단기적 매출 증대를 넘어 장기 생존을 위한 전략적인 접근이 필요합니다. 실제로 통계청의 정보를 보면 갈수록 개원 병의원들의 장기 생존 기간이 줄어들고 있습니다. 많은 병의원이 단기적이며, 직접적인 매출 증대에만 초점을 맞추고 퍼포먼스 마케팅을 주로 하고 있지만 장기적이고 지속 가능한 성장을 위해서는 병원과 원장의 브랜드 가치를 높이는 브랜드마케팅을 지속해서 진행하는 것이 핵심 과제입니다.

특히 의료 서비스의 경우 타 업종과 달리 본질적 가치는 의료진, 그중에서도 원장의 전문성과 신뢰성에 깊이 뿌리를 두고 있습니다. 의료 서비스는 본질적으로 전문가인 의사의 지식과 경험과 판단에 의존하는 매우 특수한 서비스 영역입니다. 따라서 병원의 브랜드 가치는 결국 의사 개인의 전문성과 신뢰도에서 비롯되며 이는 곧 원장 개인의 퍼스널 브랜딩이 병원의 매출 성장에 결정적인 역할을 한다는 것을 의미합니다. 실제로 특정 진료과에서 성공적이며 장기 생존하는 병의원들의 사례를 보면 원장의 확고한 의료 철학과 전문성이 환자들의 신뢰를 얻어 지속적인 성장을 끌어내고 있습니다. 하지만 현실에서는 의료법의 규제와 법 제도의 잦은 변화로 인해 의사의 퍼스널 브랜딩 활동에는 상당한 제약이 따릅니다. 따라서 일반적인 마케팅 방식을 의료 분야에 그대로 적용하기는 어려우며 이는 의사들의 효과적인 퍼스널 브랜드 구축을 쉽지 않게 하는 요인이 되고 있습니다.

이러한 특수한 환경 속에서 도서 출판은 의사에게 매우 의미 있는 퍼스널 브랜드 구축의 대안이 될 수 있습니다. 도서라는 매체를 통해 원장의 전문성과 철학, 의료관을 자연스럽게 전달할 수 있으며 이는 신뢰도 높은 퍼스널 브랜딩으로 이어질 수 있기 때문입니다. 특히 주목할 점은 기존의 디지털마케팅과 도서 출판을 결합한 통합적 마케팅 접근이 가져올 수 있는 시너지 효과입니다. 최근의 소셜미디어나 짧은 동영상을 통한 디지털 마케팅은 즉각적이고 광범위한 노출을 가능하게 하지만 깊이 있는 전문성을 전달하는 데는 한계가 있습니다. 반면 도서는 저자의 전문성과 철학을 깊이 있게 전달할 수 있는 최적의 매체입니다. 기존의 온라인 마케팅과 도서 마케팅을 효과적으로 결합함으로써 더욱 강력하고 지속 가능한 병의원의 브랜드 구축이 가능해집니다. 건강 관련 도서는 시나 소설과 같은 순수 문학과는 달리 감성적 접근이 아닌 체계적인 접근과 구조화된 집필이 필요합니다. 이는 바쁜 일정을 소화해야 하는 의료진도 효율적으로 저술 활동을 할 수 있다는 것을 의미합니다. 더욱이 최신 AI 기술을 활용한 글쓰기를 지원하는 도구들은 이러한 과정을 한층 더 효율적으로 만들어 줍니다. 생성형 AI는 기초적인 건강 정보의 정리나 문장 구성, 퇴고 및 교정 등에서 훌륭한 조력자 역할을 할 수 있습니다.

이 책에서는 체계적인 의료인의 마케팅 글쓰기 방법론과 함께 AI 도구를 활용한 효율적인 집필 프로세스를 상세히 다룰 것입니다. 본 도서는 의사가 퍼스널 브랜딩을 통한 매출을 목적으로 가장 빠르게 첫 번째 책을 내고 싶을 때 방법을 알려드리는 책이라 할 수 있습니다. 이 책이 구체적으로 도움이 되실 분들은 아직 본인의 첫 번째 책을 시도하지 않으신 분, 책을 쓰고 싶지만 현장에서의 진료 때문에 시간이 부족하신 분, 구상은 했지만 전혀 쓰지 못하신 분, 실제로 책을 써보니 어려워서 진도를 나가지 못하고 반쯤 쓰고 수개월 또는 수년간 묵혀둔 원고를 그냥 방치하고 계신 분들께도 많은 도움이 될 것이라 확신합니다. 본 도서의 학습 목표는 적어도 20페이지 정도의 나만의 이야기가 담긴 에세이 글을 쓰는 것과 그 20페이지를 AI를 이용하여 책을 출간할 수 있는 100페이지 분량으로 늘려서 완성할 수 있는 능력을 갖추는 것을 학습 목표로 합니다. 순수 문학이 아닌 마케팅 목적과 개인의 퍼스널 브랜딩을 위해 출간이 필요하신 의료인분들에게 본 도서는 시간을 단축하고 출간을 완성하는 목적에 유용한 가이드가 될 것입니다.

PART 1

실패하지 않는
AI 책 쓰기

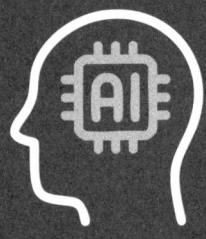

첫 책은
가장 잘 써지는 주제로 써라

지금까지 책을 출간한 적이 없다면 첫 책은 술술 진도가 잘 나가는 주제로 써야 합니다. 모든 책을 쓰는 작가들은 본인만의 잘 써지는 주제를 가지고 있습니다. 반면 너무 쓰고 싶은데 머릿속에서 맴돌기만 하는 주제도 있습니다. 이것은 키보드 앞에 앉아 보기만 하면 바로 알 수 있습니다. 잘 써지는 주제는 A4 용지 1장을 타이핑하는데 10분이면 충분합니다. 그러나 써야 한다는 의무감은 있는데 써지지 않는 주제는 3문장 이상 진도를 나가기가 어렵습니다. 출간의 성공을 위해서는 잘 써지는 주제를 찾는 것이 매우 중요합니다. 안 써지는 주제라고 생각되면 초반에 바로 버리시기를 바랍니다. 대부분의 실패는 여기서 나옵니다. 안 써지는 주제를 붙잡고 있는 것, 안 써지는 주제로 제목과 목차까지 잡아두고 거기에 글쓰기를 끼워 맞추려고 하기 때문에 지쳐서 책 쓰기를 포기하게 됩니다.

우리는 첫 번째 책을 출간해서 세상에 빛을 보게 하는 것을 목표로 하고 있습니다. 첫 번째 책을 쓰고 나면 출간 과정에서 많은 인사이트가 생기게 되는데 두 번째 책은 첫 번째 책을 쓴 경험을 기반으로 집필이 보다 더 쉬워지고 쓸 수 있는 범위가 넓어집니다. 즉, 첫 번째 책의 성공은 연작 작가가 될 수 있는 가능성까지도 확장하는 것입니다. 이 경험은 각자의 경우에 따라서 다르기에 구체적으로 설명하기 어렵지만 저의 경우를 예로 들어 설명 드리면 저는 과거에 IT 업계에서 직장생활을 했기에 IT 관련된 책을 주로 썼습니다. 서버와 컴퓨팅 환경에 대한 책이나 대학의 SW학과 교과서를 공저하는 경우가 주로 제가 출간한 책이었습니다. 그때 저는 책 쓰기의 기본을 배웠습니다. 이후 직장을 퇴사하고 광고대행사를 운영하면서 마케팅에 대한 책을 주로 써 왔으며 초기에는 도구적인 관점에서 집필했습니다. 예를 들어 링크드인, 페이스북처럼 마케팅 도구에 대한 책을 집필하였는데 이런 책은 시류 성이 있었습니다. 쉽게 써지고 그 시기에는 분명히 테마가 있어서 주목을 받게 됩니다. 그러나 도구와 수명을 함께 하므로 사이클이 짧았습니다. 그리하여 제가 다음으로 생각한 것은 시류를 덜 타는 카테고리를 잡자는 생각이었으며 산업군에 대한 책을 쓰게 되었습니다. 예를 들어 여러분은 과거에 윈도7에 대한 책이나 10년 전의 주식투자 기법에 대한 책이나 2010년의 트렌드 코리아 책을 다시 꺼내 읽지는 않으실 것입니다. 그러나 산업군에 대한 책이라면, 예를 들어 의료계에 대한 책은 시간이 비교적 흘러도 읽으실 것입니다.

산업군에 대한 책을 쓰자고 한 뒤에 먼저 출간한 것이 B2B 마케팅에 대한 책이었습니다. 어차피 13년간 B2B 업계에서 컴퓨터와 관련한 업종에서 종사하였기 때문에 B2B 마케팅에 대한 책은 아주 쉽게 술술 써졌습니다. 책을 써보면 이렇게 술술 풀리는 주제의 책이 있습니다. 여러분들도 이런 주제를 선택하시기를 바랍니다. 그다음 산업군으로 선택한 것이 의료 쪽이었는데 2008년부터 병원 마케팅, 제약, 의료기기 마케팅을 주로 해왔기에 쓰기가 쉬웠습니다. 병원 마케팅의 책은 병원 마케팅 전반에 대한 책을 처음으로 쓰고 그다음에 개원 마케팅에 대한 책을 썼습니다. 병의원 마케팅이 어차피 기개원 시장과 개원 준비 시장으로 나누어져 있기에 첫 책을 내고 난 뒤에 그다음 주제는 바로 생각이 났습니다. 여러분도 첫 책을 출간하고 나면 추가로 떠오르는 주제들이 있을 것입니다.

그리고 중간에 책을 쓰다가 중단한 책이 있는데 그것은 병원 개원의 전문가들이 모여서 공동 집필을 하는 즉 변호사, 노무사, 세무사, 공인중개사, 인테리어 업체, 대출 전문가 등이 모여서 책을 쓰는 것을 기획했다가 접었습니다. 여러 명이 공동 집필하는 것이 생각보다 쉽지 않았고 시간과 이견을 조율하는 것이 쉽지 않아서 빨리 접었습니다. 실제 공동 집필은 쉽지 않고 변수가 많습니다. 그리고 이 글을 읽으시는 분이 의사이시고 퍼스널 브랜딩을 위해서 책을 출간하신다면 공동 집필은 그리 권장해 드리지 않으며 단독 저자로 본인만의 주장을 펼칠 책의 출간을 추천해 드립니다.

세 번째 책은 AI를 이용한 의사의 출판 마케팅에 대한 책이 되었습니다. 병원 마케팅이나 경영에 대한 책은 많기 때문에 콘텐츠 원천을 다루어야 한다는 생각과 AI가 글쓰기와 출판산업에 혁명을 가져올 것이라고 생각했기에 이 주제를 선택했습니다. 다음 책은 개원한지 오래된 병의원을 위한 병원 마케팅 리빌딩에 대한 책을 기획하고 있으며 그다음 책은 개원한 지 10년 이상 된 성공한 병의원들의 특징에 대하여 다루는 책을 기획하고 있습니다. 상기에 저의 경우를 예로 들었듯이 한번 잘 써지는 주제로 책을 쓰고 나면 다음 책을 출간하기 위한 주제가 보이기 시작합니다.

소제목 100개를 모으면
책이 되는 기적

글쓰기는 단순히 앉아서 키보드를 두드려 글자의 분량을 늘리는 행위 이상의 것입니다. 특히 책을 쓰는 과정은 대부분 6개월 이상의 장기간의 지적인 여정이며 이 기간에 저자의 머릿속에는 수많은 아이디어가 떠오르고 사라집니다. 이러한 순간적인 글감들의 영감을 놓치지 않고 포착하는 것이 훌륭한 책의 탄생으로 이어질 수 있습니다. 저의 경험으로는 작가의 영감은 예측할 수 없는 순간에 찾아옵니다. 출퇴근길 지하철에서 카페에서 커피를 마시는 중에 혹은 잠들기 직전 침대에 누워있을 때도 문득 좋은 책의 일부가 될 좋은 내용이 떠오르는 경우가 많습니다. 이런 순간들을 놓치지 않고 그 내용의 키워드를 소제목 형태로 기록해 두는 것, 이렇게 책의 소제목들을 메모해 두는 습관은 작가에게 있어 매우 중요한 자산이 됩니다. 소제목은 목차가 되어 책의 뼈대를 이루는 중요한 요소입니다. 마치 건축가가 건물을 지을 때 기둥을 하나 세우는 것처럼 작가는 소제목을 통해 자신의 이야기를 구조화 할 수 있습니다.

때로는 하나의 소제목에서 새로운 소제목이 파생되기도 하고 여러 소제목들이 모여 하나의 대주제가 되어 일관된 흐름을 이루기도 합니다. 예를 들어 현재 제가 쓰고 있는 "병원마케팅 리빌딩"이라는 책은 '우리 병원 마케팅은 왜 매번 리셋 될까?'라는 소제목으로부터 파생되어 1권의 책으로 세상에 나오기 직전에 있습니다. '우리 병원 마케팅은 왜 매번 리셋 될까?'라는 문장은 강남의 모 성형외과의 원장님과 미팅에서 원장님이 말씀하신 것이었습니다. "마케팅 담당 직원이 퇴사할 때마다 우리 병원의 마케팅을 0에서부터 다시 시작하는데 그렇지 않도록 좀 시스템화 시켜 줄 수 없을까요?"라는 원장님과의 미팅에서 나온 대화에서 떠오른 소제목이었습니다. 이 소제목을 만들어내고 이어지는 연상 과정으로 1권의 책이 완성된 경우입니다. 소제목의 수집은 이렇게 책 한권을 탄생시킬 정도로 소중합니다.

저는 이러한 소제목 아이디어들을 구글 스프레드시트를 이용하여 이번에 쓸 책과 앞으로 쓸 책을 서로 분리된 탭으로 정리하여 책 쓰기 아이디어를 모으고 있습니다. 구글 스프레드시트를 이용하는 이유는 즐겨 찾기를 해두고 PC나 핸드폰, 노트북 등 어떤 장소에 있거나 어떤 디바이스를 사용하더라도 책을 쉽게 쓰기 위한 대비입니다. 저는 1권의 책을 위하여 소제목을 100개까지는 계속 모으는 작업을 진행합니다. 언제 시간이 나서 노트북 앞에 앉을 수 있을지는 알 수 없기에 소제목이 수집될 때 마다 본문을 작성할 필요가 없습니다. 우선 그 문장을 만났을 때 잊지 않도록 소제목만 모아두어도 됩니다. 그리고 수집된 소제목을 바로 목차로 앞뒤 순서까지 정리하지 않고 시간이 날 때마다 소제목에 대한 본문 쓰기로 매일매일 책 쓰기를 진행합니다. 특히 저는 소제목을 메모할 때 제가 구상하는 책마다 1개의 구글 스프레드시트에서 새로운 탭을 만들고 그 탭 안에서 각 열에 다시 소제목만 따로 정리합니다. 이렇게 하면 동시에 여러 권의 책을 준비할 수도 있습니다. 떠오르는 소제목들이 꼭 1권의 책의 내용이 아니라 다른 책의 소제목이 될 수도 있습니다. 어떤 소제목은 너무나 주제가 좋지만 이번 책의 내용과는 맞지 않기 때문에 실제 사용할 수 없다면 다음 책의 소제목으로 쓰여 질 수 있기에 이렇게 수집해 둡니다. 다양한 주제의 소제목이 모이면 다음 책도 자연스럽게 구상됩니다.

이렇게 평소에 메모해 둔 소제목들을 시간을 내어 펼쳐보면 그 안에서 자연스럽게 이야기의 흐름이 보이기 시작합니다. 각각의 소제목은 마치 퍼즐 조각처럼 서로 연결되어 하나의 완성된 그림을 만들어가게 됩니다. 이는 단순히 글감을 모으는 것을 넘어서 사고를 체계화하고 글의 방향성을 잡아주는 중요한 과정이 됩니다. 또한 떠오르는 소제목 메모는 저자가 글을 쓰는 창작 에너지를 효율적으로 관리하는 데도 도움이 됩니다. 여러분들도 이미 잘 아시겠지만 글을 쓰기 위한 영감이라는 것이 항상 발생하는 것이 아니기에 영감이 넘치는 순간에 떠오르는 소제목들을 빠르게 기록해 두고 실제 키보드 앞에 앉을 시간이 생겼을 때 이를 바탕으로 글을 전개해 나가는 것이 효율적입니다. 이는 마치 주방에서 휴일에 한 번에 전기밥솥에 밥을 해서 밀폐용기에 한 끼 분량으로 소분해서 냉동실에 얼려 두었다가 간편하게 전자레인지에 해동하여 먹는 것과 같이 매번 밥을 새롭게 하지 않고 간편하게 한 끼를 차려 먹는 것처럼 소제목 모으기는 실제 글쓰기 과정을 틈틈이 할 수 있게 하고 더욱 쉽고 순조롭게 만들어 줍니다.

　소제목의 수집이 마케팅 목적의 글쓰기에 효과적인 또 하나의 이유는 마케팅을 위한 도서는 소설과 같은 전개 방식으로 글을 쓰지 않아도 되기 때문에 등장인물과 그 상황에 대한 고민과 심리상태에 대한 서술을 연속적으로 고민할 필요가 없는 글쓰기입니다. 주인공이 기혼인지 미혼인지 기혼이면 딸이 있는지 아들이 있는지 자녀의 나이는 어느 정도로 할지 고민할 필요가 없습니다. 그래서 마케팅 글쓰기는 소설을 쓰는 것보다는 연속성과 스토리의 전개 측면에서 어렵지 않고 소제목을 잘 관리하면 쉽게 글을 쓸 수 있습니다.

　의료인의 마케팅 글쓰기는 창작보다는 기록이 중요합니다. 진료와 관련된 일상을 기록하고 내가 쓸 책의 소제목이 될 것이라 생각되는 주제를 수집해 보시기 바랍니다. A4용지로 반 페이지는 쓸 수 있을 주제라고 생각되면 그 제목을 떠오를 때마다 기록해서 우선 100개만 만들어 보시기 바랍니다. 남의 주제가 아니라 대부분 내 일상에서 자연스럽게 만난 주제는 반 페이지는 쓸 수 있게 마련입니다. 이 책의 뒤에서 기술적인 면을 다루겠지만 AI를 이용하면 그 반 페이지가 1페이지 또는 2페이지까지 내용이 늘어날 수 있습니다. 이러한 소제목 아이디어들이 한꺼번에 100개가 떠오르는 것이 아니라 시간을 두고 일상 업무를 진행하는 과정에서 수시로 떠오르게 됩니다. 소제목을 기록하는 것은 나중에 각 소제목이 최소한 1페이지 정도의 내용이 될 것이므로 소제목 부자는 성공적인 출판을 할 수 있습니다. 일단 본문을 쓸 시간과 여건이 안 되는데 소제목이 떠오른다면 저는 업무 중 이건 이동 중 이건 간에 떠오르는 소제목을 먼저 카카오톡에서 나에게 메시지 보내기를 통해 기록합니다. 또는 내가 나에게 문자메시지를 보내거나 핸드폰에서 음성 메시지로 기록합니다. 음성 녹음은 요즘 핸드폰에서 모두 가능한 기능이라 드라마나 영화에서 보는 보이스 레코더는 실제로 필요 없습니다. 핸드폰을 최대한 활용해 보시기 바랍니다. 그리고 그것을 나중에 나만의 엑셀이나 구글 스프레드시트, 노션과 같은 업무 저장소에 저장하시기를 바랍니다. 저는 원고와 마찬가지로 소제목도 클라우드에 저장하여 잘 백업해 두실 것을 권장해 드립니다. 이렇게 적어두는 소제목들이 책 쓰기의 큰 자산이 됩니다.

제목과 목차를 정하고 쓰면 실패한다

저는 개인적으로 AI를 이용한 책 쓰기 그리고 초보 작가의 책 쓰기는 큰 주제만 정하고 제목과 목차는 마지막에 정하는 것이 더 효율적이라고 생각합니다. 첫 책 출간에 도전할 때 가장 먼저 부딪히는 벽은 '어떻게 시작하고 전개해야 하는가?'라는 고민일 경우가 많습니다. 많은 초보 저자들이 그간 독자의 입장에서 책을 읽어온 경험으로 완벽한 목차와 제목을 먼저 구상해야 한다는 강박관념에 빠져들게 되는데 이러한 접근은 글쓰기의 시작을 미루게 만들고 진도를 늦어지게 하는 결과를 만듭니다.

첫 책을 출간하는 의사들이 흔히 저지르는 실수 중 하나는 책의 구조와 형식에 지나치게 얽매이는 것입니다. 많은 초보 저자들은 완벽한 제목과 상세한 목차를 먼저 만들어야 한다고 생각하지만 이는 오히려 창의적인 글쓰기 과정을 방해할 수 있습니다. 첫 책 쓰기를 시작하는 단계에서는 제목과 목차에 얽매이기보다 자신이 전하고 싶은 이야기를 일단 자유롭게 풀어내어 분량을 확보하는 것이 더 최종 출간까지의 성공 확률을 높이는 효과적인 접근 방식입니다.

또한 첫 책의 경우에는 주제를 넓게 잡는 것이 유리합니다. 예를 들어 코 성형이라는 특정 부위보다는 안면 성형 전반에 대해 또는 무릎 인공관절이라는 구체적인 부위보다는 관절 질환 전반에 대해 다루는 것이 더 많은 독자층을 확보할 수 있습니다. 이는 마치 큰 그물을 던져야 더 많은 물고기를 잡을 수 있는 것과 같은 이치입니다. 물론 경우에 따라서는 좁은 주제도 가능하지만 첫 출간에서는 지나치게 협소한 주제는 피하는 것이 좋습니다. 출간의 목적이 퍼스널 브랜딩을 통한 인지도 향상이라는 것을 명심하시기를 바랍니다. 실제 글쓰기 과정에서는 자신이 가장 자신 있는 주제, 평소 진료실에서 자주 설명하는 내용, 환자들이 많이 궁금해하는 부분 등 쓰기 쉽고 분량이 나오는 파트부터 시작하는 것이 좋습니다. 이런 내용들은 자연스럽게 술술 써 내려갈 수 있으며 나중에 목차를 만들 때 확인해 보면 하나의 일관된 주제로 연결되는 경우가 많습니다.

  물이 흐르면 길이 생긴다고 하였습니다. 생각나는 대로 일단 써 둔 글은 마치 퍼즐 조각이 맞추어지는 것과 같아서 개별적으로 써 내려간 내용들이 나중에는 하나의 큰 그림을 완성하게 됩니다. 나아가 글쓰기는 근본적으로 자신이 가장 잘 알고 있고 열정을 느끼는 부분부터 시작하는 것이 초반에 글이 잘 써지지 않아 실망할 일이 적고 작가가 의욕을 가지게 만듭니다. 이렇게 잘 써지는 주제부터 생각이 나는 대로 글을 쓰면 글이 더 자연스럽게 흘러가고 자신감 있는 문체로 저자의 전문성과 열정이 독자들에게 더 잘 전달될 수 있습니다. 이 과정에서 예상하지 못한 아이디어나 연결점을 발견할 수 있으며 이는 책의 내용을 더욱 풍부하게 할 수 있습니다. 실제 내용을 써 내려가면서 책의 전체적인 흐름과 방향성이 더 명확해지기 때문입니다.

  또한 여러분께서 직접 정하지 않더라도 출판사의 전문 편집자들은 시장성과 독자들의 관심사를 고려하여 제목과 목차에 대한 조언을 책쓰기의 후반부에 제공할 것입니다. 너무 앞서가는 고민을 하지 않아도 됩니다. 출판사 역시 도서의 판매 부수 증대를 위해 노력하므로 시장성 있는 제목과 목차와 내용에 대한 의견을 제시할 것입니다. 이러한 과정을 통해 자연스럽게 책의 전체적인 윤곽이 드러나게 되고 최종적으로는 완성도 높은 책이 출간될 수 있습니다.

고유한 관점으로
흐름을 만들어라

첫 번째 책을 포기하지 않고 출간하기 위해서는 먼저 분량을 확보하는 것이 중요하다는 말씀을 드렸고 그러기 위해서는 일단 머릿속에 떠오르는 주제를 작성부터 하라는 말씀을 드렸습니다. 그리고 과학적인 글이나 참고 자료는 AI로도 얼마든지 작성이 가능합니다. 20%의 에세이와 80%의 의료 상식으로도 책은 완성될 수 있습니다. 그런데 실제로 AI가 아니라 본인이 책을 쓰면 내가 가장 자신 있게 쓸 수 있는 내용은 어떠한 방향성을 띠게 되어 있습니다. 여러분이 정말 스스로 책을 쓸 수 있다면 아무런 주제를 먼저 정하지 않고 책을 쓰더라도, 마케팅을 목적으로 책을 쓴다면 이렇게 일정한 방향의 흐름을 가지고 흘러갈 것입니다. 그리고 대략 책의 주제를 구상할 때 나의 책과 관련하여 떠오르는 키워드를 먼저 4~5가지 나열해 보시라고 말씀드리는 것도 이러한 사항과 관련이 있습니다.

　의사의 매출을 위한, 환자를 설득하는 책을 관통하는 개인의 고유한 주장인 주제는 다음과 같이 정의되면 됩니다. '가망 신환이나 그들의 보호자가 겪고 있거나 겪을지도 모르는 건강, 미용 등에 관한 문제에 대해 쉽고 구체적이며 실생활에서 적용할 수 있는 의사의 인사이트가 담긴 과학적 해결책에 대한 주장'입니다. 위의 문장을 정리해 보면 가망 신환이나 그의 보호자가 대상인 이유는 결국 나의 병의원 매출에 기여해야 하기 때문입니다. 독자가 나의 환자가 되거나 그 보호자가 나의 책을 읽고 환자가 될 타깃 고객을 나의 병원으로 데리고 와야 합니다. 보호자라면 노인이나 유아, 어린이의 경우는 보호자가 독자가 될 수 있습니다. 난치성 질환이나 산모, 어린이의 경우는 학부모나 보호자가 독자가 되는 경우입니다. 겪고 있거나 겪을지도 모른다는 내용은 현재의 질환이나 노년에 겪을 수 있는 질환에 대한 서술이 주제일 수 있습니다. '쉽고 구체적이며 실생활에 적용할 수 있는'이란 말은 책이 어려워지거나 의대의 교과서 수준이라면 독자를 확보하기 어렵습니다. 의사의 인사이트는 의료인이라는 신뢰를 배경으로 책을 쓴다는 것을 의미합니다. 책의 신뢰를 위하여 여러 가지 자격, 증명, 논문으로 권위를 증명할 수 있겠지만 일반인들이 잘 알 수 있는 권위를 사용하는 것이 좋습니다. 교수 출신과 같은 직함, 동일 장소에서 오래 개원하거나 근무한 업력 등등도 괜찮습니다.

책의 고유한 관점에 대해서 사례를 들어보겠습니다. '1차 의료기관의 중요성을 강조하며 주치의제도를 강화하겠다는 주장과 함께 1차 의료기관에서 비만 진료의 중요성을 역설하며 본인의 특화 비만 치료법을 서술한다.' '게임중독의 폐해를 정신과 의사로서 서술하고 청소년의 도파민 중독에 대해서 학부모에게 서술하며, 본인 정신과의 뇌파 진료에 관해 서술한다.' '여성의 비만을 라이프사이클 관점에서 임신, 출산과 연계하여 출산 이후 관리를 역설하며 내가 소비력이 있는 중년 여성의 다이어트 전문가임을 역설한다.' 상기의 주장들은 실제 모두 제가 책 쓰기 코칭을 진행하며 저자와 함께 뽑아본 책의 주제들입니다.

나를 정의하라!
그리고 책을 써라!

퍼스널 브랜딩에 대한 여러 책을 읽어보면 퍼스널 브랜딩의 첫 시작은 대부분 '나 자신을 먼저 알아야 한다. 파악해야 한다.'라고 말을 하고 있습니다. '나 자신을 알아야 한다.'는 말은 무슨 뜻일까요? 제가 해석하기로는 나의 강점을 알고 내가 강조하고 싶은 가치를 차별화해서 잘 표현하여 부각하는 것이 대부분의 퍼스널 브랜딩 이론의 주장입니다.

나의 강점을 안다는 것은 자기 인식, 메타인지가 잘 되어 무엇을 스토리텔링 해야 할지를 잘 알아야 한다는 것입니다. 즉, 자기 객관화입니다. 평소 머릿속에 있던 생각도 있고 계획하던 것도 있어서 보통 사람들의 자기 객관화는 상당히 어렵습니다. 사람들은 그래서 주위에 피드백을 구해보거나 전문가의 도움을 받아보는 시도를 합니다. 자기 객관화를 이루기 위해서는 먼저 나의 경험, 기술, 철학 등을 체계적으로 정리하는 것이 필요합니다. 노트를 펼치고 한번 적어 보시기 바랍니다. 정리를 위해 다음과 같은 질문을 스스로 던져볼 수 있습니다. '나는 환자들과 관계에서 어떤 점에서 가장 좋은 평가를 받는가?', '내가 진료하면서 가장 자부심을 느끼는 순간은 언제인가?', '내가 가진 의료 지식과 기술은 타 의료인과 비교했을 때 어떤 점에서 두드러지는가?' 이러한 질문들은 단순히 나의 전문성을 확인하는 것을 넘어서 나의 가치를 정의하고 정체성을 형성하는 데 도움을 줄 것입니다.

차별화는 객관화된 나의 강점으로 타 의료인과 대비한 나만의 아이템을 찾아가는 과정입니다. 아이템은 되도록 길게 가져갈 수 있는 가치를 내포하고 있다면 좋습니다. 보험과 비급여, 실손 보험 해당 진료와 같은 짧은 주기의 아이템일 수도 있고 건강과 의료와 관련된 장기적인 아이템일수도 있습니다. 동일 진료과의 다른 의사와 나는 어떻게 차별화되는지를 책 속에서 어떻게 표현할지 고민해 보시기 바랍니다.

자기 객관화와 차별화는 퍼스널 브랜딩의 핵심 요소이지만 이를 구현하는 것은 생각보다 쉽지 않습니다. 특히 의료 분야에서는 전문성과 윤리성이 동시에 요구되기 때문에 주제와 내용에서 급진적인 주장을 하기가 어렵습니다. 급진적이지 않지만 차별화되는 것이 필요합니다. 자기 객관화 과정에서 AI의 도움을 받는 것도 효과적인 방법이 될 수 있습니다. AI는 우리의 생각과 경험을 구조화하고 체계적으로 정리하는 데 도움을 줄 수 있으며 이는 자신의 강점과 특징을 더 명확하게 인식하는 데 유용합니다. 예를 들어 자신의 진료 경험과 사례들을 나열한 후에 AI와 함께 분석하면서 그동안 미처 깨닫지 못했던 패턴이나 특징을 발견할 수 있습니다.

차별화를 고민할 때는 '내가 누구인가?'라는 질문에 대한 답을 환자와 연결 짓는 과정이 중요합니다. 단순히 자신만의 고유성을 나열하는 것이 아니라 환자들이 이 고유성을 왜 필요로 하는지를 명확히 전달해야 합니다. 예를 들어 같은 내과 전문의라고 하더라도 한 명은 환자 중심의 예방 의료를 강조할 수 있고 다른 한 명은 만성질환 관리에서의 전문성을 내세울 수 있습니다. 환자들이 원하는 가치를 파악하고 이를 나의 브랜딩에 녹여낼 때 비로소 차별화가 완성됩니다. 차별화 전략을 수립할 때는 단순히 '다름'을 추구하는 것이 아니라 의미 있는 가치를 창출하는 것이 중요합니다. 예를 들어 같은 질환을 다루더라도 환자 교육에 특별히 중점을 두거나 예방 의학적 접근을 강조하는 등 자신만의 독특한 진료 철학과 방식을 개발하고 이를 일관되게 전달하는 것이 효과적입니다.

장기적인 브랜딩을 위해서는 시대의 변화와 의료 환경의 변화를 고려한 아이템 선정이 중요합니다. 책을 통한 퍼스널 브랜딩 과정에서 나의 차별화 아이템이 단기적인 트렌드에 머무르다 사라질 아이템이라면 주의하시기를 바랍니다. 의료계에서 한번 수면 아래로 내려간 주제가 다시 부상하고 살아나는 경우는 잘 없습니다. 내가 퍼스널 브랜딩 하려는 아이템이 시류에 밀려서 사장되지 않도록 주의해야 합니다. 물론, 실손 보험 적용 진료나 비급여 진료와 같은 특정 아이템은 단기적으로 환자들에게 실질적인 가치를 제공할 수 있고 우리 병의원의 매출을 늘려 줄 수는 있습니다. 그러나 이러한 요소는 시간이 지나면서 국가 제도와 의료기술의 변화로 사이클에서 멀어지면 대부분 다시 돌아오지 않습니다. 반면, 환자와의 신뢰 관계를 강조하거나 장기적인 건강 목표를 지원하는 의료 철학은 시간이 지나도 변치 않는 가치를 지닙니다. 이처럼 지속 가능한 아이템을 선택하고 이를 중심으로 책의 내용을 구성하면 내가 추구하는 차별화 포인트의 안정성과 신뢰도가 크게 향상될 것입니다.

잘 써지는 주제는
빨리 쓰고 싶어서 조바심이 난다

아직 책을 출간한 적이 없다면 여러분의 최고 출판 주제는 아직 여러분 속에 잠자고 있을 것입니다. 잘 써지는 주제는 대부분 빨리 글을 쓰고 싶어서 조바심이 나는 아이템입니다. 시간이 부족한 것이 안타깝고, 진료 시간이 정해져 있지 않다면 책을 더 많이 더 빨리 쓸 수 있을 텐데 하는 아쉬움이 남는 아이템이 바로 여러분이 가장 첫 책을 빨리 쓸 수 있는 그 주제가 될 가능성이 높습니다. 빨리 쓰고 싶다는 것은 내 안에 그만큼 쓸 거리가 있고 그것을 빨리 끄집어낼 수 있다는 말이기 때문입니다. 실제로 이러한 잘 써지는 느낌이 드는 주제를 빨리 찾아야 합니다. 반면 써야 한다는 의무감만 드는 소재들은 대부분 실제 책을 쓰기 시작해 보면 잘 써지지 않습니다.

여러 가지 책의 주제만을 머릿속에 두고 멋진 주제라고 생각하지 마시고 주제 내에서 내가 직접 쓸 수 있는 소재가 몇 가지나 되나 노트북을 켜고 메모장에 한번 쭉 써 보시기 바랍니다. 소주제가 막 떠오르는 주제가 있다면 그것이 나에게 잘 써지는 소재입니다. 목차마저 잘 떠오르지 않는다면 그 주제는 출판까지 가는 것이 쉽지 않고 참고 자료만

열심히 찾다가 시간을 보낼 책의 주제일 가능성이 큽니다. 그런데 대부분의 초보 작가의 문제점은 이렇게 잘 써질 아이템인지 아닌지를 검증해 보지 않는다는 것입니다. 초기에 포기하거나 몇 페이지만 써두고 몇 년 동안 묵혀두는 출판 아이템은 대부분 잘 써지는지 아닌지를 검증해 보지 않는 문제에서 출발합니다.

잘 써지는 아이템을 찾는 것은 보물찾기와 같습니다. 우리 안에 숨겨진 이야기의 보물을 발견하는 순간, 샘물처럼 끊임없이 솟아나기 시작합니다. 마치 오랜 친구를 만나 이야기를 나눌 때처럼 시간 가는 줄 모르고 이야기할 수 있는 주제여야 합니다. 옛날에 우리의 할머니, 어머니들이 말씀하시던 내가 그 이야기하려면 몇 날 밤을 새워도 모자란다는 이야기, 남자들의 군대 이야기, 축구 이야기처럼 내 안에서 끝없이 나오는 이야깃주머니는 의료인의 경우 대부분 진료와 관련되어 있습니다. 여러분의 일상에서 그 포인트를 뽑아 보시기 바랍니다.

이렇게 잘 써지는 아이템은 그 주제를 떠올릴 때 꼬리가 꼬리를 무는 것처럼 소주제가 끊임없이 떠오르는 특징이 있습니다. 어떤 주제에 대해 생각했을 때 자연스럽게 '이 이야기도 써야 겠다.', '이 사례도 넣으면 좋겠다.'는 식으로 연관된 아이디어가 이어진다면 그 주제는 여러분의 출판에 적합할 가능성이 높습니다. 저는 때로는 이런 현상이 계속되는 경험을 합니다. 출판사에 최종 원고를 보내고도 계속 글감이 떠올리서, 출판사에서 인쇄해야 하니 이제 그만 보내라고 하는 경우도 있었습니다. 반면 머릿속에 떠오르는 것이 없고 참고 자료를 찾아야만 내용을 채울 수 있다면 그 주제는 아직 내 것이 되지 않았다는 신호입니다. 책을 쓰는 과정에서 자료 조사는 보조적인 역할을 해야지 글의 핵심을 대신할 수는 없습니다. 내가 쓸 수 있는 내용이 충분하지 않은 생각이 계속 든다면 그 주제는 쓰기 시작하기 전에 한 번 더 고민해 보는 것이 좋습니다.

  중요한 것은 잘 써지는 주제는 의료지식의 단순 나열이 아니라 그 속에서 의미를 찾아내고 독자들과 공감할 수 있는 지점을 발견하는 것입니다. 예를 들어 의사가 단순히 질병과 치료법에 관해서만 쓴다면 의학 교과서이겠지만 환자와의 교감, 치료 과정에서 느낀 감정, 의사로서의 고민과 성장 등을 함께 담아낸다면 그것은 책이 될 수 있습니다. 글쓰기의 열정은 시간의 제약을 뛰어넘게 만듭니다. 바쁜 진료 일정 속에서도 틈틈이 메모하게 되고 퇴근 후에도 글을 쓰고 싶은 충동을 느끼게 되는 것이 바로 잘 써지는 주제의 특징입니다. 이는 마치 좋아하는 사람과의 대화를 이어가고 싶은 마음과 비슷합니다. 시간이 부족하다고 느끼는 것은 그 주제에 대한 열정이 크다는 증거가 될 수 있습니다.

  책을 쓰는 과정에서 잘 써지는 아이템을 발견하는 것은 단순히 주제 선정의 문제가 아니라 책을 끝까지 완성하는 데 있어 가장 중요한 원동력이 됩니다. 잘 써지는 아이템이란 내 안에 이미 충분히 많은 이야기와 경험이 쌓여 있어 그것을 글로 옮기는 과정에서 자연스럽게 흐름이 이어지는 주제입니다. 이런 주제는 글을 쓰면서도 즐겁고 시간이 부족한 것이 아쉬울 정도로 몰입감을 주기 때문에 초보 작가에게는 가장 적합한 첫 번째 출판 아이템이 됩니다. 결국 잘 써지는 아이템은 내가 이미 잘 알고 있고 이야기할 것이 많은 주제에서 출발합니다. 내 경험과 지식에서 자연스럽게 나온 주제는 글을 쓰는 과정에서도 지속적인 동기와 영감을 제공합니다. 이를 구조화하고 필요한 내용을 보완하며 독자와의 연결성을 고려하면서 글을 완성해 나간다면 반드시 첫 번째 책을 성공적으로 출간할 수 있을 것입니다.

가망 독자의
니즈와 원츠를 구분하라

의료 및 건강에 대한 서적을 집필할 때 많은 의사가 저지르는 실수가 있습니다. 바로 독자들의 니즈만을 고려하여 의학적 사실과 정보만을 나열하는 것입니다. 하지만 먼저 출간된 시중의 수많은 의학 및 건강 서적들이 이미 그런 니즈는 충분히 충족시키고 있습니다. 성공적인 의료 및 건강 상식 서적이 되기 위해서는 독자들의 원츠를 자극하고 충족시킬 수 있어야 합니다. 독자들이 의료 서적을 구매하는 표면적인 이유, 즉 니즈는 건강 정보를 얻기 위해서입니다. 하지만 그들의 내면에는 더 깊은 욕구, 즉 원츠가 존재합니다. 그들은 단순히 질병에 대한 정보가 아니라 더 행복한 삶에 대한 희망을 찾고 있습니다. 젊음을 유지하고 싶어 하고 활력 있는 생활을 꿈꾸며, 날씬해지고 싶어 하며, 사랑하는 사람들과 더 오래 함께하고 싶어 합니다.

　예를 들어 당뇨병에 대한 책을 쓴다고 가정해 보겠습니다. 단순히 당뇨병의 원인, 치료법, 합병증을 설명하는 것은 니즈를 충족시키는 것에 불과합니다. 하지만 예를 들어 '당뇨병이 있어도 맛있게 먹으며 건강하게 사는 법', '당뇨병과 함께 우아하게 늙어가는 방법', '당뇨병이 있어도 손주와 신나게 놀 수 있는 체력 관리법' 등의 주제로 진행하는 접근은 원츠를 자극하는 접근입니다. 의사가 쓰는 다이어트 책도 마찬가지입니다. 단순한 체중 감량 방법이나 칼로리 계산법은 니즈에 불과합니다. 독자들의 진정한 원츠는 '날씬해진 자신을 보며 느끼는 자신감', '옷 가게에서 느끼는 설렘', '타인의 부러운 시선' 등입니다. 이러한 감정적 원츠를 겨냥한 콘텐츠가 독자들의 마음을 더 강하게 사로잡을 수 있습니다. 피부과 의사가 쓰는 책이라면 어떨까요? 단순한 피부 질환의 치료법보다는 '내 피부를 사랑하게 되는 과정', '당신만의 아름다움을 발견하는 여정', '피부 관리를 통한 자존감 회복' 등의 세부 주제가 독자들의 원츠를 더 강하게 자극할 수 있습니다.

원츠를 자극하는 글쓰기의 핵심은 독자들의 감정적 욕구를 이해하고 이에 공감하는 것입니다. 의학적 전문성은 기본이되 그것을 독자들의 삶과 연결하고 그들의 꿈과 희망을 자극할 수 있어야 합니다. 이는 단순히 감성적인 글쓰기를 하라는 의미가 아닙니다. 오히려 전문적인 의학 지식을 바탕으로 독자들의 삶에 실질적인 변화를 가져다줄 수 있는 희망과 방법을 제시하는 것입니다. 또한 원츠를 자극하는 글쓰기는 의사와 독자의 감정적 유대를 형성하는 데도 도움이 됩니다. 이는 단순한 일회성 도서 판매를 넘어 저자의 브랜드 가치를 높이고 지속적인 독자층을 확보하는 데 큰 도움이 됩니다. 이러한 감정적 유대는 추후 여러분이 출간하는 다른 책들의 성공으로도 이어질 수 있습니다. 실제 진료실에서의 경험을 공유하는 것도 좋은 방법입니다. 하지만 단순한 사례 나열이 아니라 그 경험을 통해 독자들이 꿈꾸는 변화나 결과를 보여주는 것이 중요합니다. 환자들이 건강을 회복하고 행복을 되찾아가는 과정, 그들의 삶이 어떻게 달라졌는지를 보여줌으로써 독자들의 원츠를 자극할 수 있습니다. 의사가 쓰는 책의 성공은 얼마나 독자들의 원츠를 효과적으로 자극하고 충족시키느냐에 달려있습니다. 전문적인 의학 지식은 기본이되 그것을 독자들의 꿈과 희망, 욕구와 연결할 수 있어야 합니다. 이것이 바로 베스트셀러에 진입하는 의학, 건강 서적과 평범한 서적을 구분 짓는 핵심 구성요소입니다.

책이 잘 써지는 장소를 찾아라

아이디어가 잘 떠오르고 글이 잘 써지는 장소는 개인에 따라 다르지만 분명히 있습니다. 여러분도 있을 것입니다. 아직 발견하지 못하였다면 찾아보시기를 바랍니다. 저도 개인적으로 집중이 잘 되는 곳이 있습니다. 저는 조용한 집 근처의 카페, 에어컨이 시원한 곳, 달리는 KTX 안의 작은 테이블 등 저만의 글이 잘 써지는 장소가 있습니다. 집중이 잘 안되고 글이 잘 써지지 않는 경우에 저는 장소를 바꾸는 편입니다. 잠을 푹 잘 자고 일어난 날 아침에도 글이 잘 써집니다. 제가 좋아하는 에너지 음료가 있는데 마음에 드는 장소에서 에너지 음료를 마셔도 글이 잘 써지고 사람이 많고 활기가 넘치는 카페나 공간에서 글이 잘 써지는 편입니다. 저는 개인적으로 어려운 시절에 열심히 공부했거나 일하러 자주 가던 카페나 중심부에서 약간 떨어진 카페인데 주차시간을 많이 넣어주는 카페에도 주말에 책을 쓰러 자주 가는 편입니다. 소문난 카페, 인기 있는 카페에는 아침 일찍 가고 거기에 사람이 많이 오면 다른 카페로 옮겨서 글을 쓰기도 합니다. 아침에는 조용하고 분위기가 좋다가도 사람이 가득 차는 카페가 많기 때문에 또다시 외곽의 한적한 카페로 옮깁니다. 여러분도 다른 사람들은 몰랐으면 하는 보물 같은 카페가 있지 않은가요? 저의 경우도 영등포구 문래동과 여의도에 몇 군데 있습니다. 수제 맥주와 음악이 좋은 곳, 집중이 잘 되는 소음이 있는 곳입니다. 때로는 접근성이 좋지 않아서 사람들이 많이 오지 않는 카페가 오히려 더 좋기도 합니다.

이렇게 글을 쓰는 환경은 단순히 물리적 공간에 머무르지 않고 우리의 창의성과 집중력을 끌어내는 중요한 요소로 작용합니다. 장소가 주는 분위기, 소리, 조명, 그리고 그곳에서 느껴지는 에너지까지 이 모든 것이 글쓰기의 흐름에 영향을 미칩니다. 어떤 사람들에게는 고요한 도서관이나 한적한 서재가 가장 잘 맞을 수 있고 또 다른 사람들에게는 카페의 은은한 소음이 오히려 창작의 원동력이 될 수 있습니다. 이는 개개인이 글을 쓰는 과정에서 필요로 하는 자극과 편안함이 다르기 때문입니다. 카페에서 글을 쓰는 것은 저에게는 매우 익숙한 방식입니다. 특히 일정 시간이 지나 집중력이 떨어질 때 장소를 바꾸는 것만으로도 새로운 영감을 얻을 수 있습니다. 동일한 공간에 오래 머물러 있을 때의 정체된 느낌을 해소하고 새로운 환경에서 다시 창의력을 불러일으킬 수 있는 저만의 방법입니다. 장소의 변경은 우리의 뇌가 새로운 환경에서 다시 초점을 맞추고 활성화되도록 도와주는 역할을 합니다. 그래서 저는 종일 책을 쓰는 경우는 한 장소에서 오랜 시간을 보내기보다는 다양한 카페를 탐색하며 그날의 기분과 글쓰기 상태에 맞는 곳을 찾곤 합니다.

글쓰기에 적합한 장소는 단순히 물리적인 편리함을 넘어 그 공간이 주는 심리적 안정을 포함합니다. 평소와는 다른 분위기 속에서 새로운 영감을 얻곤 합니다. 이것은 여행을 가서 글을 쓸 때도 동일하게 새로운 영감과 글이 잘 써지는 느낌을 받는 것과 동일합니다. 같은 공간에 머무르다 보면 우리가 느끼는 자극의 종류도 제한적이기 때문에 글쓰기의 아이디어가 고갈될 수 있습니다. 이러한 사항들은 저의 경우에 해당하는 것이고 사람에 따라 다를 수도 있습니다. "대통령의 글쓰기"의 강원국 작가는 와인 한 잔과 에스프레소를 마시고 안경을 닦아야 비로소 글이 써진다고 글쓰기 강의에서 말한 바 있습니다. 이는 단순히 물리적 공간을 찾는 것을 넘어서 자신의 창작 리듬과 패턴을 이해하고 발전시켜 나가는 과정이기도 합니다. 흔히들 말하는 루틴이라는 것입니다.

중요한 것은 자신에게 가장 적합한 글쓰기 환경을 찾는 것입니다. 이는 시행착오를 통해 발견될 수 있으며 때로는 예상치 못한 장소에서 글쓰기의 영감을 받을 수도 있습니다. 예를 들어 한 유명 작가는 호텔 로비에서 글을 쓸 때 가장 집중이 잘 된다고 밝힌 바 있습니다. 호텔 로비의 익명성과 중립적인 분위기가 오히려 창작에 도움이 된다는 것입니다. 글쓰기에 최적화된 환경을 찾는 것은 매우 개인적인 과정입니다. 이는 단순히 편안함이나 집중력만의 문제가 아니라 창의성과 생산성을 최대화할 수 있는 조건을 찾는 것입니다.

실제 공간과 환경이 창의성과 집중력에 미치는 영향은 여러 연구를 통해 전해지고 있습니다. 몇 가지 예를 들면, 자연광은 우리의 생체시계를 조절하고 집중력을 향상시키는 데 중요한 역할을 한다고 합니다. 자연광이 충분히 들어오는 공간에서 일할 때 생산성이 15% 이상 향상된다는 연구 결과가 있습니다. 또한 적당한 배경 소음이 오히려 창의적 사고를 촉진할 수 있다고 합니다. 이는 카페에서 글쓰기가 잘 되는 사람들이 많은 이유를 설명해 줍니다. 그리고 천장이 높은 공간에서는 추상적이고 창의적인 사고가, 천장이 낮은 공간에서는 집중적이고 세부적인 사고가 촉진된다는 연구 결과도 있습니다. 21~23도의 온도가 인지 기능을 최적화한다는 연구 결과도 있습니다. 실내 식물이나 자연을 볼 수 있는 환경은 집중력을 15% 정도 향상하게 시킨다는 연구 결과도 있습니다. 너무 정리된 장소보다 약간 정돈되지 않은 공간이 오히려 창의적 사고를 자극할 수 있다고 합니다. 일반적으로 아침 시간대가 인지 기능이 가장 활발한 시간으로 알려져 있으나 이는 개인의 생체리듬에 따라 다를 수 있습니다. 이는 일반적인 연구 결과이므로 개인의 선호도와 작업 스타일에 따라 조정해서 참고하면 될 것 같습니다.

자신에게 가장 편안하고 생산적인 환경을 찾아 지속해서 이동하며 활용해 보는 것이 효과적인 글쓰기에 도움이 될 것 같습니다. 다양한 장소와 환경을 시도해 보고 자신에게 가장 잘 맞는 글쓰기 공간을 발견하는 것이 중요합니다. 이러한 과정은 시간이 걸릴 수 있지만 결국 더 나은 글쓰기 경험과 결과물로 이어질 것입니다. 자신만의 '보물 같은' 글쓰기 공간을 찾는 여정을 지금부터 시작해 보시기 바랍니다.

책 쓰기, 스스로 고독한 몰입의 시간을 만들어라

모든 위대한 문학작품들은 깊은 몰입과 집중의 결과물입니다. 지금 저와 함께 가려는 길은 비록 문학작품은 아니고 마케팅하기 위한 목적이며 건강이라는 주제의 실용도서를 쓰려는 활동이지만, 퀄리티 높은 결과를 위해서 글을 잘 쓰기 위한 방법을 찾는 것에서는 문학이건 비문학이건 공통점이 있습니다.

역사적으로 유명한 작가들의 집필 습관을 살펴보면 한 가지 공통점을 발견할 수 있습니다. 바로 자신만의 고립된 시간과 공간을 확보하고 그 안에서 철저하게 자신을 통제한다는 점입니다. 이는 단순한 습관이 아닌 창작을 위한 필수적인 의식과도 같습니다. 이외수 작가는 "글쓰기는 자발적인 투옥이다."라고 말한 바 있습니다. 집필 기간 외부와의 접촉을 최소화하고 오직 글쓰기에만 몰두했다고 합니다. "태백산맥"의 작가 조정래 역시 "작가는 스스로를 감옥에 가두어야 한다."라고 강조했습니다. 그는 15년에 걸친 "태백산맥" 집필 기간 매일 새벽 4시에 일어나 자신만의 집필 공간에서 고독한 시간을 보냈다고 합니다.

요즘 세상은 이러한 집중과 고립을 방해하는 수많은 요소로 가득합니다. 특히 스마트폰은 가장 큰 방해 요소입니다. 끊임없이 울리는 메신저와 문자 알림음, 수시로 확인하게 되는 소셜미디어, 업무 관련 메시지와 이메일들은 주의를 지속해서 분산시킵니다. 저도 업무와 관련된 수많은 단체 대화방 때문에 평일 낮에 집중과 고립이 어렵습니다. 저는 직업상 외근과 혼자 운전하는 시간이 많습니다. 이러한 때에 오히려 좋은 아이디어가 더 많이 떠오르곤 합니다. 평소 책상에 앉아 있는 시간은 핸드폰 알림음으로 인해 생각의 흐름이 끊어지고 다시 글쓰기 집중력을 회복하는 데는 상당한 시간이 필요합니다.

헤밍웨이는 "좋은 글은 고독한 시간에서 태어난다."라고 말했습니다. 그는 매일 새벽, 아무도 깨어나지 않은 시간에 글을 썼다고 합니다. 이러한 고독한 시간은 단순히 물리적인 고립만을 의미하지 않습니다. 내면의 소리에 귀 기울이고 깊은 사고에 잠길 수 있는 정신적 고립의 시간이기도 합니다. 따라서 효과적인 집필을 위해서는 의도적으로 단절된 환경을 만들어야 합니다. 이를 위한 몇 가지 구체적인 방법을 제시하면 다음과 같습니다.

첫째, 정해진 시간에는 스마트폰을 완전히 꺼두거나 다른 공간에 두는 것입니다. 사실인지 알 수 없지만 무라카미 하루키는 매일 새벽 4시부터 정오까지는 전화를 받지 않는다고 합니다. 이는 깊은 집중을 위한 하루키만의 규칙입니다.

둘째, 물리적으로 고립된 공간을 확보하는 것입니다. 집안의 특정 공간을 오직 집필만을 위한 장소로 정하거나 필요하다면 카페의 구석진 자리나 도서관의 독서실처럼 외부의 공간을 활용할 수도 있습니다.

셋째, 규칙적인 집필 시간을 정하는 것입니다. 매일 같은 시간에 글을 쓰는 습관을 들이면 그 시간이 되면 자연스럽게 집필 모드로 전환될 수 있습니다. 시나리오 작가 김은숙은 매일 밤 10시부터 새벽 4시까지를 집필 시간으로 정해놓고 있다는 말을 들은 적이 있습니다. 저는 매일 아침 15분간, 퇴근 시간 이후나 밤에 온 이메일을 보지 않고 주식 APP, 통장 잔고도 보지 않고 바로 책 쓰기에 돌입하려는 습관으로 책을 쓰고 있습니다. 회사 메일을 열거나 주식 APP을 열면 그다음에는 글을 쓸 수가 없습니다. 일상은 꼬리에 꼬리를 물기 때문입니다. 일상과 격리될 때, 집중할 때, 내가 현재와 관계없는 미래를 준비할 때, 그 안정감과 집중된 느낌이 드는 만족감을 경험해 보시기 바랍니다.

넷째, 주말이나 휴가 기간을 활용하여 집중적인 집필 시간을 확보하는 것입니다. 평일의 바쁜 일상에서 벗어나 온전히 글쓰기에만 집중할 수 있는 시간을 만드는 것입니다. 저도 주말을 활용하는 편입니다. 하루에 절반은 책을 쓰고 절반은 가족과 보내는 규칙을 세워 보시기 바랍니다.

책을 꾸준히 쓰게 되면 국내 여행을 가거나 해외여행을 가면 숙소에 노트북을 올려두고 책을 쓸 책상이 있는지를 가장 먼저 고려하게 되는 나를 발견하게 됩니다. 이러한 환경 조성은 단순히 물리적인 고립만을 의미하지 않습니다. 이는 창작을 위한 정신적 공간을 확보하는 과정이며 더 깊은 사고와 통찰을 위한 필수적인 과정입니다. 내면의 목소리에 귀 기울일 수 있는 시간과 공간이 필요합니다. 이것이 바로 위대한 작가들이 말하는 '자발적 투옥'의 진정한 의미일 것입니다.

명쾌한 주제 의식과
고유한 시선을 팔아라

저는 Zoom으로 병의원 원장님들을 대상으로 매월 다른 주제로 진행하는 개원 및 기개원 마케팅 세미나에서 지금까지 여러 차례 원장의 책 쓰기라는 주제로 세미나를 진행하였습니다. 해당 강의에서도 제가 가장 많이 강조했던 사항은 전문직의 글쓰기에서는 고유한 관점이 중요하다는 것입니다. 이것은 책 쓰기에만 국한되지 않습니다. 의사의 퍼스널 브랜딩 전반에 걸쳐 유튜브 촬영을 하거나 블로그를 작성할 때도 고유한 관점이 가장 중요한 포인트라고 생각합니다. 이것은 의사에게만 해당하지 않고 퍼스널 브랜딩의 가장 기본입니다. 특히, 분명한 목적이 있는 마케팅을 위한 글쓰기에서는 항상 이 고유한 관점이 중요합니다.

고유한 관점과 시선이 있는 글은 일반적인 글과 분명히 다른 매력이 있습니다. 고유한 관점은 일차적으로 진료과와 관련된 관점이 있고 다음으로 본인의 개성, 캐릭터와 관련된 관점이 있습니다. 좀 더 구체적으로 이야기하자면 저는 책 쓰기 세미나에서 아래와 같은 예를 들었습니다. 평양냉면에 대해서 의사의 고유한 관점으로 글쓰기를 해보라는 이야기입니다. 일반인의 시선, 맛집 블로거의 시선에서 글을 쓰지 말고 성형외과 의사의 관점에서, 흉부외과 의사의 관점에서, 피부과 의사의 관점에서 평양냉면의 맛에 대해 고유한 시선을 투영해 보고 그것을 연습해 보라고 이야기합니다. 이것은 전공이나 직업과 관련된 캐릭터를 강하게 드러내 보고자 실행해 보라고 말씀드린 것인데 실제 한번 이렇게 써 보시기 바랍니다. 무엇이라도 좋습니다. 예를 들면 성형외과라면 미적 관점에서, 흉부외과라면 심박과 관련해서, 피부과라면 음식과 피부에 대해서 무엇이든 접점을 찾는 연습을 해보시기를 바랍니다. 비유와 은유, 감성을 진료과에 맞는 의료인의 관점에서 써 보시기 바랍니다. 이러한 훈련은 책 쓰기에서 에세이 파트의 작성에 상당한 도움이 됩니다.

그리고 이것이 익숙해진다면 가지고 계신 고유의 더 큰 세계관을 글쓰기에 투영해 보시기 바랍니다. 예를 들어 저는 그동안 주로 IT와 마케팅에 대한 책을 10권 정도 써왔습니다. 저의 마케팅에 대한 세계관은 대체로 마케팅의 성과를 극대화하기 위해서는 광고 도구가 아니라 조직이 변해야 한다는 생각을 많이 피력해 왔습니다. 대부분의 온라인 마케팅 강의와 도서를 보면 도구에 대한 서술이 많습니다. 저는 도구가 이룰 수 있는 성과는 항상 한계에 부딪히게 마련이고 진정한 디지털 마케팅의 성과는 조직이 광고의 성과를 얼마나 잘 흡수 가능한지에 따라 다르게 나오며 그러기에 조직이 광고, 마케팅을 잘 흡수할 수 있는 구조로 함께 바뀌어야 한다는 것이 저의 광고에 대한 세계관입니다. 그동안 제가 쓴 마케팅 도서에 이러한 내용이 많이 담겨 있습니다. 또한 저는 네이버가 거의 독점하고 있는 국내 광고시장에서 특히 검색광고 만능주의에 부정하는 관점을 가지고 있고 제가 쓴 책이나 강의, 블로그 글들에는 그러한 관점이 많이 담겨 있습니다. 이것은 제 생각이기도 하지만 모든 마케팅을 하는 사람의 생각이 동일하다면 광고주들도 별다른 매력을 느끼지 못할 것입니다. 그래서 저는 이러한 세계관과 관점으로 광고 비즈니스를 차별화하고 있습니다.

  이 글을 읽으시는 원장님들 본인의 해당 진료과와 시술, 수술에 대한 고유한 관점과 세계관은 어떠한가요? 그것을 여러분의 책에 잘 녹여 보시기 바랍니다. 저의 고객 중 제가 글쓰기, 책 쓰기를 코칭 한 원장님 중에는 환자 1명당 상담 시간과 진료 시간이 길어야 하고 환자를 알아야 제대로 된 진료가 가능하다고 본인의 의료 철학을 주장하시는 분이 계신데 그분의 블로그와 유튜브, 책에는 이러한 내용이 주로 담겨 있습니다. 지금 이 글을 책을 읽으시는 원장님의 고유한 관점과 세계관은 무엇인가요?

에세이가 떠오르지 않을 때는
차트를 보라

저는 3문장 이상 글이 쉽게 바로 써지지 않는다면 해당 주제는 그 작가 책의 소재가 아니라고 생각합니다. 혹시 실제로 자판을 쳐보지도 않고 내 안에 나만의 고유한 에세이와 관련된 소재는 없다고 생각하시지 않나요? 그런데 이것이 가장 큰 문제입니다. 실제 자판을 쳐보고 문장을 풀어내어 보기 전에는 이것이 내 주제라는 것을 절대 알 수 없습니다. 내 주제인지 아닌지 꼭 먼저 자판을 쳐 보시고 판단하시기를 바랍니다. 책 쓰기나 글쓰기는 필력 있는 사람만이 쓸 수 있다고 글을 써 보기도 전에 선입견을 가지고 있지 않으신 가요? 에세이는 과연 필력이 있는 일부의 의료인만이 쓸 수 있을까요? 필력, 어휘력은 어느 정도 스토리만 풀어낼 수 있다면 AI의 도움을 받을 수 있습니다. 우선 스스로 힘으로 에세이 파트를 끌어내어 보시기 바랍니다.

그런데 에세이의 진도가 정말 안 풀린다는 생각이 드실 때는 도움을 받을 수 있는 길이 있습니다. 사실 의료인에게는 의료인만이 가진 에세이의 저장 창고가 있습니다. 일반 직장인과 기업의 CEO에게는 없는 자료의 저장 창고입니다. 그것은 바로 진료차트입니다. 의료인은 매일 차트를 기록하면서, 이미 수많은 에세이의 소재를 누적해 두고 있습니다. 직장인들이 업무보고 일지를 쓰고 학생과 일반인들이 일기를 쓴다면 의사는 매일 차트를 씁니다. 여기서 진료차트의 특별한 가치가 드러납니다. 의무 기록인 차트는 태생적으로 '제삼자까지 배려한 기록'입니다. 다른 의료진이 보더라도 이해할 수 있도록 환자의 상태와 치료 과정을 객관적이고 논리적으로 서술합니다. 그래서 차트는 이미 '독자를 위한 객관적 글'의 원재료의 형식을 갖추고 있는 것입니다. 객관적인 데이터의 나열인 차트 정보는 그 자체로는 에세이가 될 수 없지만 의료인이 기억을 되돌려서 책 쓰기에 맞게 복기하면 의료인에게는 당시의 진료 상황, 감정, 느낌이 함께 스며 있는 에세이가 될 수 있습니다.

차트가 좋은 에세이의 재료가 되는 구성상의 이유는 차트는 단순한 개인적 기록이 아니며 다음과 같은 에세이의 기본 요소들을 갖추고 있기 때문입니다. 시간의 흐름에 따른 논리적인 전개, 객관적 사실에 기반한 서술, 제삼자도 이해할 수 있는 명확한 표현, 의학적 근거, 환자의 변화 과정을 보여주는 서사구조의 데이터를 가지고 있습니다. 이런 특성들은 모두 좋은 에세이의 기본 요소입니다. 여기에 여러분의 통찰과 감성을 더하면 그것은 자연스럽게 훌륭한 에세이가 됩니다. 일기처럼 감정을 쏟아내는 것이 아니라 차트에 기록된 객관적 사실들을 바탕으로 하면서 거기에 의료인의 통찰과 인간적인 감성을 더하는 것, 그것이 바로 여러분 책의 20%를 구성할 좋은 의료 에세이의 비결입니다. 사실 일부 의사들은 소셜미디어에서 이것이 에세이인지 인식하지 못하면서 실제 이렇게 짧은 글을 쓰고 있기도 합니다.

환자들은 에세이에 설득됩니다. 예를 들면 초진 기록 속 환자의 절실한 호소는 고통과 치유를 다룬 에세이가 될 수 있습니다. 치료 경과 기록은 희망과 회복의 이야기로 바뀝니다. 까다로운 환자와의 상담 기록은 신뢰 형성의 과정을 담은 에세이가 될 수 있습니다. 위기 상황에서의 의사결정 과정은 의료진의 고뇌와 결단을 담은 글이 됩니다. 이렇게 차트의 객관적 기록들은 독자들이 공감할 수 있는 이야기의 뼈대가 됩니다. 여러분은 여기에 생각을 조금 더 하셔서 살을 붙이면 됩니다. 이것이 바로 바쁜 일상에서도 효율적으로 20%의 에세이를 쓸 수 있는 비결입니다. 이런 에세이들은 단순한 사실의 나열이 아닙니다. 각각의 기록 뒤에는 인간의 삶과 감정, 관계와 신뢰, 고통과 희망이 담겨 있습니다. 이것들이 바로 여러분이 차트 기록을 보고 기억을 복기하며 쓸 에세이의 핵심 소재입니다.

한 가지 주의할 것은 차트를 보고 에세이 성격의 글을 쓰되 일기와는 구분되어야 한다는 것입니다. 많은 분이 에세이 쓰기를 어려워하는 이유 중 하나는 일기와 에세이를 혼동하기 때문입니다. 일기와 에세이는 무엇이 다를까요? 일기는 자신만의 생각과 감정을 자유롭게 쏟아내는 글입니다. 오늘 있었던 일을 시간 순서대로 적고 그때의 감정을 솔직하게 표현하면 그것이 일기가 됩니다. 그러나 대부분의 일기는 책이 될 수 없습니다. 일기는 독자가 아닌 나를 위한 글이기 때문입니다. 하지만 에세이는 다릅니다. 에세이는 독자를 전제로 쓰는 글입니다. 나의 경험과 생각을 다른 사람도 이해하고 공감할 수 있도록 정리하여 전달하는 것이 에세이입니다.

스토리텔링의 보물창고
CRM, EMR, PACS

글을 잘 쓰는 소질이 있는 사람과 반대인 사람이 분명 처음부터 따로 있을 수 있습니다. 그러나 저는 첫 번째 책의 출간을 완주하여 출간에 성공하는 것은 사람의 소질에 관계된 것이 아니라 저자가 선택하는 글의 주제에 더 큰 영향이 있다고 경험으로 느끼고 있습니다. 내가 글을 잘 쓰는 유형의 사람이건 아니건 누구에게나 잘 써지는 주제와 안 써지는 주제가 각자 다르게 존재합니다. 그래서 초보 작가가 포기하지 않고 책을 출간하려면 잘 써지는 주제를 찾는 것이 가장 중요합니다. 그런데 순수문학이 아닌 마케팅 글과 에세이는 대부분 본인의 실제 경험과 그로 인한 자신감이 이 잘 써지는 주제에 큰 역할을 합니다. 흔히들 말하는 "말하자면 끝이 없어.", "내가 이걸 말하자면 3박 4일이 모자라." 등의 우리가 대화 중에 하는 이런 말들의 주제들은 아마도 여러분이 지속해서 막힘없이 빠르게 한권의 책에 해당하는 글을 쓸 수 있는 주제가 될 가능성이 높습니다. 가장 큰 글쓰기의 핵심 문제는 AI의 활용 여부가 아닙니다. AI는 정보성 글을 쓰는 데 유리하고 분량을 늘리는 데 유리하며 정리와 퇴고에 유리합니다. 전체 책 분량의 20~30%는 잘 써지는 자신감 있는 내 이야기가 있어야 합니다. AI가 70%의 건강 상식이나 의료 정보를 넣는다고 해도 70%는 나의 주장을 받쳐줄 부수적인 내용들이고 30%는 나의 이야기가 들어가야 합니다. 잘 써지는 글을 쓸 주제는 분명히 내 안에 있습니다. 다만 기억나지 않고 떠오르지 않으니 써지지 않는 경우가 대부분입니다.

제가 이럴 때 많이 사용하는 방법이 있습니다. 여러분의 어릴 적 사진이 있는 앨범을 펼쳐서 보면 분명히 할 말이 아주 많을 것입니다. 여러분의 가족들과 이때는 이랬고 저 때는 저러했다고 추억을 끊임없이 말할 수 있습니다. 굳이 사진 앨범이 아니더라도 여러분이 몇 년 전 핸드폰으로 찍은 사진을 구글 포토에 백업하여 저장한다고 하여도 마찬가지일 것입니다. 과거 사진을 보고 이때는 이랬다고 말할 수 있습니다. 사진없이 말할 수 없는 것은 사진처럼 기억을 떠올릴 수 있는 촉매가 없어서 그 장면이 떠오르지 않았을 뿐입니다.

의료인이 마케팅에 대한 책을 쓴다면 건강 상식과 진료에 대한 내용일 것이며 대부분의 경우 환자와의 접점에서 사례와 에세이가 나올 가능성이 높습니다. 앞선 단락에서 제가 차트를 보라고 말씀드렸습니다. 그런데 정보가 차트에만 있을까요? 제가 드리는 말씀은 개인 정보를 디테일하게 이용하라는 이야기가 아니라 그 환자와 나의 관계에서 나오는 이야기를 데이터를 기반으로 스토리텔링 할 수 있다는 이야기입니다. 저는 의사가 아니기 때문에 환자 차트가 없습니다. 제가 글 쓸 거리를 찾을 때는 저는 구글 클라우드를 활용하여 아이디어를 찾습니다. 그동안 수년간의 고객과의 경험들이 제안서와 고객 보고서 파일에 있고 그때 겪었던 시행착오들이 파일 속에 있습니다. 이러한 자료들과 그때 겪었던 시행착오들이 다른 고객들에게는 똑같이 마케팅 시행착오를 겪게 하지 않을 스토리텔링의 소재가 됩니다. 여러분도 직접 기록하거나 여러분의 병원에서 매일 기록되고 있는 PACS, EMR, CRM에서 글과 책의 소재를 찾으시기를 바랍니다. 분명히 그렇게 발견한 소재로 책이 잘 써질 것입니다. 원내에서 발생하는 데이터를 쭉 넘겨 보시면 분명히 무엇인가 글을 쓸 아이디어가 나올 것입니다. 또한 이러한 전산 자료들은 여러 지표를 기준으로 데이터를 재정렬하는 것이 가능합니다. 데이터를 가공해서 통계적인 의미도 도출할 수도 있습니다. 좀 더 나아가 원장님들이 잘 보지 않는 실장들의 상담일지, 실시간 상담 메신저에도 수많은 스토리텔링의 요소들이 있습니다. 책을 쓰고자 결정하셨다면 최대한 이런 데이터들을 활용해야 합니다.

책을 쓰고 싶다는 것과
실제 쓰는 것의 차이

책을 쓰고 싶어 하는 의료인은 많지만 실제 행동에 옮기는 의료인은 극소수입니다. 제가 만나 본 원장님들의 대부분은 출간에 관심이 있었습니다. 그러나 대부분의 경우 책이 마케팅적으로 얼마나 유리한지 구체적으로 잘 모르며, 내 이름으로 된 책 한 권이 주는 기록적인 의미로 책을 생각하고 계셨습니다. 그리고 아주 막연하게 '나는 시간이 없어서 책을 출간하기는 어렵겠지.' 정도로 생각만 하고 그칠 뿐입니다. 실제로 노트북을 펼쳐서 써보는 시도까지는 하지 않는 경우가 대부분입니다. 그러고는 또 한참의 시간이 흘러가고 내가 책을 써야겠다고 생각했던 결심이나 기억도 잊히고 맙니다. 처음에 생각했던 책의 주제도 잊게 되고 그 무렵의 주제로 잡았던 내용들은 시의성을 잃고 맙니다. 저는 건강에 대한 책을 써본 적은 없지만 저 또한 책을 쓰기 전에 그런 생각을 많이 하였고 망설이는 와중에 실제로 진행은 하지 않고 시간을 흘려보낸 적이 많았습니다. 책을 출간해 보면 이렇게 책을 쓰지 않고 지나간 시간이 가장 후회됩니다.

책을 쓴다는 것은 PC나 노트북에서 워드 파일을 열고 타이핑을 실제 시작해야 내 안에 무엇이 들어 있는지 알 수 있습니다. 절대 머릿속으로 쓸까 말까, 잘 안 떠오르네, 그만둘까, 이렇게 출간 여부를 판단하지 마시기를 바랍니다. 책의 내용은 이미 세상에 존재하는 의학적 팩트가 아니라 내 입장에서 재구성한 의료와 관련된 관점의 기록이 되어야 합니다. 그래야 나만의 고유한 매력을 풍기는 책이 됩니다. AI가 이 관점을 절대 대신할 수는 없습니다. 나만의 관점이라는 사실이 쓰기 시작해서 덩어리가 되고 페이지가 늘어나면서 누적된 분량이 마치 통장처럼 작가에게 설렘을 주고 책을 끝까지 쓰게 하는 원동력이 됩니다.

책을 쓰기 전에 대부분 자신에게 이런 질문을 던집니다. '나에게 과연 책으로 쓸 만한 이야기가 있을까?' 이런 의문은 많은 의료인들이 책의 첫 발걸음을 떼기도 전에 멈추게 만드는 가장 큰 장애물입니다. 하지만 이는 완전한 착각입니다. 나의 내면에는 이미 충분한, 어쩌면 상상하는 것보다 훨씬 더 많은 이야기가 존재하고 있습니다. 그리고 이 이야기들은 오직 내가 실제로 글쓰기를 시작할 때만 비로소 모습을 드러낼 것입니다. 매일 진료실에서 마주하는 환자들과의 대화, 그들의 질환과 진료, 수술, 회복 과정, 그리고 그 속에서 의료인으로서 느낀 감정과 깨달음들, 스텝들과 나누었던 수많은 대화, 진단과 치료 과정에서 겪었던 고민, 그리고 그것을 해결해 나가는 과정에서 얻은 통찰 등, 이 모든 것들이 나만의 독특한 이야기가 될 수 있습니다.

제가 코칭을 해보면 실제로 글쓰기를 시작한 많은 의료인이 공통으로 하는 말이 있습니다. "막상 쓰기 시작하니 생각보다 훨씬 많은 이야기가 있었다."라는 것입니다. 처음에는 한두 문단도 채우기 어려울 것 같았지만 글을 쓰다 보니 오히려 중복된 내용을 줄이는 것이 더 어려운 과제가 되었다는 말을 많이 합니다. 이것이 바로 '글쓰기 시작'의 마법입니다. 시작하기 전에는 결코 알 수 없습니다. 경험 속에 어떤 스토리텔링의 보물이 숨어 있는지, 나의 관점이 얼마나 특별한 가치를 지니고 있는지, 내 이야기가 어떤 독자에게 얼마나 큰 도움이 될 수 있는지를 알 수 없습니다. 이 모든 것은 오직 실제로 글쓰기를 시작할 때만 드러날 수 있습니다. 글쓰기는 자기 발견의 여정입니다. 글을 쓰는 과정에서 내 경험을 새롭게 해석하게 되고 이전에는 미처 깨닫지 못했던 추가적인 쓸 거리를 발견하게 될 것입니다.

제가 많은 원장님들께 가장 많이 듣는 말이 "우리 진료과가 더 이상 뭐 특별한 것이 있어요? 나 똑같아요."라는 말입니나. 과연 그럴까요? 흔히들 내부에 있으면 더 안 보인다는 말을 많이 합니다. 내부에 있으면서도 다른 시선을 가지려는 노력을 해보시기를 바랍니다. 이러한 발견의 기쁨은 글쓰기를 지속하게 만드는 강력한 동기가 됩니다. 의사이시면서 작가인 원장님은 TV와 영화에 의사가 나오는 장면만 모아서 리뷰하여 책을 출간하였습니다. 의사의 시선으로 볼 때 의사가 나오는 드라마에서 현실과 다른 점이 보이는 고유한 시선이 분명히 있었을 것입니다. 그것이 책의 소재가 되었습니다. 관점이라는 것이 이렇게 중요하고 관점을 타이핑해 보는 것이 이렇게 중요합니다.

처음부터 완벽한 글은 없습니다. 중요한 것은 나만의 이야기를 세상에 꺼내 놓는 것, 그 첫걸음을 떼는 것입니다. 지금 바로 시작하시기를 바랍니다. 컴퓨터를 켜고 워드 파일을 열고 생각나는 이야기를 적어 보시기 바랍니다. 처음에는 서투를 수 있고 군데군데 빈틈이 있을 수 있지만 수정하고 다듬는 것은 나중에 하시고 분량을 늘려 보시기 바랍니다. 지금 이 순간 가장 중요한 것은 '시작'입니다. 내면에 있는 이야기들이 세상의 빛을 보게 될 그 순간을 미루기 때문에 내 이야기는 책으로 세상에 나오지 않습니다. 기억하시기를 바랍니다. 나의 내면에는 이미 충분한 이야기가 있습니다. "언젠가 책으로 남기고 싶다." 흔히 하는 이 말은 대부분 그저 희망 사항으로 남고 맙니다. 그 생각을 할 시간에 하루 15분이라도 글쓰기 시간을 확보하시기를 바랍니다. 진료 중 떠오른 아이디어나 영감을 즉시 메모하는 습관을 들여서 순간순간 떠오르는 소주제를 놓치지 마시기를 바랍니다. 초고는 완벽하지 않아도 됩니다. 수정은 얼마든지 나중에 할 수 있습니다. 중요한 것은 시작입니다. 출간은 단순히 책 한 권을 출간하는 것 이상의 의미를 가집니다. 전문성을 한층 더 발전시키고 퍼스널 브랜드를 구축하는 가장 효과적인 방법이니 시작을 망설이지 말기 바랍니다.

작가의 경험을
AI가 따라올 수 없는 이유

의료 분야에서 일반인을 대상으로 책을 쓰는 것은 단순히 정보를 전달하는 것 이상의 감동을 만들어야 독자에게 매력을 줄 수 있습니다. 여러분이 출간하실 책은 반드시 의학적으로 전문적인 지식만이 아니라 의사로서의 독특한 통찰과 경험을 담아내는 매개체가 되어야 합니다. 이러한 맥락에서 최근 주목받고 있는 생성형 AI 기술의 책 쓰기 활용에 대해 반드시 신중히 접근할 필요가 있습니다. 생성형 AI는 방대한 양의 정보를 처리하고 구조화된 글을 작성하는 데 탁월한 능력을 보이지만 인간적으로 매력적인 글까지는 만들어 주지 못합니다. 다만 의학 정보, 통계, 일반적인 건강 조언 등을 빠르게 정리하는 데에는 유용한 도구가 될 수 있습니다. 따라서 정리나 정보 취합에 탁월한 생성형 AI라는 도구에 책 쓰기 전체를 지나치게 의존하는 것은 여러분의 책이 지녀야 할 가장 중요한 작가의 고유한 매력이라는 요소를 놓치게 만들 수 있습니다. 사실 책 쓰기를 코칭 해 보면 이런 경우가 너무 많습니다. 특히 주목해야 할 점은 가망 환자를 설득하고 그들의 마음을 움직이는 데 있어 단순한 정보성 글보다는 에세이 형식의 글이 훨씬 더 효과적이라는 것입니다.

에세이는 여러분의 개인적 경험, 감정, 그리고 전문적 견해를 자연스럽게 녹여낼 수 있는 형식입니다. 이는 독자들에게 단순한 사실 전달을 넘어서는 깊은 공감과 신뢰를 형성할 수 있게 해줍니다. 예를 들어, 특정 질병에 대한 일반적인 정보를 나열하는 것보다 그 질병을 가신 환사를 치료하면서 겪은 어려움과 그를 극복한 과정을 에세이 형식으로 풀어내는 것이 독자들에게 더 큰 영향을 미칩니다. 이러한 내러티브는 독자들이 여러분을 신뢰할 수 있는 의료인인 동시에 전문가로 인식하게 합니다. 의사로서 여러분이 가진 고유한 경험, 환자와의 상호작용에서 얻은 통찰, 그리고 여러분만의 독특한 관점은 AI가 절대 대체할 수 없는 가치입니다. 이러한 요소들을 에세이 형식으로 풀어낼 때 가망 환자들은 여러분의 전문성뿐만 아니라 인간적인 면모까지 매력을 느낄 수 있게 됩니다. 이러한 포인트의 예를 들면, 의료 윤리와 관련된 복잡한 상황에서 의사결정 과정, 새로운 치료법에 대한 여러분의 전문적 견해, 의료 정책에 대한 비판적 시각 등을 에세이 형식으로 표현하면 독자들은 여러분의 사고 과정과 가치관을 더 잘 이해할 수 있게 되면서 인간적인 매력을 느끼게 됩니다. 이는 독자들이 자신을 맡길 의사로 여러분을 의사결정을 하는 데 큰 영향을 미칠 수 있습니다. 따라서, 책을 쓰는 과정에서 생성형 AI를 보조 도구로 활용하되 핵심 내용은 반드시 여러분의 고유한 경험과 관점을 담은 에세이 형식으로 작성해야 합니다.

AI를 통해 기본적인 구조를 잡거나 일반적인 정보를 정리할 수는 있지만 여러분만의 매력적인 목소리를 담은 에세이, 사례, 개인적 경험 등은 매일 조금씩 직접 작성해야 합니다. 제가 매일 조금씩 작성하라고 말씀드리는 이유는 의료 정보 분야는 AI를 이용하여 빠르게 작성할 수 있지만 에세이 부문은 절대 짧은 시간에 완성되지 않기 때문입니다. 1년에 1권의 책을 목표로 하시기를 바랍니다. 이렇게 작성된 책은 풍성한 에세이 부문 때문에 단순한 정보 전달을 넘어 독자들에게 깊은 인상을 남기고 그들을 설득할 수 있는 강력한 도구가 됩니다. 의료인의 책은 단순한 건강 정보 안내서가 되어서는 절대 안 됩니다. 퍼스널 브랜딩을 목적으로 하는 의사의 책은 전문성, 경험, 그리고 의료 정보를 서술하고 에세이 부문에서 환자에 대한 진정한 관심을 보여주는 방식으로 서술되어야 합니다. 이러한 요소들이 조화롭게 어우러질 때 책은, 독자들의 마음을 움직이고 그들을 여러분의 진료실로 이끄는 강력한 도구가 될 것임을 명심하시기를 바랍니다. AI에 의존하여 에세이 부문이 부족하거나 없는 책의 완성된 원고를 보면 작가 본인이 보기에도 설득력이 없는 글자의 모음이 되고 만 것을 쉽게 알 수 있습니다.

책 쓰기에 있어
완벽한 준비는 없다

병의원 마케팅을 하면서 원장님과 마케팅 관련하여 많이 주고받는 이야기 중에 하나가 "아직 준비되지 않았다."라는 말입니다. 아직 유튜브를 할 준비가 되지 않았다. 아직 외국인 환자는 받을 준비가 되지 않았다. 아직 블로그도 잘 안되기 때문에 인스타그램은 하기 어렵다. 이런 말들을 필드에서 원장님들께 병원 마케팅 대행을 하면서 아주 많이 듣습니다. 그런데 이렇게 생각하고 접근해서는 무엇 하나 제대로 완료하기가 어렵습니다. 일단 마케팅과 관련된 업무는 병렬식으로 동시에 진도를 나가야 합니다. 마케팅 콘텐츠에는 형식은 다르지만 내용에는 공통분모가 분명히 있습니다. 힘들게 블로그, 유튜브, 책 쓰기, 인스타를 따로 하지 마시고 원 소스 멀티 유즈(One Source Multi Use) 전략을 취하시기를 바랍니다. 블로그의 원고로 책도 쓰고 유튜브도 하시면 됩니다. 실제 많은 병의원이 정사각형의 이미지를 블로그 이미지로 쓰면서 그것을 인스타그램 카드 뉴스도 정사각형이라, 함께 쓰고 있습니다. 스토리텔링은 하나의 주제로 가되 도구를 바꾸면 됩니다. 책 쓰기도 매일 해야 하는 일상 업무 중의 하나로 접근하시기를 바랍니다.

많은 예비 작가가 빠지는 가장 큰 함정은 바로 글쓰기에 '완벽한 준비'가 되기를 기다리는 것입니다. '자료 조사를 좀 더 해야지', '다른 논문들을 몇 권 더 읽어보고'라며 실제 글쓰기를 미루는 것입니다. 하지만 냉정하게 말씀드리면 책 쓰기가 완벽하게 준비되는 시점은 절대 오지 않습니다. 의료인이시라면 이미 유튜브 영상은 찍어 보신 경험이 있을 수 있습니다. 유튜브 계정에 첫 영상을 올릴 때를 생각해 보시기 바랍니다. 만약 완벽한 장비와 완벽한 대본, 완벽한 편집 실력을 갖출 때까지 기다렸다면 유튜브에 영상을 업로드할 수 있었을까요? 아마 그렇다면 대부분의 유튜브 채널은 존재하지 않았을 것입니다. 블로그 포스팅은 더 많은 분이 경험이 있으실 텐데 마찬가지입니다. 처음부터 완벽한 포스팅을 작성했기에 블로그에 업로드하였나요? 대부분의 과정을 뒤돌아보면 유튜브를 여러 차례 찍으며 성장했고, 블로그 포스팅도 써보고 반응을 보며 수정하여 발전했습니다. 이미 개원하셨다면 병의원 마케팅과 관련된 모든 일들은 순차적이 아니라 병렬식으로 진행해야 한다는 것을 이미 경험하셨을 것입니다. 병의원이 실제 성장하기 위해서는 홍보와 관련된 일들은 순차적으로 진행되거나 다가오지 않습니다. 원장의 퍼스널 브랜딩을 위한 책 쓰기도 이와 다르지 않습니다. 준비와 자료조사에 지나치게 시간을 배분하는 것은 오히려 독이 될 수 있습니다. 물론 자료조사가 중요하지 않다는 말은 아닙니다. 하지만 자료조사는 글쓰기와 병행해야 하는 것이지 글쓰기의 전제조건이 되어서는 안 됩니다. 글을 쓰기 시작해야 어떤 자료가 더 필요한지 명확해집니다. 이것이 바로 실제 글쓰기를 지금 시작해야 하는 이유입니다.

아이러니하게도 가장 효과적인 글쓰기 준비는 처음부터 AI에 의존하는 것이 아니라 매일 조금씩 글을 써서 AI의 도움을 받을 재료를 확보하는 것입니다. A4 용지 한 장 분량, 보통 글자 크기로 700~800자 정도를 매일 쓴다고 가정해 보시기 바랍니다. 많다고 느껴지지 않을 것입니다. 하지만 이것을 3개월 동안 꾸준히 하면 어떻게 될까요? 약 90장의 원고가 쌓입니다. 이는 책 한 권이 되기에 충분한 분량입니다. 완벽을 추구하다 보면 오히려 아무것도 이루지 못하게 됩니다. 초고는 완벽하지 않아도 됩니다. 오히려 완벽하지 않은 것이 자연스럽습니다. 전문 작가도 초고는 완벽하지 않습니다. 수정하고 다듬는 것은 나중 문제입니다. 요즘에는 퇴고, 교정, 교열은 AI의 도움을 받을 수 있기에 수정은 천천히 생각하셔도 됩니다. 처음부터 완성도 높은 글을 쓰려고 하면 한 페이지를 쓰는 데도 며칠씩 걸릴 수 있습니다. 이렇게 되면 글쓰기의 즐거움을 느껴보기 전에 지쳐서 결국 포기로 이어지기 쉽습니다. 자료 조사는 글쓰기의 과정에서 자연스럽게 이루어져야 합니다. 초고를 쓰면서 부족한 부분을 메모해 두고 그 부분들을 나중에 보완하는 방식으로 접근하시기를 바랍니다. 이것이 책 한 권을 가장 빠르게 완성하는 현실적인 방법입니다. 모든 것이 완벽하게 준비된 후에 글을 쓰겠다는 생각은 사실상 "나는 영원히 책을 쓰지 않겠다."라는 말과 다르지 않습니다. 실제로 많은 작가들이 말하듯 글은 쓰면서 발전합니다. 첫 장을 쓸 때의 문제와 마지막 장을 쓸 때 여러분의 문제는 분명히 다를 것입니다. 이는 내가 작가로 발전하고 있다는 증거입니다.

책 쓰기를 시작하기에 '완벽한 순간'은 절대 오지 않습니다. 책을 쓰는 것은 대단한 결심이나 거창한 출발이 필요한 일이 아니며 한 줄의 생각, 하나의 아이디어로부터 시작됩니다. 중요한 것은 시작하는 것이며 그 작은 시작이 차곡차곡 쌓여 결국 한 권의 책이 완성된다는 사실을 깨닫는 것입니다. 책 쓰기도 이와 다르지 않습니다. 글을 쓰는 일이 부담스럽게 느껴진다면 단 한 문장만 써보는 것으로 하루를 시작해 보시기 바랍니다. 중요한 것은 꾸준히 조금씩이라도 써 내려가는 것입니다. 하루에 한 줄, 한 단락씩 쓴 글들이 결국에는 한 챕터가 되고 한 권의 책이 될 것입니다. 결국 중요한 것은 첫걸음을 내딛는 것입니다. 책 쓰기는 지금 내가 할 수 있는 한 줄부터 써보는 것에 있습니다. 저는 책을 쓸 시간이 정말 없으면 제가 저에게 외부에서 이동 중이라도 카카오톡에 음성 메시지라도 보내서 한 줄이라도 쓰는 습관을 지녀가고 있습니다. 상상하지 말고 말로 내뱉고 한 줄이라도 타이핑해야 써야만 써지는 것, 그것이 책입니다.

성공 공식 = [기획+몰입+집중] × AI

병원 마케팅의 현장에서 책과 가장 유사한 매체인 원장의 개인 블로그로 퍼스널 브랜딩에 성공한 원장님들의 경우를 지켜보면 가장 큰 공통점은 기획력이나 필력이 뛰어난 것이 아닌 경우가 대부분이었습니다. 그분들의 가장 큰 특징은 부지런하다는 것입니다. 의사가 블로그로 성공했다는 이야기를 듣는다면 최소한 6개월에서 2년 정도는 꾸준히 블로그 포스팅을 한 결과이며 누적 포스팅 수도 수백 개가 넘는 경우가 대부분입니다. 물론 고유한 시선이나 관점까지 더 해진 경우는 더욱더 블로그가 크게 성공하는 경우가 많습니다. 특히 최근에 성공한 원장 블로그들의 주목할 특징은 광고대행사가 아닌 원장이 직접 작성한 블로그가 더 높은 방문자 수와 이웃 수를 기록하고 있다는 것입니다. 이는 의료 정보의 특성상 전문성과 진정성이 매우 중요함에도 광고대행사가 대행하는 블로그가 그러한 속성을 가지기 쉽지 않기 때문에 외주로 운영하는 블로그에 비하여 원장이 직접 꾸준하게 운영하는 블로그가 성공하는 이유입니다. 블로그를 성공적으로 운영하는 원장들의 특징을 보면 대부분 완벽주의적 성향을 가지고 있으며 중요한 일은 반드시 직접 처리하고자 하는 성격의 소유자들이 많은 편입니다. 이러한 성향이 결과적으로는 블로그 콘텐츠에 의료인의 고유한 관점과 전문성을 담아내는 원동력이 되었습니다.

그러나 책을 쓰는 과정은 블로그 운영과 유사하면서도 몇 가지 중요한 차이점이 있습니다. 블로그가 정기적이고 지속적인 포스팅을 통해 해당 시기의 이슈와 주제에 맞게 독자들과 소통하는 매체라면, 책은 보다 응축된 형태의 지식과 경험을 전달하는 매체입니다. 다만, 성공하는 블로그의 규칙처럼 책의 집필에서도 매일 조금씩 쓰는 루틴을 만드는 것이 이상적입니다. 규칙적인 집필 습관은 시간이 부족한 의료인에게 저자가 일관된 톤과 관점을 유지하면서 내용을 발전시켜 나가는 데 도움이 됩니다. 하지만 책의 경우에는 블로그와 달리 집중적인 몰입을 통한 집필도 가능하다는 장점이 있습니다. 이러한 스타일의 글쓰기 습관을 지니신 분들은 주말이나 휴가 기간을 활용하여 집중적으로 원고를 작성하는 것도 효과적인 전략이 될 수 있습니다. 실제로 이 스타일이 맞는 분들도 많이 있습니다. 책 집필에서는 꾸준함과 더불어 기획력, 몰입도, 집중력이 매우 중요한 요소로 작용합니다. 성공적인 첫 책의 출간을 위해서는 블로그처럼 꾸준한 노력이 필요하지만 동시에 전체적인 구성과 흐름을 고려한 기획력, 그리고 깊이 있는 내용을 담아내기 위한 몰입과 집중력이 조화를 이루어야 합니다.

고유한 관점으로 이륙하고
내러티브(narrative)로 비상하라

내러티브(narrative)는 이야기나 사건을 일관된 방식으로 구조화하여 전달하는 것을 의미합니다. 라틴어 'narrare'(자세히 말한다)에서 유래한 용어로 특정한 주제나 메시지를 전달하기 위해 단순한 사건의 나열이 아닌 사건들을 의미 있게 연결하여 하나의 완결된 이야기로 구성하는 것을 말합니다. 그리하여 독자들이 이야기의 흐름을 이해하고 감정적으로 공감할 수 있도록 도와줍니다. 퍼스널 브랜딩에서 내러티브는 자신의 가치, 목표, 경험을 사람들에게 전달하는 강력한 도구로 사용됩니다.

내러티브를 통해 사람들이 딱딱하다고 선입견을 가진 의료인을 더 매력적이고 기억에 남는 브랜드로 구축할 수 있습니다. 대중들은 직업에 따라 사람에 대한 선입견을 가지고 있습니다. 경찰이라는 직업을 가진 사람, 변호사라는 직업을 가진 사람, 의사라는 직업을 가진 사람 등의 성격은 어떠하다는 식으로 본인의 경험으로 묶어서 인지하게 됩니다. 의사라는 직업도 마찬가지입니다. 대중들은 의사라는 직업을 가진 사람에 대하여 딱딱하다는 이미지를 가지고 있습니다. 이것은 마케팅과 퍼스널 브랜딩에 유리하지 않기에 내러티브로 여러분만은 다르게 인식시킬 필요가 있습니다. 예를 들어 애플의 스티브 잡스의 성공은 강력한 내러티브가 큰 역할을 한 대표적인 사례입니다. 다음과 같은 고유한 내러티브로 사람들의 감정에 다가갔습니다.

혁신: 스티브 잡스는 단순한 전자 제품이 아니라 '사람들이 세상을 바라보는 방식을 바꾸는 제품'을 만들겠다는 비전을 가지고 있었습니다. 이 혁신적 내러티브는 애플 제품이 기술 그 이상의 의미를 가지게 했고 사람들은 애플을 사용하는 경험에서 특별함을 느꼈습니다.

도전과 재기의 스토리: 잡스는 애플을 창립하고 이후 자신이 만든 회사에서 쫓겨났다가 다시 돌아와 회사를 부활시킨 드라마틱한 이야기를 가지고 있습니다. 이 스토리는 그의 브랜드와 애플의 이미지에 '포기하지 않는 도전자'라는 강력한 이미지를 심어 주었고 이를 통해 애플은 단순히 제품이 아니라 끈기와 혁신의 상징으로 자리 잡았습니다.

사람 중심의 접근: 잡스는 항상 기술이 아닌 '사람'을 중심으로 생각했습니다. "사람들이 정말 원하는 기술이 무엇인가?"라는 질문을 끊임없이 던지며 제품을 개발했고 이러한 철학은 고객과 깊은 연결고리를 만들었습니다.

이러한 내러티브는 단순한 기계보다 더 인간적인 제품을 원하는 사용자들에게 애플의 제품을 특별하게 만들었습니다. 의료인의 경우 예를 든다면, 어떠한 내러티브를 활용하여 마케팅 도서에서의 퍼스널 브랜딩에 활용할 수 있을까요? 예를 들어 보겠습니다.

- **의사의 실제 진료 경험을 바탕으로 한 환자 사례**: 환자의 고통, 진단 과정, 치료, 회복 후 삶의 변화를 묘사합니다. 이를 통해 의사의 전문성과 환자에 대한 이해를 효과적으로 전달할 수 있습니다.
- **의사의 성장 스토리**: 의사가 되기까지의 여정과 성장해 온 과정을 내러티브로 구성할 수 있습니다. 제가 코칭 한 원장님들의 경우 현재의 업적을 이루기 전의 수련의 시절과 개원 초기 힘들었던 이야기도 많이 활용되었습니다.
- **전문직인 의사의 일상 공유**: 사람들은 전문직의 일상에 대하여 관심이 많습니다. 의사로서의 일상을 내러티브 형식으로 공유하여 독자들에게 친근감을 줍니다. 예를 들어 진료실에서의 일상, 응급실에서의 일상을 활용할 수 있습니다.
- **의료인으로서의 사회적 역할**: 전문직이 가진 재능과 술기를 사회를 위하여 봉사활동을 꾸준히 하는 이야기 등을 내러티브로 활용할 수 있습니다.

내 경험, 내 에피소드가 가장 특별하고 소중하다

마케팅 목적의 도서를 쓰는 가장 중요한 목적은 원장 개인에 대한 인지도 증가와 나의 세계관과 관점에 기반한 설득입니다. 결국 원장 개인의 인지도를 올리고 책의 내용으로 내 이야기를 통하여 공감대를 형성해서 내원하도록 하는 데 목적이 있습니다. 인지도 증가는 출판 마케팅을 하면 단순히 서점에서만 나의 책을 보게 되는 것이 아니라 여러 온라인 채널에서 나의 책을 통해 사람들이 나를 알게 될 것입니다. 책의 독자는 내가 겪었거나 내 가족이 겪었거나 겪을 만한 이야기에 공감하고 몰입할 것입니다. 이러한 공감은 진정성에서 나옵니다. 정보 전달만을 하는 책을 넘어서 공감을 주는 책이 되려면 진정성이 있어야 하며 진정성은 글을 쓰는 나 자신이 직접 경험하고 그 경험을 바탕으로 해야 작가에게서 자신감 있는 문장이 나오게 됩니다.

그리고 작가의 고유한 관점은 독창성과 차별화를 만들어 냅니다. 그래서 결국 내가 가진 경험, 내 진료, 시술, 수술 경험이 가장 특별하며 누적된 내 에피소드가 책이 될 것이기 때문에 나만의 이야기가 가장 중요합니다. 자기 경험을 바탕으로 한 고유한 관점은 책의 독창성을 높이는 데 중요한 역할을 합니다. 예를 들어 동일한 질병에 대해 여러 의사가 이미 앞서서 책을 출간했다고 하더라도 각자의 임상 경험과 연구 배경에 따라 그 내용과 접근 방식이 달라질 수 있습니다. 나의 이야기는 단순히 하나의 사례나 에피소드가 아니라 독자들에게 나만의 세계관을 전달하는 강력한 도구입니다. 독자들은 내가 겪은 경험 속에서 자신과의 연결고리를 찾고 그로 인해 나와 공감하고 신뢰하게 됩니다. 따라서 내가 어떤 경험을 했는지 그 경험을 통해 어떤 통찰을 얻었는지가 글의 핵심이 됩니다.

책을 쓰는 과정에서 많은 작가들이 자신이 가진 이야기가 충분히 특별하지 않다고 느끼는 경우가 있습니다. 하지만 중요한 것은 그 경험의 독창성이 아니라 그 경험을 바라보는 나만의 시각과 그것을 풀어내는 방식입니다. 예를 들어 같은 질병을 치료한 경험이라도 내가 환자와 교감하며 느낀 점이나 진료 과정에서 발견한 작은 디테일이 다른 의사들과 나를 차별화할 수 있습니다. 이러한 이야기는 단순히 독자에게 정보를 전달하는 것을 넘어서 나만의 진료 철학과 가치를 보여주는 기회가 됩니다.

진정성을 바탕으로 한 경험의 공유는 독자와의 신뢰를 구축하는 데 필수적입니다. 독자는 단순히 의료 정보를 얻기 위해 책을 읽지 않습니다. 그들은 내가 가진 진솔한 이야기를 통해 내가 어떤 사람인지 알고 싶어 하고 내가 환자를 대하는 태도와 철학을 느끼고 싶어 합니다. 따라서 책을 쓸 때는 내 경험과 감정을 솔직하게 드러내는 것이 중요합니다. 환자와의 특별한 순간, 성공적인 치료의 기쁨, 때로는 실패에서 얻은 교훈까지 모두 포함하여 나만의 이야기를 만드는 것이 필요합니다. 이런 진솔한 접근은 독자들에게 깊은 인상을 남기며 내가 단순히 의사가 아니라 한 인간으로서도 매력적인 존재임을 느끼게 할 것입니다.

또한 경험은 단순히 나 자신을 표현하는 데 그치지 않고 독자에게 교훈과 통찰을 제공해야 합니다. 예를 들어 내가 겪은 어려움이나 도전이 있다면 이를 극복하기 위해 어떤 노력을 했는지 그 과정에서 배운 점은 무엇인지를 상세히 풀어낼 필요가 있습니다. 이러한 경험을 바탕으로 한 진정성 있는 콘텐츠는 독자들에게 깊은 인상을 남기며 의료인의 브랜드 가치를 높이는 데 크게 기여할 수 있습니다.

타깃 독자를 정의하고 맞춤 해답을 제시하라

책을 쓸 때 제목과 목차를 확정하지 않더라도 대충의 주제를 정하고 시작해야 합니다. 여러분들도 책의 제목을 확정하지 않더라도 가제는 정하고 시작할 것입니다. 병원의 마케팅을 위해서 책을 쓴다면 저자는 아래의 항목만큼은 분명하게 정하고 진행해야 합니다. 독자의 최종 니즈는 아마도 '치유' 일 가능성이 가장 높습니다. 그렇기에 여러분이 쓰시는 책은 '독자층 정의 → 독자들의 니즈 정의 → 나의 해결책 제시'의 흐름을 만들어야 합니다.

어떤 주제에 대한 책을 쓸 것인지에 따라 타깃 독자는 다를 것입니다. 노화에 대한 책을 쓴다면 중년 이상, 다이어트에 대한 책을 쓴다면 대상의 범위가 더 넓을 것이며 암에 대한 책을 쓴다면 암 종별로 성별과 연령이 다를 것입니다. 게임 중독이나 수험생의 건강에 대해 책을 쓴다면 학부모가 타깃 독자일 가능성이 큽니다. 타깃 독자에 대한 정의를 성별, 연령, 지역, 소득수준, 취향 등에 따라 디테일하게 우선 정해 보시기 바랍니다. 독자가 정의되면 독자의 니즈가 정의될 것이며 나의 차별화된 해결책을 제시하시는 형태로 스토리텔링을 해 나가시면 됩니다.

이러한 타깃 독자를 정의하는 과정에서 중요한 것은 그들에게 무엇이 필요하고 어떤 해결책을 찾고 있는가입니다. 단순히 인구통계학적 특성만을 고려하는 것이 아니라 그들의 라이프스타일과 가치관, 그리고 현재 겪고 있는 고민거리까지 깊이 있게 파악해야 합니다. 예를 들어 다이어트에 관한 책을 쓴다고 했을 때 단순히 '체중 감량을 원하는 2030 여성'이라고 정의하는 것은 너무 피상적입니다. 그들이 왜 다이어트를 하고 싶어 하는지, 지금까지 어떤 시도를 해왔는지, 실패의 경험은 무엇인지, 그리고 그 과정에서 느끼는 감정적인 부분까지 이해해야 합니다.

해결책을 제시할 때는 독자의 현실적인 상황과 제약사항을 고려해야 합니다. 아무리 좋은 솔루션이라도 독자의 생활패턴이나 경제적 여건에 맞지 않는다면 실천하기 어렵기 때문입니다. 예를 들어 직장인을 위한 건강 관리책이라면 바쁜 일상에서도 실천할 수 있는 현실적인 방안을 제시해야 합니다. 매일 2시간씩 운동하라는 조언보다는 출퇴근 시간을 활용한 운동법이나 사무실에서 할 수 있는 간단한 스트레칭을 제안하는 것이 더 효과적일 것입니다. 차별화된 해결책을 제시할 때는 저자만의 고유한 관점과 경험을 강조하는 것이 중요합니다.

시중에 이미 다수의 유사한 주제의 책들이 있는 상황에서 왜 독자들이 이 책을 선택해야 하는지에 대한 명확한 이유가 있어야 합니다. 이는 저자의 전문성, 독특한 접근 방식, 검증된 성공 사례 등이 될 수 있습니다. 저자의 오랜 진료 및 임상경험과 연구결과를 바탕으로 한 신뢰성 있는 정보를 제공한다는 것을 느끼게 하는 것이 핵심이 될 것입니다.

타깃 설정과 동심원 전략

책을 집필할 때 어려움 중의 하나는 타깃 독자층의 범위 설정입니다. 너무 넓은 독자층을 겨냥하면 반응이 미미해지지 않을까 걱정이 되고 너무 좁게 설정하면 독자층이 제한적으로 될까 우려가 됩니다. 의료와 건강 서적의 경우 '모든 사람의 건강을 위한 책'이라는 광범위한 주제로 접근하는 것은 피하는 것이 좋습니다. 모두를 위한 책은 결국 아무도 위한 책이 아닐 수 있기 때문입니다. 반대로 '30대 직장인 여성의 갑상선 질환 관리법' 처럼 너무 좁은 타깃 설정은 독자층을 좁히는 결과로 이어질 수 있습니다.

이 딜레마를 해결하는 효과적인 전략이 바로 '동심원 전략(Concentric Circle Strategy)'입니다. 중심에 핵심 타깃을 두고 바깥으로 갈수록 점점 더 넓은 대상을 포함하는 전략입니다. 가장 강력한 메시지는 핵심 타깃을 향하되 그 영향력이 자연스럽게 확장되도록 하는 접근법입니다. 구조적 특징은 제1원(핵심)은 가장 구체적이고 집중적인 타깃, 가장 강한 공감을 일으킬 수 있는 그룹으로 배치합니다. 제2원(확장)은 핵심 타깃과 유사한 특성을 가진 그룹을 위해 배치합니다. 핵심 메시지가 약간의 수정만으로 적용 할 수 있는 층을 대상으로 합니다. 제3원(일반)은 보편적 관심이나 니즈가 있는 그룹으로 기획합니다. 즉, 잠재적 고객이 될 수 있는 가장 넓은 범위의 그룹을 염두에 두면 됩니다.

예를 들어 비만 클리닉 전문의가 다이어트 책을 쓴다고 가정해 보겠습니다. 가장 핵심이 되는 타깃은 '직장 생활로 인한 스트레스성 과식으로 고민하는 30~40대 여성'으로 좁힐 수 있습니다. 이것이 첫 번째 동심원입니다. 하지만 책의 내용은 자연스럽게 두 번째 동심원인 '과식 습관이 있는 모든 연령대의 여성'에게도 도움이 될 수 있게 씁니다. 더 나아가 세 번째 동심원으로 '체중 관리에 관심 있는 모든 사람'까지 확장될 수 있는 내용을 담습니다. 당뇨병 책을 쓴다고 가정하면 1원(핵심)은 '직장인 30대 여성 당뇨병 환자', 2원(확장)은 '모든 연령대의 당뇨병 환자', 3원(일반)은 건강관리에 관심 있는 모든 사람'으로 독자를 구상할 수 있습니다. 이러한 동심원 전략의 장점은 핵심 타깃층에게는 강력한 공감과 실질적인 도움을 줄 수 있으면서도 자연스럽게 더 넓은 독자층에도 가치를 전달할 수 있다는 것입니다.

책의 내용 구성도 이에 맞춰 설계합니다. 예를 들어 도입부에는 핵심 타깃층의 구체적인 고민과 상황을 깊이 있게 다루고 중반부에는 보편적으로 적용할 수 있는 해결책과 방법론을 제시합니다. 후반부에는 다양한 상황과 조건에 따른 응용법을 설명합니다. 이때 중요한 것은 핵심 타깃층을 위한 구체적인 내용과 깊이를 잃지 않는 것입니다. 책의 주된 목소리와 사례는 항상 핵심 타깃층을 향해 있어야 합니다. 이것이 바로 여러분 책만의 차별점이 되기 때문입니다.

또한 마케팅 측면에서도 이 전략은 효과적입니다. 핵심 타깃층의 강력한 공감과 지지는 입소문을 만들어내고 이는 자연스럽게 더 넓은 독자층으로 확산합니다. 실제로 많은 베스트셀러들이 처음에는 명확한 타깃층을 가지고 시작했지만 점차 더 넓은 독자층을 확보하는 데 성공하는 방식으로 알려졌습니다. 출간된 책의 마케팅에서도 이 전략은 유용합니다. 핵심 타깃층을 겨냥한 구체적인 키워드와 콘텐츠로 시작하되 점차 관련된 더 넓은 주제로 마케팅을 확장해 나갈 수 있습니다.

의료 및 건강 서적의 성공적인 타깃팅은 '깊이'와 '넓이'의 균형에 있습니다. 핵심 타깃층에 대한 깊은 이해와 구체적인 해결책을 제시하되 그 가치가 자연스럽게 더 넓은 독자층에게도 전달될 수 있도록 설계하는 것이 중요합니다. 이것이 바로 판매량과 영향력을 모두 확보할 수 있는 전략이 될 것입니다. 제가 지난 17년간 병의원 전문 광고대행사를 운영해 온 경험으로는 모든 병의원은 비급여 분야에서 매출을 단기적으로 올리기 위해서 광고대행사를 쓰는 경우가 대부분입니다. 급여 부분이 광고 의뢰가 들어오는 경우는 거의 없습니다. 그러나 책은 다릅니다. 예를 들어 내과 의사가 중년의 식습관에 대한 책을 써서 베스트셀러가 될 수 있으며 안과 의사가 녹내장, 치과의사가 사랑니에 대한 파트를 책의 콘텐츠로 쓸 수 있습니다. 사실 안과에서 녹내장, 치과에서 사랑니가 매출 기여가 우수한 파트가 당연히 아닐 것입니다. 백내장이 안과의 매출에 기여할 것이며 교정과 임플란트, 라미네이트가 치과의 매출에 기여할 것입니다. 그러나 녹내장과 사랑니는 동심원 전략에서는 모두가 관심을 가지는 주제가 될 수 있습니다.

정치인들은
왜 책을 빨리 쓸 수 있을까?

글쓰기는 개인의 성격과 성향에 상당히 비례하는 경향이 있다는 것을 그간의 경험으로 알게 되었습니다. 저는 선거 마케팅이나 정치인 마케팅도 과거에 진행해 본 적이 있는데 정치인의 퍼스널 브랜딩은 의료인과 닮은 점이 있습니다. 인물 자체가 브랜드라는 것이 정치인과 의사가 유사합니다. 그런데 정치인들이 책을 쓰는 것을 보면 상당히 빨리, 거의 1달 만에 뚝딱 쓰는 경우가 많습니다. 보통 1년 정도 걸리는 책 쓰기가 이렇게 짧은 시간에 어떻게 하면 가능할까요? 대부분의 경우 정치인의 책이나 글, 연설문을 써주는 보좌진이 써주었거나 대필 작가가 집필했을 거라고 생각하는 경우가 많은데 실제로는 그렇지 않은 경우가 더 많았습니다. 대부분의 정치인이 욕구와 추진력이 강한 사람들이 많고 퍼스널 브랜딩 아니면 달리 마케팅 수단이 없기 때문에 간절하게 글쓰기에 몰두하는 경우가 많습니다.

제가 블로그로 브랜딩에 성공한 의사들과 정치인의 예를 들었는데 두 가지 예시 모두 글을 써야 하는 동기가 분명하였고 추진력과 성격, 성향이 명확하다는 공통점이 있습니다. 저는 실제로 정치권에 공천을 준비하며 방송 출연도 하시고 정계 입문을 도전하시는 의사분의 도서 마케팅을 컨설팅한 적이 있었는데 역시 이분이 책을 출간하실 때도 추진력에 대한 유사한 공통점을 느낄 수 있었습니다. 정치인들과 의료인들의 글쓰기에서 나타나는 이러한 공통점은 결국 자신의 가치를 대중에게 전달하고자 하는 강한 동기에서 비롯됩니다. 특히 이들은 자신의 전문성과 경험을 바탕으로 한 메시지를 전달해야 하는 위치에 있기 때문에 빠른 글쓰기에 대한 필요성을 더욱 절실하게 느끼게 됩니다. 명확한 목표 의식의 존재 여부가 책의 완결과 많은 연관성이 있습니다. 정치인들은 대체로 자신이 전달하고자 하는 메시지가 무엇인지 매우 분명합니다. 이런 명확한 방향성은 글쓰기 과정을 더욱 효율적으로 만듭니다. 의료인들 역시 자신의 전문 분야에서 전달하고자 하는 핵심 메시지가 차별화되고 명확할 때 더 효과적으로 글을 쓸 수 있습니다.

글쓰기는 단순히 기술이나 재능의 문제를 넘어 그 사람의 성격, 성향, 그리고 동기와 밀접하게 연결되어 있다는 것을 알 수 있었습니다. 의료인들도 책을 쓰거나 블로그를 통해 퍼스널 브랜딩에 성공하기 위해서는 자신만의 동기와, 나의 성향을 어떻게 활용하느냐가 관건입니다. 로컬의 여러 경쟁 의원과 동일한 수준으로 머무를 것인가? 아니면 브랜딩에 성공하여 지역성을 극복한 의원이 될 것인가? 여러분의 강력한 동기와 추진력이 출간의 성공과 실패를 가늠하는 열쇠가 될 것입니다.

독립출판이
의사에게는 어울리지 않는다

마케팅 목적 의료인의 출판은 출간되는 책이 대외적으로 어느 정도 권위가 있어야 하기에 오프라인 서점과 인터넷 서점에 입점하여야 합니다. 서점에 입점하어야 신뢰가 생깁니다. 자서전처럼 서점에서 유통되지 않고, 자기만족을 위한 책이 되어서는 안 됩니다. 자비출판이라도 ISBN이 있고 서점에 정식 입점하는 것이 필요합니다. 실제 온라인과 오프라인 서점에 유통되지 않고 개인 소장용으로 출간되는 책처럼 가망 환자에게 인지된다면 책 저자의 영향력이 적어질 수 있기에 반드시 서점에 입점하는 것을 목적으로 해야 합니다.

의료인이 출간하는 것이 여타의 직업보다 더 유리한 것이 여기에 있습니다. 개원 의사에게는 본인의 병원이 있습니다. 예를 들어 1쇄가 1천 권이라고 할 때 대부분의 경우 기획출판과 자비출판으로 가지 못하는 것이 1천 권이 판매되지 않을 것이라는 재고의 부담 때문입니다. 물론 예외적으로 POD를 이용한 출판이 있고 POD를 이용한 출판도 ISBN을 부여받고 서점에 입점이 가능하지만 출판사의 편집자 도움 없이 혼자 POD 출판을 하기가 쉽지는 않습니다. POD가 아닌 방식으로 출간하면 대부분 1천 권을 제작한 후에 파주 물류 단지에 창고를 보유한 배본사로 1천 권을 보내게 됩니다. 배본사에서 온라인 서점에 1차 납품으로 알라딘, YES24, 교보문고에 합쳐 일단 100권을 납품하고 900권이 남았다고 하였을 때 만약 온라인에서 100권밖에 팔리지 않았다고 하면 남은 900권은 영영 부피만 차지하는 재고가 될까요?

여러분의 환자 차트에 차트 번호가 몇 번까지 있으신가요? 계속 병원을 오는 환자들이 책을 사기 때문에 900권은 충분히 원내에서 소진이 가능합니다. 100권 정도는 지인과 원장 개인 증정용 및 소장용으로 쓰이게 됩니다. 그리고 원장이 출간하면 병원을 출입하는 생각보다 많은 파트너들이 원내에 전시된 책을 통하여 원장의 책을 대량 구매하기도 합니다. 대표적으로 제약사나 의료기기 업체도 원장의 생각이 궁금하기 때문에 구매하기도 합니다. 병의원을 경영하는 의료인의 책은 출간 후에 생각보다 오프라인에서도 많은 수요가 생기게 됩니다. 그렇기에 대부분의 경우 재고 걱정을 하지 않으셔도 됩니다. 그렇다면 ISBN을 부여해 줄 수 있는 출판사로써, 혹시나 출간 이후에 판매 부수는 부진할 가능성이 있더라도 온오프라인 서점에 나의 책을 입점 시켜줄 수 있는 출판사를 찾으시면 됩니다. 저는 저의 출판사를 이러한 마케팅 관점에서 운영하고 있고 의사의 기획출판을 반드시 1천부 기준의 온라인 판매로만 생각하지 않고 접근하고 있습니다.

 의사에게 있어서 책의 판매처는 다른 전문직, 작가들과 다릅니다. 의료인은 본인의 권위가 있는 사람들이 출입하는 병원이라는 공간이 따로 있기 때문입니다. 이것이 의료인의 출간에 가장 유리한 점입니다. 병원에 내원하는 환자들은 이미 의사의 전문성을 신뢰하고 있는 상태입니다. 이러한 신뢰를 바탕으로 출간된 책이 병의원에 전시된다는 것은 환자들에게 추가적인 가치를 제공하는 전시 도구가 됩니다. 환자들은 진료 시간 동안 충분히 이해하지 못했던 내용을 책을 통해 더 깊이 이해할 수 있게 되며 진료실에서 짧은 시간 동안 전달하기 어려운 깊이 있는 정보와 진료 후 관리 방법을 책으로 전달받을 수 있습니다. 이는 환자 교육의 측면에서도 매우 효과적입니다. 대기실에 놓인 책은 환자와 그 동반자가 의사에 대해 더욱 깊이 이해할 수 있는 기회를 제공합니다. 대기실에 논문이 있다면 읽어 볼까요? 수많은 의원의 환자 대기실 탁자 위에 놓여 있는 비급여 진료 소개 서류 파일을 환자들은 대기시간에 다 보지도 않습니다. 그러나 원장의 책은 다릅니다. 예를 들어 정형외과 의사가 "퇴행성 관절염의 진단과 치료"라는 책을 출간했다고 가정하면 이는 대기실에서 환자에게 의사의 지식과 경험을 간접적으로 알리는 역할을 충분히 할 것입니다. 환자들은 책을 통해 의사의 전문성을 확인하며 자신의 진료를 맡기는 데 신뢰를 갖게 됩니다.

 이와 같은 마케팅 효과를 고려할 때 의료인이 독립출판이나 단순 POD 방식을 선택하는 것은 바람직하지 않을 수 있습니다. 독립출판은 ISBN이 부여되지 않거나 서점 입점이 어려운 경우가 많아 출간된 책이 단순히 개인적 기록물로 보일 우려가 있습니다. 단순 개인 기록물처럼 보이는 책은 의료인이 구축하고자 하는 권위와 신뢰에 크게 도움이 되지 않습니다. 가망 환자들이 책을 접했을 때 그 책이 온오프라인의 서점에 유통되며 출판사를 통해 가치를 인정받아 발행되었음을 가망 환자들에게 확인시켜 주는 것은 매우 중요합니다. POD의 경우 요즘에 당일 배송되는 일반출판에 비하여 4~5일 기다려야 한다는 것이 접근성에 있어서 걸림돌로 작용합니다. 책의 형태와 유통 경로는 그 자체로도 저자에 대한 신뢰도를 형성하는 요소가 되기 때문입니다.

또한 전통적인 출판 과정은 엄격한 품질 관리와 전문적인 편집을 포함합니다. 이는 책의 내용이 정확하고 구조가 체계적이며 독자 친화적으로 작성되도록 보장합니다. 특히 의료 및 건강 서적의 경우 이러한 과정은 정보의 정확성과 신뢰성을 확보하는 데 필수적입니다. 독립출판에서는 편집자가 투입되어 이러한 전문적인 편집 과정을 진행하는 것이 생략되거나 축소될 수 있습니다. 이는 책의 전반적인 품질에 영향을 미칠 수 있으며 때로는 의도치 않은 오류나 부정확한 정보가 포함되는 것을 검증하거나 걸러낼 수 없는 위험이 있습니다. 그리고 책을 쓰고 출판하는 과정은 상당한 시간과 노력을 요구합니다. 바쁜 진료 일정으로 시간이 부족한 경우가 많습니다. 전통적인 출판 과정에서는 출판사가 많은 부분을 전문적으로 관리하고 피드백하여 저자의 부담을 줄여줍니다.

나만의 고유한 주장은 무엇인가?

여러분께서 분명히 책을 쓰는 수고와 노력을 하는 이유가 있을 것입니다. 의사가 건강에 대한 책을 쓰는 이유는 쉽게 말하면 '나에게 오라.'입니다. 즉 '나에게 진료받으러 오라.'가 될 것입니다. 이는 단순히 내 의학적 경험과 지식을 과시하거나 새로운 의료 식견에 대한 지평을 열거나 타인에게 전달하려는 목적이 아닙니다. 저와 함께 출간 프로젝트를 진행한 원장님들의 경우를 살펴보면 다이어트 책을 쓰신 가정의학과 원장님은 '내가 이런 다이어트 경험과 지식이 있고 우리 의원의 다이어트 접근법은 이렇게 다르며 요요 현상이 없는 다이어트가 가능하게 한다.'는 메시지를 전달하였습니다. 암 요양병원의 원장님은 건강 식단에 대한 책에서 '암 종별 회복 식단을 따로 구성하는 것이 필요하다. 우리 병원의 영양팀이 식단을 이렇게 잘 관리하니 우리 병원으로 오라.'라는 메시지를 전달하였습니다. 성형외과 원장님은 성형외과 선택의 팁에 대한 서술로 구성된 책을 쓰시며 '성형외과를 선택하는 기준에는 이런 것들이 있는데 나는 그 선택 기준에 대해서 이렇게 잘 알고 여러 미용 시술 장비에 대해서도 이렇게 잘 알고 있다. 미용과 관련된 장비와 기술에 대해서 잘 알려 줄 수 있으니 우리 성형외과로 오라.'라고 쓰셨습니다. 메시지의 결론은 나에게 진료받으러 오라 또는 내가 병원 외에 부수적으로 하는 사업인 내 건강식품을 사 달라, 내 기능성 화장품을 사 달라, 그런 이야기들입니다.

   그러나 의사, 변호사 등의 상담과 진료 등의 서비스로 매출을 만들어 내는 전문직 종사자들이 책을 쓸 때 가장 큰 도전 과제는 '나에게 오라.'는 메시지를 직접적이지 않고 자연스럽게 전달하는 것입니다. 이러한 콘텐츠는 너무 밀어붙이면 독자들이 경계심을 갖게 되고 너무 멀리 있으면 실질적인 효과를 거두기 어렵습니다. 이러한 균형을 자연스럽게 잘 잡아내는 것이 성공적인 전문직 콘텐츠 저술의 핵심입니다. 이것을 오프라인에서 잘못 상담으로 풀어서 당황스러운 순간을 맞이하는 병의원을 최근 많이 보게 됩니다. 최근에 네이버 플레이스 영수증 후기들의 부정 이슈에는 '이 병원은 장삿속이 너무 보인다.'는 후기가 많습니다.

'병원에 가기만 하면 무조건 아래층으로 내려가서 MRI를 찍으라고 유도한다. 병원에 가니 이것저것 검사 받으라고 하는 것이 너무 많다. 실장이 자꾸 비싼 비급여 진료로 유도한다.' 등등 강매를 당하는 기분이라 거부감이 생겨서 다시는 안 갈 것이라는 네이버 플레이스의 병의원 실제 방문자들의 영수증 후기 들입니다. 최근에 경기 악화로 신환 창출이 되지 않자 병의원들이 구환에게 매출을 추가로 만들려고 노력하는 와중에 환자들이 느끼기에 부자연스럽게 하다 보니 이런 부정 이슈들이 많은 것 같습니다. 저의 직업이 이런 부정 이슈를 처리해 드리는 광고대행사의 일을 업으로 하고 있습니다만 부정 이슈는 후처리가 어렵습니다. 환자에 대한 압박은 저항을 만들어 냅니다. 책의 독자에게도 이런 압박 당하는 느낌을 주면서 나에게 오라는 메시지를 줄 필요는 없습니다.

그러면 자연스럽게 나에게 오라는 뉘앙스의 내용이 담겨 있는 책 쓰기는 어떻게 하는 것이 좋을까요? 먼저 책의 구성은 독자들이 실제로 겪고 있는 문제나 고민거리를 중심으로 공감이 가게 시작하는 것이 좋습니다. 예를 들어 의사가 책을 쓴다면 '왜 나의 다이어트는 항상 실패할까?'와 같이 독자들에게 실제 확률적으로 공감이 갈 고민에서 출발하는 것이 좋습니다. 이런 접근은 독자들의 관심을 자연스럽게 끌어내고 그들의 문제를 저자가 깊이 이해하고 있다는 신뢰감을 주게 됩니다.

다음으로 문제 해결을 위한 기본적인 정보와 해결책을 충분히 제공해야 합니다. 이는 독자들에게 실질적인 가치를 전달하는 동시에 저자의 전문성을 자연스럽게 보여주는 기회가 됩니다. 하지만 여기서 중요한 것은 모든 해답을 다 100% 제시하지 않는 것입니다. 독자들이 스스로 해결할 수 있는 기본적인 문제들은 상세히 설명하되 보다 복잡하고 전문적인 최종의 개별적 도움이 필요한 상황들은 이 분야 전문가의 도움을 받으라고 그 존재만을 언급하는 것이 효과적입니다. 물론 거기에는 안전성과 같은 명분이 있어야 하며 그 전문가 중 유력한 후보는 지금 읽고 있는 책을 쓰는 저자인 여러분이 되어야 합니다.

또한 제가 책 쓰기에서 항상 강조하는 것이 에세이성 콘텐츠인데 즉, 책의 중간중간에는 이러한 에세이성 콘텐츠로 실제 상담 사례나 성공 사례를 적절히 삽입하는 것이 좋습니다. 제가 첫 책이며 어떻게 써야 할지 모르겠다면 우선 에세이의 분량을 확보하라고 말씀드렸는데 최종 편집 과정에서 쓴 글들은 앞뒤로 순서 조정과 삽입은 많이 바뀌기에 에세이성 콘텐츠를 책의 적절한 위치에 삽입하는 것은 지금 고민하지 않아도 됩니다. 이러한 사례를 서술한 콘텐츠들은 저자의 경험과 전문성을 간접적으로 보여주는 동시에 독자들에게 이 전문가를 만나면 구체적인 해결이 될 것이라는 가능성과 희망을 제시하게 됩니다. 특히 사례를 서술할 때는 문제 상황, 해결 과정, 그리고 결과를, 민감한 개인정보를 제외하고 명확히 보여주되 나라는 이 분야의 전문가의 개입이 어떤 차이를 만들었는지를 자연스럽게 드러내는 것이 중요합니다. 아주 구체적인 환자의 개인 정보는 출간 이후 문제가 될 수 있으니 제시하지 말기를 바랍니다.

또한 독자들이 스스로 판단할 수 있는 체크리스트나 자가 진단 도구를 제공하는 것도 효과적입니다. 예를 들어 다이어트 책이라면 비만 자가점검표, 통증에 대한 책이라면 통증의 강도를 자가 섬검할 수 있는 표와 같은 콘텐츠입니다. 이를 통해 독자들은 자신의 상황을 객관적으로 파악할 수 있게 되고 전문가의 도움이 필요한 시점과 상황을 스스로 인지할 수 있게 됩니다. 이는 '나에게 오라.'는 메시지를 직접적으로 전달하지 않고도 자연스럽게 전문가 상담과 도움의 필요성을 느끼게 만드는 효과적인 방법입니다.

책의 말미에는 추가적인 도움이나 상담이 필요한 독자들을 위한 안내를 포함할 수 있습니다. 이때 중요한 것은 의료인의 경우는 이를 영업적인 메시지가 아닌 독자들을 위한 추가적인 도움의 연장선으로 안내를 표현하는 것입니다. 예를 들어 여러분의 유튜브 채널을 책에 표기하거나 블로그 주소를 표기하거나 소속 병원명을 표기할 수 있습니다. 이는 독자들과 지속적인 연결고리를 만드는 역할을 합니다. 책의 말미에 자주 묻는 말(FAQ) 섹션을 포함해 독자들이 가질 수 있는 의문점을 사전에 해소해 주되 이 과정에서 저자와 같은 전문가 상담의 필요성을 자연스럽게 언급할 수 있습니다.

현장에서 책상으로, 매일의 경험이 글쓰기의 영감

저는 평생 영업, 기술 영업, 제안서 작성, 강의, 컨설팅, 멘토링 등의 업무를 하며 살아왔습니다. 돌아보면 항상 남의 회사를 방문하여 상담하고 돌아와서는 방문해서 얻은 결과로 분석하여 제안서를 쓰는 일을 해 왔습니다. 항상 다른 업종과 직업의 사람들을 만나고 문제를 해결하는 와중에서 글을 쓸 수 있는 자극과 패턴을 찾았고 지금까지 10여권의 IT와 마케팅 도서를 출간하게 되었습니다. 저의 직업과 직무가 이렇지 않고 새로운 자극이 전혀 없고 임기응변이나 경우에 따라 다른 대응을 하는 직업이 아니라면 책을 쓸 수 있었을까 생각해 봅니다. 저는 제게 주어진 자극에 감사하고 있습니다. 병의원 마케팅을 하면서도 양한방과 치과를 동시에 마케팅해 보고 미용 쪽뿐만 아니라 영상의학과, 이비인후과, 정신과, 산부인과와 같은 진료과도 마케팅하였기 때문에 타 진료과의 경험이 제가 맡게 되는 병원의 진료과와 마케팅에 항상 도움이 된 것 같습니다.

저는 경영만 하지 않고 현업에서 실무를 뛰고 고객사를 방문하고 제안서를 쓰고 매일 일어나는 문제를 직원들로부터 보고 받으며 현업을 하고 있습니다. 현장을 뛴다는 것은 어떤 의미일까요? 많은 오너 원장님이 이제 너무 피곤하니 현업은 좀 그만하고 싶다고 말씀하십니다. 그런데 저는 '현업을 하지 않으면 책을 쓸 수 있을까? 나에게 아무런 자극이 없다면, 새로운 경험이 지속되지 않고 누적되지 않는다면 추가로 책의 주제가 나올 수 있을까?' 생각해 봅니다.

저는 많은 의료인들과 페이스북 친구입니다. 페이스북은 관계형 네트워크이기 때문에 의료인의 페이스북 친구들은 다시 의료인이며 그래서 저도 누적된 의료인 페이스북 친구가 많습니다. 많은 의료인의 페이스북 뉴스피드가 그날 만난 환자들의 이야기입니다. 즉 의료인은 상당히 많은 글 쓸 거리를 보유한 직업군입니다. 이러한 환자들과의 이야기는 에세이가 될 수도 있고 일기가 될 수도 있으며 그냥 힘들다는 푸념으로 지나가는 이야기도 될 수 있습니다. 앞서 저는 평생 남의 회사를 방문하는 직업을 가지고 살았다고 하였는데 의료인의 경우는 저보다 더 많은 외부 자극을 받고 매일 환자를 만나기 때문에 더 많은 글의 주제와 에피소드가 있습니다. 의사는 에피소드 부자로서 글을 쓰기에는 상당히 좋은 직업입니다.

앞서 일기와 에세이의 차이를 말씀드렸습니다. 우선 글쓰기에 자신이 없다면 매일 일상을 일기로는 적으실 수 있을 것입니다. 일기는 나만 보는 글이며 문맥, 문체, 자료조사가 필요 없습니다. 반면에 에세이는 남이 읽는 글이며 나만의 문맥, 문체와 자료조사가 필요합니다. 책 쓰기가 어려우시면 일기를 매일 쓰시고 그것을 에세이로 20페이지만 써 보시기 바랍니다. 그다음에 지금까지 쓴 글을 AI와 함께 증폭시키면 100페이지의 책이 됩니다.

의료인은 매일 환자를 만나고 그들과 소통하며 그들의 이야기를 들으며 하루를 보냅니다. 이 과정에서 환자가 겪는 문제와 의료인의 감정은 그 자체로 훌륭한 글의 소재가 됩니다. 모든 환자는 고유하고 독립적인 삶의 이야기를 가지고 있으며 그들의 건강 문제는 의사들 책의 한 부분이 됩니다. 의사들은 이러한 이야기들을 듣고 해석하고 때로는 그 이야기의 일부가 되기도 합니다. 이는 글쓰기에 있어 무한한 소재의 보고가 될 수 있습니다. 매일 반복되는 진료 속에서 지나치기 쉬운 순간들이 글로 옮겨지는 순간, 그것은 의료인 자신에게도 새로운 깨달음을 제공합니다. 예를 들어 '이 환자가 나에게 어떤 감정을 불러일으켰는가?'라는 순간이 올 것입니다. 그 순간을 글로 기록해 보시기 바랍니다.

이러한 일상의 기록들이 일기가 아닌 에세이가 되어 책으로 발전하는 과정에서 가장 필요한 것은 바로 '관찰'입니다. 단순히 사건이나 상황 또는 케이스를 기록하는 것을 넘어서 그 속에서 정성적으로 의미 있는 패턴과 통찰을 발견하는 것이 필요합니다. 현업에서의 활동을 지속적인 창작의 원천으로 바라볼 필요가 있습니다. 매일의 경험이 새로운 이야기가 되고 그 이야기가 다시 누군가에게 도움이 되는 지식이 되는 선순환을 만들어낼 수 있습니다. 이것이 바로 현업과 글쓰기가 조화를 이루는 이상적인 모습일 것입니다. 의료인은 이러한 스토리텔링에 있어서 상당히 유리한 직업임을 자각해 보시기 바랍니다.

소셜미디어보다
긴 리듬으로 책을 써라!

최근의 의료 마케팅 글쓰기의 동향을 보면 쇼츠, 릴스, 틱톡 등의 짧고 강한 스타일의 콘텐츠가 유행하는 경향에 의해 전반적으로 병의원의 공식 홍보 채널들도 자극적인 콘텐츠를 만드는 데 집중하고 있습니다. 모두 섬네일과 제목을 자극적으로 작성하여 온라인에서 최대한 많은 클릭을 유도하려 노력하고 있습니다. 이러한 과장과 자극이 섞인 콘텐츠가 유행함에 따라서 디지털마케팅에서 그나마 긴 호흡의 콘텐츠라 할 수 있는 블로그 채널의 경우도 과거에 비해 더욱 구어체가 되었으며 길이가 짧아졌습니다. 그나마 디지털마케팅에서 분량이 긴 블로그만 보아도 책과 비교해 보면 이제 메시지 전달의 리듬이 상당히 짧습니다. 그러나 책은 유튜브, 블로그, 소셜미디어보다는 긴 호흡과 리듬, 전개 방식으로 글을 써야 합니다. 책을 처음 쓰시는 원장님도 소셜미디어에 익숙해진 나머지 디지털의 문법으로 책을 쓰고 있는 것은 아닌지 점검해 보시기 바랍니다. 실제 제가 여러 원장님의 코칭을 하면서 겪어보면 책을 쓰는 것임에도 불구하고 소셜미디어처럼 너무 짧은 리듬으로 글을 쓰시는 경우가 많고 편집자와 함께 많은 부분을 고쳐야 하는 경우가 많습니다.

　책은 독자와 더 깊이 있는 소통을 할 수 있는 매체입니다. 책으로 전달되는 메시지는 순간적인 관심을 끄는 것이 아니라 독자의 마음속에 오래 남을 수 있는 깊이 있는 내용이어야 합니다. 이를 위해서는 충분한 설명과 예시, 그리고 논리적인 전개가 필요하며 이러한 전개 방식은 자연스럽게 긴 호흡의 글쓰기로 이어집니다. 또한 책은 독자가 자신의 페이스대로 시간과 여유가 있을 때 내용을 음미하고 이해할 수 있는 매체입니다. 여러분은 유튜브나 인스타그램은 출퇴근 시간에 그냥 보지만 진짜 좋아하는 작가의 책은 여유 있는 주말에 나만 있는 공간에서 집중해서 보고 싶다는 생각을 해 보신 적 없으신가요? 저의 경우는 20대 시절부터 좋아하던 작가의 신간은 바쁜 일상에서 읽고 싶지 않고 나만의 시간과 공간이 주어진 장소에서 여유 있게 음미하며 읽고 싶은 바람이 있습니다. 소셜미디어의 빠른 속도와 달리 책은 독자가 필요한 만큼 천천히 읽고 다시 돌아가 볼 수 있으며 특히 건강과 의료에 대한 책은 읽으며 자신의 상황에 적용해 볼 수 있는 여유를 제공해야 합니다.

따라서 글의 전개도 이러한 책의 특성에 맞게 차분하고 상세하게 이루어져야 합니다. 책의 구성에서도 긴 호흡의 특성을 살려야 합니다. 각 장은 하나의 큰 주제를 중심으로 충분한 설명과 예시, 그리고 관련된 다양한 측면들을 다루어야 합니다. 이때 각 장은 독립적으로도 의미가 있으면서 전체적으로는 하나의 큰 흐름을 이루도록 구성하는 것이 중요합니다. 책의 문체 역시 디지털 미디어와는 달라야 합니다. 블로그나 소셜 미디어에서 주로 사용되는 구어체나 짧은 문장 대신 보다 정제된 문장과 풍부한 어휘를 사용하는 것이 좋습니다. 하지만 이것이 딱딱하고 학술적인 문체를 의미하는 것은 아닙니다. 의료인의 경우는 오히려 전문적인 내용과 용어를 일반 독자들도 이해하게 쉽게 설명하는 능력이 중요합니다.

그러나 최근 소셜미디어와 쇼츠가 유행하는 현실에서 책을 처음 쓰는 저자들이 흔히 빠지는 함정 중 하나는 글의 속도와 전개 방식을 소셜미디어처럼 빠르게 자극적으로 가져가는 것입니다. 이러한 기존 디지털미디어의 서술 방식은 여러분의 독자에게 피로감을 줄 수 있습니다. 독자는 책을 통해 차분히 생각하고 저자의 의도를 이해하며 자신만의 속도로 내용을 소화하고 싶어 합니다. 따라서 책에서는 너무 짧고 단편적인 문장보다는 충분히 내용을 풀어 설명하며 독자와의 대화를 이어가는 것이 중요합니다. 문장과 문단 사이에 숨 쉴 여유를 제공하고 각각의 아이디어가 충분히 전달되도록 서술할 것을 고려하시기를 바랍니다.

PART 2

의사의 퍼스널 브랜딩의 완성, 책 쓰기

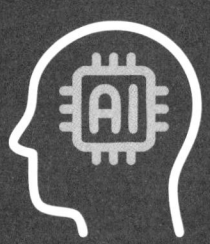

퍼스널 브랜딩의 끝판왕 = 책

의료인의 전문성과 철학을 가장 깊이 있게 전달할 수 있는 매체는 단연 '책'입니다. 인류 문명의 발달 과정에서 책만큼 한 주제를 심도 있게 다루면서도 저자의 생각을 체계적으로 쉽게 정리하여 전달할 수 있는 매체는 존재하지 않았습니다. 디지털 시대를 맞이하여 다양한 미디어가 등장했지만 여전히 책은 가장 신뢰도 높은 지식 전달 매체로서의 위상을 지키고 있습니다. 현대의 디지털미디어는 즉각적이고 광범위한 소통을 가능하게 한다는 장점이 있습니다. 블로그는 일상적인 의료 정보를, 유튜브는 시각적인 건강 정보를, 인스타그램은 직관적인 건강 팁을 전달하는 데 효과적입니다. 하지만 이러한 플랫폼들은 모두 디지털이라는 특성상 깊이 있는 내용을 다루기에는 한계가 있습니다. 블로그 포스팅은 대개 책에 비하여 짧은 호흡의 글로 구성되고 유튜브 영상은 시청자의 집중도를 고려해 길어야 10분 내외로 제작되며 인스타그램의 게시물은 더욱 간단하고 함축적인 내용을 담아야 합니다. 반면 책은 저자가 전달하고자 하는 메시지를 가장 포괄적이고 체계적으로 담아낼 수 있는 매체입니다.

의료인이 자신의 전문 분야에 대한 깊이 있는 지식, 오랜 임상 경험에서 우러나온 통찰, 환자를 대하는 철학, 그리고 의료인의 사명감을 모두 담아낼 수 있는 것은 오직 책뿐입니다. 이는 단순한 정보 전달을 넘어 저자의 전문성과 관점을 독자에게 전달할 수 있는 가장 효과적인 수단이 됩니다.

더불어 책을 집필하는 과정 자체가 의료인에게 중요한 의미를 갖습니다. 바쁜 진료 일정 속에서도 자신의 전문 분야에 대해 체계적으로 정리하고 이를 글로 표현하는 과정은 자신의 의료 철학과 방향성을 재정립하는 소중한 기회가 됩니다. 이는 단순히 책을 출간하는 것을 넘어 직업인으로 본인의 성장과 발전을 이끄는 중요한 계기가 될 수 있습니다. 이러한 맥락에서 책은 의료인의 '가장 두꺼운 명함'이라고 할 수 있습니다. 일반적인 명함이 단순히 이름과 직함, 연락처만을 전달한다면 책은 저자의 전문성, 경험, 철학, 그리고 인간적인 면모까지 모두 담아낼 수 있습니다.

의료인이 집필한 책은 그의 전문성을 입증하는 동시에 환자들에게 신뢰를 주는 강력한 도구가 됩니다. 책에 담긴 저자의 의료 철학과 환자를 향한 진정성은 읽는 이로 하여금 자연스럽게 저자에 대한 신뢰를 형성하게 만듭니다. 특히 의료 분야에서 책의 가치는 더욱 특별합니다. 의학은 인간의 생명과 직결된 분야이기에 정확하고 신뢰할 수 있는 정보의 전달이 무엇보다 중요합니다. 온라인에서 검증되지 않은 건강 정보가 넘쳐나는 현대 사회에서 전문가가 집필한 책은 대중들에게 믿을 수 있는 건강 정보를 제공하는 동시에 저자인 의사의 전문성과 신뢰도를 효과적으로 전달할 수 있습니다.

퍼스널 브랜딩,
공식은 없지만 패턴은 있다

여러분께서 일상에서 주위 사람들이 어떻게 우등생이 되었는지 어떻게 부자가 되었는지 살펴보면 모두 사연이 다르고 방식이 다르며 고유합니다. 어떻게 공부를 잘하게 되었는지 어떻게 돈을 벌게 되었는지 공식은 없습니다. 하지만 패턴은 있습니다. 사실 우리는 이것을 알면서도 마케팅에 있어서는 이렇게 접근하지 않고 본질은 외면하고 지름길을 찾고 있습니다. 퍼스널 브랜딩이 중요한 대표적인 직업인 연예인들을 보면 모두 본인의 이름이 브랜드인 사람들인데 퍼스널 브랜딩에 성공한 사연들은 모두가 다릅니다. 오디션을 통해서, 유튜브를 통해서, 길거리 캐스팅을 통해서, 해외에서 반응이 있어서, 가요 차트가 역주행해서 등등 그들에게 당신은 어떻게 유명해졌냐고 말하면 모두 다른 답변을 할 것입니다.

저는 2008년부터 국내의 여러 병의원의 광고 대행을 하며 대표 원장님들, 원내 마케팅팀들, 스텝들을 만나며 병원의 성공 스토리도 마찬가지라는 것을 경험하였습니다. 원장님이 유명 대학교수 출신이라서, 원장님이 인플루언서라서, 원장님이 블로그로 유명해서, 원장님이 정규적으로 방송 출연을 해서, 원장님이 봉사활동을 열심히 하셔서, 원장님이 건강식품 판매에 성공하셔서 등등 사람들이 어떻게 우등생이 되었는지, 어떻게 부자가 되었는지, 어떻게 유명 연예인이 되었는지가 다른 것처럼 브랜딩에 성공한 병원이 된 것의 중심에는 원장이 있지만 그 이유는 모두 달랐습니다. 다만 그 기간이 짧지 않았다는 것이 공통적이었으며 그 가운데에 원장이 있었다는 패턴이 있었습니다. 브랜딩에 성공한 원장들의 특징은 대부분 자신이 걸어온 길에 자신이 브랜딩에 성공한 방법에 대한 애착이 많다는 것입니다. 실제 내가 걸었던 그 길이 성공의 비결이라고 생각하시는 경향이 있었습니다.

반면에 요즘에 퍼스널 브랜딩을 처음으로 하려고 하시는 젊은 원장님들의 특징은 마케팅 도구와 짧은 시간에 유행에 올라탈 수 있는 시그니처 수술이나 시술에 집중하는 경향이 있습니다. 키 메시지나 진료 철학부터 정립하지 않고 유튜브부터 시작하면, 인스타를 이쁘게 하면 브랜딩에 성공할 것이라는 접근입니다. 시그니처 시술도 마찬가지입니다. 잠깐씩 반짝하는 매력적인 이름의 시그니처 시술이 있습니다. 우리는 병원의 마케팅에도 '맛집'이라는 용어가 들어가는 시절에 살고 있습니다. 매력적인 이름의 진료를 만들고 상표권을 내면 시그니처 시술과 수술만으로 브랜딩이 성공할 수 있는 것은 아닙니다. 이러한 것들은 부가적인 요소입니다. 책을 쓴다는 것은 이런 껍질이 아닌 실체적인 접근을 하는 것을 시작하는 것입니다. 저는 많은 병의원의 개원 컨설팅을 하고 있고 개원 준비를 제대로 하지 못하거나 실패하여 문제가 생긴 병의원의 마케팅 리빌딩을 하고 있습니다. 이런 경우에 가장 어려운 점은 알아서 해달라는 요청입니다. 원장님이 직접 하는 계획이나 고민이 없는 경우입니다. 광고대행사나 컨설팅업체가 가장 어려운 것이 알아서 해달라는 요청입니다. 내부에서 힌트가 나오지 않는 기획은 성공하기 어렵습니다. 그래서 저는 책을 쓰라고 말씀드립니다. 책을 쓰는 시간에 내 생각을 정리하는 시간도 함께 생기게 됩니다. 그리고 난 후에 마케팅 계획을 세워 보시기 바랍니다. 분명히 다른 결과가 나올 것입니다.

본인의 생각을 정리하는데 책처럼 좋은 도구는 없습니다. 책을 이용하면 생각을 정리할 수 있고 그것이 기획으로 이어지고 그것이 브랜딩의 초석이 됩니다. 여러분이 책을 쓰신다면 최소한 수개월 여러분은 브랜딩에 대해 고민하시게 됩니다. 책 쓰기가 중요하고 과정 자체가 중요한 이유가 여기에 있습니다. 퍼스널 브랜딩은 단순히 겉으로 보이는 이미지나 도구를 활용하는 것을 넘어서는 과정입니다. 브랜딩의 본질은 자신만의 고유한 가치를 찾아내고 그것을 타인에게 진정성 있게 전달하는 데 있습니다. 이 과정에서 가장 중요한 것은 자신만의 이야기를 만들어가는 것입니다. 브랜딩에 성공한 많은 사람, 병원, 혹은 기업을 보면 그들의 성공은 단순히 도구나 기술에 의존한 것이 아니라 자신의 정체성과 목표를 명확히 한 데서 비롯된 것을 알 수 있습니다. 이 모든 과정을 통해 브랜딩은 점차 단단해지고 시간이 지나면서 병원과 원장은 신뢰받는 존재로 자리 잡게 됩니다.

퍼스널 브랜딩에는 공식은 없지만 패턴은 존재한다고 앞서 말했듯이 그 패턴은 결국 본질에 집중하는 데서 시작합니다. 도구와 방법론은 언제든 바뀔 수 있지만 본질은 변하지 않습니다. 책을 쓰는 과정을 통해 자신의 본질을 발견하고 그것을 정리하고 전달하는 것이야말로 진정한 퍼스널 브랜딩의 시작입니다. 그래서 저는 이렇게 말씀드리고 싶습니다. "브랜딩의 첫걸음으로 책을 써보세요. 완벽하지 않아도 괜찮습니다. 그 과정에서 스스로를 이해하게 되고 환자들과 소통하는 더 깊이 있는 방법을 찾게 될 것입니다." 책은 단순히 글을 쓰는 도구가 아니라 자신의 브랜드를 만들어가는 핵심 과정입니다. 브랜딩은 하루아침에 이루어지는 것이 아닙니다. 꾸준히 그리고 일관되게 자신의 메시지를 고민해야 합니다.

개원 전에
책을 써서 성공하라

업무상 개원을 준비하는 봉직의 선생님들을 많이 만나고 있습니다. 제가 개원 컨설팅을 하기 때문이기도 하고 지난번 저의 책이 개원 준비와 관련한 책(병원 개원 마케팅 이기는 전략)이었기에 그 이후에 책을 읽은 개원 준비 중인 원장님들이 더욱 많이 연락이 오는 것 같습니다. 개원 준비의 중요한 주제가 원장의 퍼스널 브랜딩입니다. 그런데 퍼스널 브랜딩이 인테리어를 준비하는 개원 3개월 전에 시작해서 3개월 만에 이루어질 수 있을까요? 많은 분이 브랜딩을 꿈꾸시지만 짧은 시간에 브랜딩이 되는 것은 상식적으로 생각해 볼 때 쉽지 않으며 쉽지 않기에 이루어 내는 것이 더욱더 가치 있습니다. 쉽게 말하면 퍼스널 브랜딩은 짧은 시간에 벼락치기 공부를 해서 100점 맞을 수 있는 암기 과목이 아닙니다. 의료인의 퍼스널 브랜딩은 단순히 개원을 위한 준비 과정이 아니라 의료인의 전문성과 정체성을 확립하는 지속적인 여정입니다.

퍼스널 브랜딩은 멀고 오래 걸리는 여정입니다. 그래서 봉직의 시절에 퍼스널 브랜딩에 대한 책을 쓰면 더 유리합니다. 봉직의 시절에 책을 쓰는 또 다른 장점은 개원 시 병원의 초기 운영에 대한 시간과 에너지와 비용을 절약할 수 있다는 점입니다. 개원을 준비하는 과정 또는 개원 이후의 책 쓰기는 시간적 제약으로 인해 다소 부담이 될 수 있지만 봉직의 시절에는 상대적으로 안정된 환경에서 시간을 할애할 수 있습니다. 이 시기에 책을 완성해 두면 개원 이후에도 책을 중심으로 환자와의 신뢰를 구축하고 마케팅 비용을 절감하며 병원의 브랜드를 자연스럽게 확립할 수 있습니다. 사실 개원 전에 이미 퍼스널 브랜딩을 본인의 분야에서 어느 정도 완성해서 저를 찾아오는 봉직의 분들도 만난 적이 다수 있습니다. 봉직의 시절에 이미 출간하셨거나 본인 이름으로 블로그를 꾸준히 써 오신 분들입니다. 개원 전에 블로그를 꾸준히 쓰는 것은 좋은 전략입니다. 적은 노력으로 책으로 전환할 수 있기 때문입니다. 블로그 포스팅은 향후 책으로 발전시킬 수 있는 좋은 기반이 되며 유튜브와 같은 다른 미디어 플랫폼에 비해 촬영, 편집, 대본, 기획 등 상대적으로 복잡성이 적은 노력으로 운영할 수 있다는 장점이 있습니다. 책을 계속 낼 여력이 된다면 봉직의 시절에 출판해서 브랜드 형성을 하시고 개원하고도 지속해서 출간하셔도 됩니다.

  책을 출간할 목적도 함께 고려해서 블로그를 쓰신다면 너무 시류에 민감하거나 유행을 타는 주제만 쓰지 마시고 시간이 지나도 호응과 관심을 받을 수 있는 주제로 블로그를 써 두시는 것이 좋습니다. 특정 분야에서 매주 2~3건 이상의 포스팅을 본인의 고유한 세계관과 관점으로 올리고 블로그를 2~3년 이상 운영한다면 퍼스널 브랜드 형성은 성공할 것입니다. 주의할 것은 인터넷에 이미 흔한 질환을 설명하거나 치료하는 법을 나열하는 글을 꾸준히 쓰는 것은 의미가 없습니다. 이런 고유한 관점이 없는 질환 치료 관련 콘텐츠를 수년간 쓰시고 블로그가 방문자가 없다는 말씀을 많이들 하시는데 단순한 질환의 나열은 아무런 매력이 없고 실패한 것이라 볼 수 있습니다. 블로그를 통해 어느 정도 브랜드 형성이 되면 쪽지로 신환 내원 문의를 할 것입니다. 최근에는 블로그를 병원이라는 단체를 대표하는 성격이 아닌 개인 차원에서 하는 의료인이 많기 때문에 개원하기 전에 브랜드 형성을 하셔도 됩니다. 즉 블로그 제목도 홍길동 정형외과가 아니라 정형외과 의사 홍길동으로 히시면 됩니다. 병원의 브랜드 지분에 의료인 개인의 지분은 무척 큽니다. 미리 본인의 브랜드를 만드시면 그만큼 개원과 동시에 자리를 빨리 잡게 됩니다. 실제 저는 네이버 인플루언서로 인증되어 인증 마크까지 가진 상태에서 개원한 원장님들과 개원 전 미팅을 종종 진행하였는데 이분들의 특징이 개원 후 매출이 빨리 올라오고 자리를 빨리 잡는다는 공통점이 분명히 있었습니다.

  책을 쓰신다면 시기는 상관없습니다. 지금 쓰면 됩니다. 노트북만 있으면 어디서나 가능합니다. 봉직 상태에서 책을 쓰신다면 더욱더 도움이 될 것입니다. 여러분의 퍼스널 브랜딩을 시작할 가장 적합한 시기는 바로 지금입니다. 봉직의 시절부터 시작하는 퍼스널 브랜딩은 매우 현명한 선택입니다. 이 시기에 형성된 브랜드는 개원 이후의 성공적인 진료 활동을 위한 탄탄한 기반이 될 것입니다. 지금 시작하는 적은 노력이 미래의 큰 자산이 된다는 점을 인식하고 체계적이고 지속적인 브랜드 구축에 힘써야 할 것입니다. 여러분의 전문성과 경험을 공유하고 의료인의 가치를 높이는 퍼스널 브랜딩의 여정을 지금 바로, 노트북을 펼치고 시작해 보시기 바랍니다

퍼스널 브랜딩의 촉매, AI 글쓰기

퍼스널 브랜딩은 내가 속한 분야에서 내가 다른 사람보다 먼저 떠오르게 만드는 것입니다. 예를 들어 그 연상작용이 정형외과 분야에서의 통증, 성형외과 분야에서 코 성형에서 나타나야 합니다. 그리된다면 굳이 비용을 지출해도 선택될지 안 될지 불확실한 클릭당 5만 원의 '성형외과', '코 성형' 등의 네이버 키워드 광고에 비용을 지출하거나 지속적인 휘발성 마케팅 비용을 투자하지 않아도 될 것입니다. 퍼스널 브랜딩의 목표는 다른 의료인보다, 다른 병의원보다 나와 나의 병원이 먼저 검색되고 추천되며 유료 광고의 영향은 적고 신환은 알아서 찾아오고 해당 진료에서 전문가로 포지셔닝 되는 것입니다. 타 분야라면 팬덤 형성까지 이루어질 수도 있겠지만 보수적인 의료분야에서는 남들보다는 많이 추천되는 정도의 성과는 훌륭하다고 판단됩니다.

의료인의 퍼스널 브랜딩은 병원 마케팅의 최상위 전략, 장기 전략의 차원으로 접근하시기를 바랍니다. 퍼스널 브랜딩은 대행사를 계속 바꾸거나 마케팅 담당 직원을 교체해서 만들어낼 것이 아닙니다. 병원은 폐업하고 이전하여도 의사는 남습니다. 의사의 퍼스널 브랜딩은 병원 마케팅 전략을 넘어서는 전문성과 장기 신뢰의 구축 과정입니다. 예를 들어 정형외과 전문의가 퍼스널 브랜딩에 성공했다면 환자들은 허리 통증이 생겼을 때 가장 먼저 그 의사를 떠올리게 될 것입니다. 이것이 바로 우리가 추구해야 할 퍼스널 브랜딩의 궁극적인 목표입니다.

이러한 브랜딩이 성공적으로 이루어졌을 때 의사는 더 이상 고비용의 키워드 광고나 일회성 마케팅에 의존할 필요가 현저하게 줄어들게 됩니다. 많은 마케팅 비용은 고정 비용인 동시에 휘발성 비용입니다. 여러 병원을 만나보면 규모와 매출에 비해서 마케팅 비용이 놀랍게도 적은 병의원을 만날 때가 있습니다. 이러한 병의원은 대부분 원장의 퍼스널 브랜딩 파워가 상당히 크다는 특징이 있습니다. 제가 경험한 병의원의 원장님들의 퍼스널 브랜딩의 구성요소는 크게 다음과 같습니다.

전문성: 자신의 전문 분야에서 뛰어난 실력과 지속적인 연구를 통한 최신 지식의 습득이 필요합니다. 단순히 표면적인 지식이 아닌 깊이 있는 전문성이 퍼스널 브랜드의 근간이 됩니다. 그리고 그 전문성이 외부로 잘 표출되어야 합니다.

차별화: 동일 진료과에서 동일 진료를 하더라도 자신만의 치료 철학이나 방법론을 개발하고 이를 효과적으로 전달할 수 있어야 합니다. 이는 단순하게 진료 서비스의 이름이 다름이 아니라 실질적이며 구체적인 가치를 제공하는 것을 의미합니다.

지식 전달력: 전문 의료지식을 일반 대중이 이해하기 쉽게 전달하는

능력이 중요합니다. 이는 책 출간, 강연, 소셜 미디어 활동 등 다양한 채널을 통해 이루어질 수 있습니다. 이러한 활동은 단순한 일회성 홍보가 아닌 진정한 가치 전달의 관점에서 접근해야 합니다. 실제 필드에서 아는 것은 많지만 표현과 전달을 못 하는 원장님들을 정말 많이 만나게 됩니다. 유튜브 촬영을 해보아도 영상매체에 대한 익숙함의 여부에 따라 원장님마다 지식 전달력의 차이를 쉽게 경험하게 됩니다. 전달력 개선에 대한 고민이 필요합니다.

신뢰성: 의료종사자 퍼스널 브랜딩의 가장 중요한 요소는 바로 신뢰성입니다. 윤리성, 친절, 환자와의 원활한 소통 능력 등을 통해 형성됩니다. 환자와 한번 구축된 신뢰는 가장 강력한 마케팅 도구가 됩니다.

지속성: 퍼스널 브랜딩은 단기간에 이루어질 수 없습니다. 꾸준한 노력과 시간 투자가 필요하며 이는 결과적으로 장기적인 경쟁우위로 이어집니다. 특히 의료 분야에서는 이러한 지속성이 더욱 중요한데 이는 의료 서비스의 특성상 신뢰 구축에 많은 시간이 필요하기 때문입니다. 하다 말기를 반복하고 생각날 때만 하는 것으로는 퍼스널 브랜드가 형성되지 않습니다. 퍼스널 브랜딩은 단지 '이름을 아는 것'에서 끝나는 것이 아니라 이름을 듣는 순간 그 사람의 전문성과 신뢰도가 자연스럽게 떠오르게 만드는 것을 목표로 해야 합니다. 여러분의 신체 부위 중 어디가 아플 때 여러분의 가족이 아플 때 가장 먼저 떠오르는 의사는 의료인인 여러분들도 있으실 것입니다.

퍼스널 브랜딩의 여러 구성요소를 말씀드렸는데 퍼스널 브랜딩의 핵심은 차별화입니다. '나만의 차별화된 전문성을 어떻게 가망 환자와 그들의 가족들, 보호자들에게 보여줄 것인가?'라는 질문에 대한 답을 찾는 것이 의료인의 퍼스널 브랜딩의 시작점입니다. 의사로서 자신의 강점이 무엇인지 분석하고 그 강점이 환자들에게 어떻게 가치를 제공할 수 있는지를 깊이 고민해야 합니다. 이것은 누가 대신해 줄 수 있는 것이 아닙니다. 만일 지금까지 이런 고민을 한 번도 하지 않았다면 상당히 심각한 상황입니다.

의료인 퍼스널 브랜딩의 완성은 나라는 사람을 상징하는 키워드가 생기는 것으로 완성됩니다. 여러분이 책을 쓸 때 이 책을 읽는 사람이 인지할 나만의 키워드를 넣는 것이 좋습니다. 제가 아는 원장님은 비만 치료와 다이어트 쪽에서 인지를 많이 올리셨고 책을 여러 권 내셨습니다. 사용했던 키워드가 '하체 비만'과 '걸그룹 다리 만들기'라는 두 가지 키워드였는데 이 두 가지는 책을 낼 때도 사용된 키워드였습니다. 이 원장님은 이 분야에서 확실한 브랜딩이 되셨습니다. 최근 많은 의료인이 수술과 시술에 대한 상표권 출원을 하고 있습니다. 이제 책을 쓴다면 책의 내용과 책 제목, 그리고 내가 선점해야 할 키워드를 먼저 구상해 보시기 바랍니다.

성공적인 출간으로
강의 시장에 진출하라

단체나 기업 대상의 강의를 하려는 의료인이 많이 있습니다. 강의는 퍼스널 브랜딩에 있어서 무척 효과적인 수단이기 때문입니다. 실제 저의 고객인 모 원장님은 기업 강의를 많이 하고 있고 기업 워크숍 시즌에는 너무 바쁘셔서 만나기가 어렵습니다. 이분은 실제 개원을 하지 않았고 일주일 중에 특정 요일에만 근무하시는 형태로 봉직으로 계시다가 지금은 아예 진료는 거의 하지 않으시고 강의와 유튜브 제작만 하고 계십니다. 제가 이분의 마케팅을 대행해 드릴 때는 진료가 아닌 기업 강의 부문만 해 드렸습니다. 기업의 인사부, 총무부, 관리 부서에 계시는 분들에게 이분의 강의가 노출될 수 있게 하는 타깃 마케팅이었습니다. 한 걸음 더 나아가 다른 의사들의 유튜브를 컨설팅하는 회사를 운영하는 의사분도 계십니다.

사실 의료기관은 기업과 제휴를 하고자 하는 니즈가 상당히 강합니다. 이는 기존의 환자 개개인을 모객하는 병원 마케팅과는 다른 영역입니다. 병원이 커지면 대외협력팀이나 사회 공헌팀이 생기게 됩니다. 그러나 그 전 단계인 의원급이나 2차 병원에도 기업영업이나 제휴 담당자가 있습니다. 주로 특정 기업의 인사팀이나 노조와 제휴 관계를 진행하여 병의원의 매출에 기여할 것을 꾀합니다. 제가 아는 병의원 중에 국내 프로야구, e스포츠팀을 후원하거나 선수 개인을 후원하여 브랜드 성장을 많이 이루어 낸 경우도 있습니다.

저희 회사의 일반 광고주 중에 교육업체인 상장사가 있습니다. 해당 기업에 제가 마케팅을 담당하는 네트워크 의원의 본부와 제휴를 해드려서 해당 기업의 임직원이 그 네트워크 의원에 갈 경우 할인을 해드리고, 네트워크 의원의 임직원들이 위의 기업에서 자기 계발을 위한 강의를 들을 경우 할인을 해주는 관계로 상호 간 업무 제휴를 해드린 케이스가 있습니다. 그런데 이러한 제휴는 앞서 말씀드린 것과 같이 병의원의 임직원 중에 제휴 담당 직원을 두지 않고도 원장의 퍼스널 브랜딩으로 병원과 기업의 제휴 네트워크를 늘리고 기업의 임직원에게 인지를 늘리는 방법이 있는데 그것이 바로 출판으로 원장의 인지도를 올리는 것입니다.

의사가 책을 출간한다는 것은 저자의 전문성과 지식을 공인된 형태로 증명할 수 있어서 기업의 인사 부서, 교육 부서에 강한 신뢰를 심어 줄 수 있습니다. 이는 해당 진료 분야에서 저자를 권위 있는 전문가로 인식하게 만드는 중요한 요소가 됩니다. 도서 출간은 강사에게 강의 내용을 구조적으로 정리하여 구체화하는 역할을 합니다. 책에 담긴 건강에 대한 체계적인 내용은 자연스럽게 강의 커리큘럼의 토대가 되어 기업 담당자들이 강사의 전문성과 강의 스타일을 미리 파악할 수 있게 해 줍니다. 이는 강사 섭외 시 큰 장점으로 작용하며 특히 기업이나 교육기관에서 강사를 선정할 때 중요한 판단 기준이 됩니다.

출판된 도서는 서점 입점과 공공도서관 입고를 통해 광범위한 노출 기회를 제공합니다. 계약된 출판사와 교보문고, YES24, 알라딘 이외에 지방의 서점과 공공도서관의 유통에 관해서도 이야기하시기 바랍니다. 제가 과거에 출간한 마케팅 도서를 구립 또는 시립 도서관에서 읽어보았다고 말씀하시는 의사분들이 많았습니다. 특히 신간 도서 출간은 그 자체로 뉴스거리가 되어 방송, 신문, 잡지 등 다양한 매체에 노출될 기회를 얻을 수 있으며 이는 자연스럽게 강연 섭외로 이어지는 경우가 많습니다. 또한 도서 출간은 다양한 형태의 강의 포맷으로 확장될 수 있는 기반이 됩니다.

한 권의 책은 기업 강의, 평생교육원 강좌, 온라인 강의 등 여러 형태의 교육 프로그램으로 발전시킬 수 있어 강의 기회를 다양화하는 데 큰 도움이 됩니다. 책의 독자들이 직접 서사에게 강의를 요청하는 경우도 많아 잠재적인 강의 수요를 창출하는 효과도 있습니다. 책 집필 과정에서 이루어지는 깊이 있는 고민과 체계적인 정리는 강연의 질적 수준을 높이는 데도 기여합니다. 저의 경우도 제가 책으로 출간한 내용을 기반으로 한 강의와 책으로 출간하지 않고 요청으로 만들어지는 강의를 비교해 보면 분명히 제가 느끼는 저의 강의의 밀도가 다릅니다. 책으로 출간한 내용의 강의는 스스로 생각할 때도 수준이 훨씬 높습니다. 출간의 여부는 경쟁이 치열한 강연 시장에서 강연자를 차별화하는 중요한 요소가 되며 출판 과정에서 형성된 관계자들과 다양한 인적 네트워크는 새로운 강연 기회로 이어질 수 있습니다. 저는 많은 기업에서 임직원의 복지를 위하여 스트레스 관리, 수면, 다이어트, 건강관리 등에 대한 강의 요청을 의료인에게 하는 것과 각 지자체에서 시민과 구민, 동민을 위한 건강 강의를 도서를 출간한 의료인에게 요청하는 것을 보아왔고 저도 여러 의사분을 기업 강의에 추천한 경우가 있습니다.

성공적인 출간으로 방송에 출연하라

책을 출간하고 나면 여기저기서 연락을 많이 받게 됩니다. 로컬에서 개원 의사로 계시면서 지역을 다니다 보면 나는 그 사람을 모르는데 상대는 나를 알아보고 인사를 하는 것에 익숙하실 수 있습니다. 여러분이 책을 쓰시게 되면 나는 그 사람을 모르는데 그 사람은 나를 아는 경우를 그것보다 훨씬 많이 마주하시게 됩니다. 사람들은 이미 내 책을 읽었기에 방송이나 언론에서 본 사람 보는 것보다 나를 더 잘 아는 사람으로 인지하는 경우가 있습니다. 단순하게 외모와 목소리가 익숙한 것이 아니라 내 책을 읽었다는 것은 아마도 내 생각까지 읽었기에 상대방은 나를 잘 아는 사람으로 인지하게 됩니다. 이런 경로로 연락이 오는 곳 중에 방송과 언론이 있습니다. 물론 출간 이후에는 실제 방송 출연이 아니라 광고성으로 영업하는 업체들의 연락도 많아지지만 실제 언론 노출의 기회가 늘어나는 순기능이 더 많습니다. 광고성 영업은 잘 걸러 내시기를 바랍니다. 방송사 PD나 작가라고 하면서 높은 비용을 요구하는 언론 영업팀도 있는데 책을 출간한 이상 그런 제안에 유료로 응할 필요는 없습니다.

　책을 세상에 출간한다는 것이 신뢰 네트워크를 확장하는 것이라고 앞서 강의 기회를 얻기 위해서 책을 출간하는 것이 유리하다는 내용에서 말씀드렸듯이 방송 출연의 기회도 마찬가지입니다. 사실 가장 짧은 기간에 가장 큰 임팩트가 있는 퍼스널 브랜딩의 방법은 공중파 방송 출연부터 그 아래에 위치한 종편에 출연하는 것입니다. 방송국의 PD와 작가, 기자들은 방송에 출연할 전문가를 섭외할 때 해당 주제와 출간된 도서를 온라인 서점에서 검색하는 경우가 많습니다. 블로그와 유튜브에 비해 도서는 전문가의 전문 분야의 지식수준을 검증할 수 있는 가장 확실한 수단이기 때문입니다. 특히 전문 의료 지식을 일반인들이 이해하기 위해 쉽게 설명한 도서는 방송 출연자 선정에서 매우 중요한 포인트입니다. 쉽게 말해서 여러분의 도서가 방송 출연의 명분을 방송국과 언론인들에게 줄 수 있습니다. 이러한 명분의 역할을 하는 도서는 방송과 언론에서의 의료인의 발언에 무게감을 더해줍니다. 이미 책으로 출간된 내용이라 충분한 검증을 거친 것으로 인정받기 때문에 방송이나 인터뷰에서 발언도 더 큰 신뢰를 얻을 수 있습니다.

　책은 방송 출연자의 직무에 대한 전문성과 개인적 스토리를 한데 묶어주어 언론과 방송에서 쉽게 소개할 수 있는 재미와 정체성을 제공합니다. 제가 책의 구성 중에 20%의 에세이가 필요하다고 한 이유도 여기에 있습니다. 의료인에게 특별한 스토리까지 있다면, 언론과 방송은 호소력 있는 이야기할 수 있는 주제를 찾기 때문에, 개인적인 스토리까지 가진 의료인은 상대적으로 매력적인 콘텐츠를 보유한 것으로 해석됩니다. 따라서 책의 주제와 내용을 바탕으로 인터뷰, 취재의 대상이 되기 쉽습니다. 책 내용 자체가 방송 프로그램의 콘텐츠로 확장될 수 있어 방송사 입장에서도 출연 기획과 편성이 더 수월해집니다. 책은 언론 노출의 선순환을 만들어냅니다. 신간 출간 자체가 뉴스거리가 되어 언론 보도로 이어지고 이는 다시 방송 출연 섭외로 연결되기 때문입니다.

유튜브 vs 출판
무엇이 더 유리할까?

최근의 수년간 병원 마케팅 현장에서 많은 의사들이 유튜브 채널 운영에 많은 예산과 시간을 투자하고 있습니다. 광고 대행업체에서도 과거에 비해 PD와 영상편집자를 정규직원으로 채용하여 용역을 수행하는 비율이 늘어나고 있습니다. 겉으로 보기에 수만 명의 구독자를 보유한 유튜브 채널은 분명 매력적으로 보이지만 한 가지 중요한 질문을 던져 볼 필요가 있습니다. 과연 무료로 콘텐츠를 소비하는 유튜브 구독자와 자기 돈을 지불하고 책을 구매한 독자 중 누가 더 가치 있는 팬이며 우리 병원으로 찾아올 가능성이 높겠느냐는 질문입니다.

책 한 권의 가격은 보통 2만 원 안팎입니다. 적은 금액은 아닙니다. 누군가가 자기 돈으로 책을 구매했다는 것은 그만큼 저자의 콘텐츠에 가치를 두고 있다는 의미입니다. 이는 단순히 유튜브에서 '구독' 버튼을 누르는 것과는 완전히 다른 차원의 행동입니다. 금전적 투자가 동반된 행동은 그만큼 강한 의지와 관심의 표현입니다. 더 나아가 책을 읽는다는 행위 자체가 가지는 의미를 생각해 보아야 합니다. 유튜브 영상은 보통 짧은 시간 안에 소비되고 마는 콘텐츠입니다. 시청자들은 수동적으로 정보를 받아들이며 많은 경우 다른 일을 하면서 영상을 틀어놓는 경우도 많습니다. 반면 책을 읽는 것은 펼치는 순간부터 독자의 적극적인 몰입이 필요합니다. 독자는 자신의 시간과 에너지를 투자하여 책의 내용을 이해하고 흡수하려 노력합니다. 실제 진료 현장에서도 이러한 차이는 분명하게 드러납니다. "선생님 유튜브 보고 왔어요."라는 환자보다 "선생님 책 읽고 왔습니다."라는 환자가 훨씬 더 진지한 태도로 진료에 임합니다. 책을 통해 의사를 알게 된 환자들은 이미 그 의사의 의료 철학과 전문성을 깊이 이해하고 신뢰하는 상태에서 병원을 찾습니다. 또한 책의 독자들은 더 높은 구매력과 지급 의사를 가지고 있는 경우가 많습니다. 책 구매에 돈을 지출할 의사가 있다는 것은 그만큼 자신의 건강과 의료 서비스에도 적절한 투자를 할 준비가 되어 있다는 의미입니다. 반면 무료 콘텐츠만을 찾는 영상 시청자들은 실제 의료 서비스 구매로 이어질 가능성이 상대적으로 낮습니다.

또한 책은 저자의 전문성과 신뢰도를 입증하는 강력한 도구이기도 합니다. 수많은 의사가 유튜브 채널을 운영하고 있지만 책을 출간한 의사는 상대적으로 적습니다. 그만큼 책은 차별화된 전문성을 보여주는 도구가 됩니다. 유튜브 영상은 쉽게 만들어지고 쉽게 잊혀 지지만 책은 오랫동안 독자들의 책꽂이에 남아 지속적인 영향력을 발휘합니다. 팬덤의 질적인 측면에서도 책의 독자가 훨씬 더 가치 있습니다. 유튜브 구독자는 언제든 구독을 취소할 수 있고 다른 채널로 쉽게 이동할 수 있습니다. 하지만 책의 독자는 그 의사의 진정한 팬이 될 가능성이 높습니다. 그들은 자발적으로 주변인들에게 책을 추천하고 저자의 의료 서비스를 홍보하는 전도사 역할을 하게 됩니다. 물론 이는 유튜브가 무용하다는 의미는 아닙니다. 유튜브는 분명 많은 잠재적 환자에게 도달할 수 있는 효과적인 채널입니다. 기회가 된다면 유튜브 영상 제작과 출간을 둘 다 하는 것도 좋습니다. 하지만 한정된 시간 속에서 진정한 팬을 만들고 브랜딩으로 인해 실제 진료로 이어지는 매출 전환율을 높이기 위해서는 책 출간이 훨씬 더 유리합니다. 책을 쓰면 유튜브의 소재는 고민도 할 필요가 없으며 제작하기가 더 편합니다. 유튜브는 환자와의 첫 만남의 입구 역할을 할 수 있지만 책은 가망 환자들을 진정한 팬으로 만드는 결정적인 도구가 됩니다.

PART 3

원장의 팬을 만드는 출판 마케팅의 효과

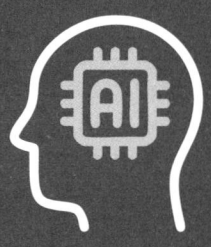

의료광고 심의의 한계,
출간으로 극복하라

지금 우리가 쓰려는 책은 시나 소설과 같은 순수문학이 아니라 비문학인 '에세이 + 건강상식' 형태의 정보성 도서입니다. 의학적 지식이 있고 국가가 부여한 면허를 보유한 의료인이라면 누구나 의료인이라는 신뢰를 기반으로 책을 쓸 수 있습니다. 의료인에게 있어서 책은 마케팅의 영역에서 그동안 불가능했던 많은 것을 가능하게 합니다.

이미 개원하셨다면 대한의사협회, 대한치과의사협회, 대한한의사협회의 의료광고 심의위원회에서 광고 심의를 받아 보셔서 아시겠지만 의료광고는 심의 기준이 매우 엄격합니다. '오래가는 리프팅', '통증 없는 무릎관절' 이러한 표현은 전혀 쓸 수 없습니다. 오해의 소지가 조금이라도 있거나 다수의 의료현장에서 쓰이는 진료가 아니면 해당 표현과 단어는 의료 심의를 통과할 수 없습니다.

그러나 책은 어떠할까요? "백년허리" 등과 같은 의사가 쓴 책의 제목을 흔히 볼 수 있습니다. 과연 책이 아니라 정규적인 의료광고라고 하면 '백년허리'라는 단어는 의료 심의를 통과할 수 있었을까요? 책은 의료 심의보다 완화된 표현과 꾸밈말을 많이 사용할 수 있습니다. 사회적으로 지탄받거나 같은 의료인 모두가 동의할 수 없는 비과학적인 주제가 아니라면 책은 대부분의 주제로 출간할 수 있으며 표현의 자유가 정규적인 의료광고보다는 높습니다. 정식으로 심의 받은 의료광고는 당연히 병의원을 경영하며 진행해야 하겠지만 심의 받은 의료광고만으로 의사의 퍼스널 브랜딩이 성장하는 것은 아주 시간이 오래 걸리고 쉽지 않을 것입니다.

의료광고가 아닌 책과 같은 별도 매체의 영역에서 의료인의 퍼스널 브랜드는 더욱 빠르게 성장할 것입니다. 의료인 개인이 책을 저술하는 것은 현재까지 의료 심의의 영역이 아닙니다. 에세이가 될지 자서전이 될지 과학 도서가 될지 알 수 없는 상황에서 표현의 자유를 침해하며 개인의 책의 내용까지 의사라는 직업상의 이유로 각 의사협회의 심의위원회들이 사전심의를 할 수가 없고 보건복지부와 보건소가 표현의 자유의 영역인 도서를 관리 감독할 수 없습니다. 이것이 책을 통해 의료인이 광고 심의의 제약을 극복할 수 있는 이유, 즉 책이 법적으로 광고매체로 규정되지 않고 표현이 자유로우며 의료광고의 규제 대상이 아니기에 우리가 출간해야 하는 이유입니다.

책은 개인의 철학, 지식, 경험을 공유하는 수단이며 표현의 자유가 보장됩니다. 의료인이 저술한 책은 건강 정보나 경험을 공유하는 데 초점을 맞추기 때문에 의료광고에서 금지된 표현을 우회하면서도 독자에게 필요한 정보를 효과적으로 전달할 수 있는 강력한 도구가 됩니다. 좀 더 자유로운 표현이 가능하고 독자 설득이 가능합니다. 의료광고 규제는 환자와 보호자를 위해 필요하지만 의료기관에 속해 있거나 경영하는 의료인이 자신들의 전문성과 차별성을 효과적으로 알리는 데 어려움을 줄 수 있기 때문에 의료인에게는 출판이 필요합니다.

책에서의 표현은 특정 수술이나 시술에 대한 본인만의 독특한 접근법, 경험을 통해 개발한 치료 프로토콜, 환자 관리 노하우 등을 자세히 기술할 수 있습니다. 책은 우선 제목 자체가 자유롭습니다. '명의', '비밀'과 같은 단어가 들어간 의사의 책을 쉽게 볼 수 있습니다. 책을 통해 의료인 개인의 의학적 철학과 접근 방식을 심도 있게 전달할 수 있습니다. 광고에서는 단편적인 정보만 전달할 수 있지만 책에서는 질병에 대한 본인만의 통찰, 치료 철학, 관점을 포괄적으로 다룰 수 있습니다.

의료광고 심의의 엄격함은 의료기관이 공정하고 정확한 정보를 전달해야 한다는 윤리적 책임을 강조하지만 현실적으로 심의를 받은 광고는 대중의 관심을 끌기 어렵습니다. 실제 광고대행사를 운영하며 테스트를 해보면 심의를 받지 않은 광고가 심의 받은 광고에 비하여 3~4배 높은 클릭률이 나오는 것을 쉽게 경험할 수 있습니다. 심의를 통과하려면 제한적이고 일반적인 표현만 사용할 수 있기 때문입니다. 예를 들어 의료 심의를 받게 되면 원 데이 수술을 표현하기 위해서 '당일 귀가'라는 단어를 쓸 수 없습니다. '당일 귀가 지향'이라는 단어는 쓸 수 있습니다. 의료광고 심의위원회는 오해나 예외의 소지를 만들려 하지 않습니다. 책은 의료인이 자신의 전문성을 기반으로 풍부한 사례와 통찰을 담아 더 설득력 있고 흥미로운 방식으로 자신의 메시지를 길게 전달할 수 있게 합니다. 이는 독자들에게 의료 정보가 아닌, 해당 의사에 대하여 더 많은 정보와 매력을 느낄 기회를 제공합니다.

책을 쓸 때 뉘앙스를 공익적인 정보를 전달하는 형태로 하여 원장과 병원을 추가 홍보하는 방법에 대해 생각해 보시기 바랍니다. 책의 내용이 특정 건강 정보의 대중화와 질환 예방을 목표로 공익적인 목적이 담겨 있음을 강조할 수 있는 주제라면 마케팅에 유리하니 그러한 컬러를 담아 보시기 바랍니다. 그러한 명분은 저자를 더 빛나게 할 것입니다. 즉 출간의 목적이 단순히 환자를 유치하기 위한 것이 아니라 지역사회의 한계를 지니는 의원의 차원을 벗어나서 더 넓은 범위의 사람들에게 건강과 관련된 올바른 지식을 전달하여 의료인의 사회적 책임을 하고자 한다는 명분을 담을 수 있기 때문입니다. 이런 접근은 원장의 퍼스널 브랜딩에 큰 도움이 될 것입니다.

어찌 되었든 개원한 의료인은 의료광고 심의라는 법적 제약 속에서도 환자와 소통하기 위한 새로운 방법을 모색할 수밖에 없습니다. 책은 이 도전에서 매우 유리한 도구입니다. 단순히 광고를 대체하는 것이 아니라 광고가 전달할 수 없는 깊이 있는 정보와 신뢰를 형성할 수 있는 매체입니다. 책은 의료광고의 한계를 넘어 의료인이 대중과 소통하며 자신의 가치를 전달하는 가장 강력한 방법이 될 수 있습니다.

개원가는 출간을 통해 무엇을 얻는가?

실제 개원을 하고 난 이후에 느낄 수 있는 마케팅적인 한계들은, 대부분의 매출과 증가에 관련된 사항들이 외적 변수에 크게 의존한다는 것입니다. 경기 상황, 경쟁 병의원의 출현, 주변 입지의 개발 및 재개발, 분양, 코로나, 메르스, 사스와 같은 감염병의 발생, 실손 보험 및 건강보험 등의 보험 제도, 다국적기업의 차세대 신약 출시, 의료기기 업체의 차세대 진료 장비 출시 등등 원장이 컨트롤하기 어려운 외생적 변수가 생각보다 높은 비중을 차지합니다.

내가 설립한 의료기관이 자체적으로 시장에 새로운 화두를 던지고 스스로 시장을 선도할 수 있는 여지가 사실상 많지 않습니다. 필자는 고객의 케이스들을 보더라도 특정 신규 거주 상권에 상가를 분양받아 개원했지만 분양과 주민 입주가 지연되어 매출이 오르지 않는 케이스, 의원급에서 병원급으로 확장 개원하여 특정 지역에 개원했으나 거주 지역의 절반이 재개발하는 경우 등 예기치 못한 블랙스완의 출현으로 어려움을 겪는 사례를 다수 보아왔습니다. 실제 의료기관의 개원이라는 것이 입지와 지역의 한계가 명확하고 스스로 시장에 새로운 주제를 제시하고 주체적으로 시장을 선도하기가 어려운 경우가 많습니다. 만약 개원이 이러한 한계가 많고 나머지 많은 부분을 운에 맡겨야 한다면 노력으로 극복할 수 있는 변수가 적기에 경영적인 측면에서 상당히 어려운 일이 될 것입니다. 특히 방문 환자의 경우 뚜렷한 지역성이 있으며 특정 거리 이상의 지역성을 극복하지 못하고 지역 상권 내에서 개설된 의료기관 사이의 경쟁이 대부분이라 매출 증대와 변화를 스스로 추진하기가 거의 어려운 것이 사실입니다.

책을 출간하게 되면 나의 책이 세상에 알려지게 되는 만큼 내 병의원의 이름과 메시지가 더 넓은 범위로 퍼질 수 있습니다. 개원가는 흔히 외부 변수에 의해 제한받고 지역 내에서의 경쟁으로 압박을 받습니다. 하지만 책을 통해 새로운 기회를 창출할 수 있습니다. 이를 통해 개원가는 자신의 경영에 새로운 활력을 불어넣고 더 넓은 세상으로 나아갈 수 있는 기반을 마련할 수 있습니다. 책을 쓰는 과정은 절대 쉽지 않지만 그 과정에서 얻는 통찰과 결과물은 개원가에 큰 힘이 될 것입니다. 책을 출간한다는 의미는 마케팅의 길을 스스로 개척한다는 의미이며 원장이 할 수 있는 가장 의욕적이고 적극적인 활동이라 할 수 있습니다. 따라서 다른 마케팅 활동에 비해 보람이 있습니다. 권역에서 광역으로 책을 통해서 나아가시기를 바랍니다.

출간을 통해 시장을 선점하라

의료분야는 다른 산업 분야와 마찬가지로 시장 선점 효과가 병의원의 성장에 큰 변곡점이 될 수 있으며 저는 그것을 지난 시간 현장에서 목격해 왔습니다. 시대가 변할 때, 새로운 의료기기, 치료 방법, 신약의 출현으로 시장의 흐름이 바뀔 때, 실손 보험의 변화가 있을 때, 의정 갈등이 있을 때, 코로나와 메르스가 창궐하였을 때, 의료시장은 큰 변화가 있었습니다. 또한 이 시기에 큰 성장이 있었던 병의원도 있었습니다. 남들보다 먼저 라식수술 시장에 뛰어든 안과, 백내장 시장에 뛰어든 안과, 투명교정 시장에 뛰어든 치과, 코로나 시절에 일시적으로 허용한 원격처방을 먼저 시작한 한의원 등은 시장에 큰 임팩트를 주고 큰 매출을 가져왔습니다. 이러한 민첩성은 선점 효과를 가져오며 선점 효과를 가장 먼저 가져간 의료기관이 시장 점유율을 확보해 왔습니다.

철학과 사상은 수십 년을 공부해야 책을 낼 수 있지만 최근의 IT, AI 등 빠르게 바뀌는 시장을 보면 수년간 한 분야를 경험하고 책을 내고 선점 효과를 가져가는 경우가 많습니다. 선수필승(先手必勝), 속전속결(速戰速決) 전략이 중요합니다. 변화가 빠른 분야에서는 민첩하게 남보다 먼저 시작하여 지배적 1위가 되어 지배력을 확보하는 것이 2위와 격차를 벌리는 가장 좋은 방법의 하나입니다. 역사적으로 아마존, 테슬라, 넷플릭스, 애플이 이러한 전략으로 성공한 것을 우리는 잘 알고 있습니다. 이러한 격차는 보통 따라잡기가 쉽지 않습니다. 병의원의 마케팅도 마찬가지입니다.

도서 출판은 아무도 선점하지 않은 시장에서 선점 효과를 극대화하는 데 기여할 수 있습니다. 어떤 주제의 책을 쓸 것인가 고민할 때 이 부분을 먼저 점검해 보시기 바랍니다. 물론 철새처럼 유행하는 주제만을 쫓아가는 사람들도 있고, 전문지식이나 시장에 대한 인사이트도 없이 겉핥기식 메시지만 던지는 경우도 있어서 금방 밑천이 드러나고 오히려 역풍을 맞는 경우도 있습니다. 그러나 새로운 아이템의 출현 사이클이 비교적 많지 않은 의료분야에서는 그렇게 가볍게 새로운 화두를 제시하기도 쉽지 않습니다. 예를 들어, 비만 분야에서 새로운 신약이 출시될 것이 예상되고, 먼저 출시된 해외 사례를 볼 때 이 신약이 새로운 게임체인저가 될 것이 국내 승인 이후에 예상된다면, 나의 진료 분야가 비만과 관련 있다면, 내가 이와 관련된 책을 출판하는 것은 당연히 시장 선점 효과를 노려볼 수 있는 아이템입니다. 인구 절벽, 초고령화 사회, 게임중독 등 여러 아이템이 의료분야에서 이러한 선점 아이템이었을 수 있습니다. 나에게 맞는 시장 선점 아이템을 찾는 것부터 AI를 이용하시기를 바랍니다. 노력과 실력으로 성공하는 경우도 있지만 남보다 먼저 시작해 성공하는 경우가 아주 많습니다.

의료인 작가의
세계관과 매력

사전적 의미로 세계관은 어떤 지식이나 관점으로 세상을 근본적으로 인식하는 방식과 견해를 말합니다. 이러한 세계관은 개인의 신념, 가치관, 경험, 문화적 배경 등이 포함되어 구성됩니다. 본 도서에서 의료인의 책 쓰기를 다루므로 직업적 관점에서 세계관을 볼 때 많은 원장님께서 과학적 세계관으로 접근할 것이라 일단 예상됩니다. 도서 출판과 관련하여 의료인의 책에서 세계관은 가망 환자를 설득해야 하기에 단순한 과학적 세계관 외에도 추가적인 세계관이 융합되어야 매력이 발산된다고 생각합니다.

책 쓰기에 있어서 고유한 관점이 중요하다는 말씀을 드렸는데 이러한 관점은 세계관의 하위 구성으로 생각하고 책을 구상해 보시기 바랍니다. 관점은 특정 상황이나 주제에 대한 제한적이고 순간적인 시각이지만 세계관은 삶과 세상을 바라보는 근본적인 틀로 작용하기 때문입니다. 관점은 변하기 쉽고 국지적이며 세계관은 깊고 포괄적이며 지속적입니다. 두 개념은 서로 영향을 미치며 관점은 세계관에 기반해 형성되고 세계관은 여러 관점이 축적되고 변화하면서 점진적으로 수정될 수 있습니다. 관점이 현미경처럼 세부를 살피는 도구라면 세계관은 망원경처럼 전체를 조망하는 역할을 한다고 비유할 수 있습니다. 이 글을 읽으시는 분들이 여러분 속에 잠자고 있는 매력적인 세계관과 관점을 잘 끌어내어 독자들에게 제시하시기를 바랍니다.

이러한 말씀을 드리는 이유는 최근 콘텐츠를 소비하는 주체들이 특정 세계관에 몰입하는 경향이 있기 때문입니다. 예를 들어 BTS는 단순한 음악 그룹을 넘어 방탄소년단 유니버스(BTS Universe)라는 독자적인 세계관을 통해 팬들에게 더욱 강력한 몰입감을 제공합니다. 이 세계관은 멤버 각각의 캐릭터와 스토리를 중심으로 그들이 시간과 공간을 초월하며 겪는 다양한 이야기를 담고 있습니다. 이러한 스토리는 청소년기의 고민, 성장통, 우정, 사랑 같은 보편적이고 깊이 있는 주제를 다루며 팬들이 자신의 삶을 투영하고 공감할 수 있게 하였습니다. 이 과정에서 팬들은 단순히 음악을 듣는 것을 넘어 BTS의 세계관 속 캐릭터와 자신을 동일시하거나 그들의 이야기를 통해 위로와 영감을 받았습니다. 이는 세계관이 단순히 엔터테인먼트가 아니라 정체성을 확립하고 자신과 연결될 수 있는 매개체로 작용한다는 점을 예시로 보여줍니다.

BTS의 팬덤인 아미(ARMY)는 BTS의 세계관을 기반으로 강력한 커뮤니티를 형성하였습니다. 아미들은 BTS의 세계관과 메시지를 공유하며 자신들만의 해석과 이야기를 만들어 갑니다. 이는 단순히 그룹을 응원하는 것을 넘어 세계관을 함께 이해하고 발전시키는 경험으로 이어집니다. BTS의 메시지인 '스스로를 사랑하라.(Love Yourself)'는 아미들에게 단순한 슬로건이 아니라 자신과 세계를 바라보는 가치관으로 자리 잡았습니다. 또한 유명한 게임 '월드 오브 워크래프트'와 같은 MMORPG 게임은 방대한 세계관과 서사를 통해 플레이어를 가상의 세계로 초대합니다. 이 게임의 세계관은 아제로스라는 가상 대륙을 배경으로 다양한 종족, 역사, 신화, 전쟁, 그리고 영웅들의 이야기를 다룹니다. 플레이어는 단순히 캐릭터를 조종하는 것이 아니라 이 세계관 속에서 자신의 역할을 찾고 이야기의 일부가 되는 경험을 합니다.

사람들이 세계관에 열광하는 이유는 그것이 단순한 이야기의 틀을 넘어 정체성과 연결을 제공하고 감정적 몰입을 가능하게 하기 때문입니다. 세계관은 현실의 경계를 넘어 독자, 시청자, 또는 팬들이 상상 속에서 새로운 의미를 발견하고 자기 경험을 투영할 수 있는 공간을 제공합니다. 우리가 쓰려는 책에서는 어떠해야 할까요? 작가의 세계관은 글과 문체에 강력한 영향을 미치며 작품의 방향성과 독자에게 전달되는 메시지, 그리고 글의 스타일과 표현 방식에까지 깊이 스며들어 있습니다. 세계관은 작가의 사고방식, 경험, 가치관, 그리고 세상을 바라보는 관점을 형성하며 이러한 요소들은 자연스럽게 글과 문체에 반영됩니다.

의료인인 작가가 어떤 세계관을 문체에 담을 때 사람들이 매력을 느낄지 기본적인 사항을 예상하여 나열해 보겠습니다. 의사의 세계관이 대중에게 매력적으로 느껴지려면 세상을 바라보는 관점이 단순한 직업적 전문성을 넘어 무엇인가를 대중에게 추가 제시해야 합니다. 예를 들어 정신과 의사가 자기 경험을 통해 '정신건강은 단순히 병이 없는 상태가 아니라 육체적, 정신적, 사회적 균형 상태를 의미한다.'라는 세계관을 기반으로 현대사회의 정신질환을 자신의 고유한 관점에서 스토리텔링 하는 것을 생각해 볼 수 있습니다. 의사의 세계관 사례를 좀 더 예를 들어보겠습니다.

생명에 대한 숭고한 존중의 세계관: 의사는 생명을 다루는 직업적 특성상 인간의 삶과 건강에 대해 강한 책임감을 가지고 있다는 느낌에 대중은 매력을 느끼게 됩니다. 이는 생명의 소중함을 중심으로 형성되어 있으며 기본적으로 가장 많은 공감을 얻는 세계관입니다.

문제 해결 능력자의 세계관: 대중은 의료인의 문제 해결 능력과 복잡한 상황에서 냉철하면서도 인간적인 접근 방식을 유지하는 의사의 태도에 매력을 느끼게 됩니다. 복잡한 증상들을 분석하고 다양한 가능성을 고려하며 최적의 해결책을 찾아가는 과정은 지적으로 매력적인 서사를 만들어냅니다. 이것이 의사분들이 현실적으로 말이 안 된다고 보지 않는 메디컬 드라마가 인기를 얻는 이유입니다.

지속적인 자기 계발과 탐구의 세계관: 의학 지식과 기술이 빠르게 발전하는 현대 사회에서 끊임없이 공부하고 새로운 술기를 익히는 의사의 자세로 매력도를 높이는 관점입니다. 단순히 기존의 의학 지식을 적용하는 데 그치지 않고 새로운 치료법과 의학 기술 개발에 도전하는 의료인의 모습은 흥미롭고 매력적입니다. 의료는 끊임없이 발전하고 있으며 의사들은 이에 맞춰 계속해서 공부하고 새로운 치료법을 습득하는 데 가치를 둔 세계관입니다.

공감과 이해, 겸손의 세계관: 의사는 환자에 의료 서비스만을 제공하는 것이 아니라 고통과 두려움을 이해하고 이를 경감시키기 위해 노력합니다. 이 과정에서 의사는 단순히 치료자가 아니라 환자의 마음을 이해하고 함께하는 동반자로서 역할을 합니다. 이러한 공감 능력은 대중에게 의사를 더 인간적으로 느끼게 합니다. '환자의 고통을 나의 문제로 느낀다.'는 태도는 대중과 의사 간의 정서적 연결을 강화합니다. 의사가 환자를 단순한 진료 대상이 아닌 한 인격체로 대하며 환자의 입장에서 공감하고 소통하는 태도는 많은 사람들에게 호감을 줍니다. 대부분의 사람은 전문직과 거리감을 느끼고 있기에 이를 해소하는 접근이라 볼 수 있습니다.

윤리성과 전문성의 세계관: 의학은 과학적 데이터와 증거를 기반으로 하지만 환자와의 소통과 치료는 감정적, 윤리적 판단이 필요합니다. 이러한 균형 잡힌 시각은 대중에게 매우 매력적으로 다가옵니다. 의사는 냉철한 전문가이면서도 인간의 고통과 삶의 질을 이해하는 따뜻한 조언자라는 이미지와 높은 수준의 직무 윤리를 유지하면서도 전문적인 의료 서비스를 제공하는 의사의 모습은 존경받습니다. 의사가 인간의 건강과 생명을 위해 헌신하는 전문 직업인의 정체성을 가지고 있다는 점은 많은 이들에게 긍정적으로 인식됩니다.

사회적 책임감을 보여주는 세계관: 의사가 단순히 개인의 이익만을 추구하지 않고 사회 전체의 이익을 위해 노력하는 모습은 감동을 줍니다. 의료자원의 형평성이나 의료체계 발전에 기여하려는 자세는 의사의 사회적 책무성을 보여줍니다. 또한 의사들의 봉사 정신과 사회석 책임감도 대중에게 깊은 인상을 남깁니다. 많은 의사가 응급 상황에서 자발적으로 도움을 제공하거나 의료 취약 계층을 위해 봉사활동을 하는 모습은 매력적으로 다가가고 인지됩니다. 실제로 제가 마케팅을 담당하는 모 의원은 원장님께서 전 세계를 돌아다니며 오랜 기간 의료봉사를 해왔고 작은 의원이지만 전국에서 환자가 몰려오고 있습니다. 환자들은 원장님의 NGO 활동과 사회적 철학에 동감하여 오고 있는데 해당

의원의 홈페이지와 실제 인테리어도 이런 세계관으로 꾸며져 차별화되어 있습니다.

전국구 병원이 되고 싶다면 책을 써라

만약 현재의 병의원이 환자들의 방문이 지역성이 강하고 경쟁 입지가 아닌 로컬 입지에 있는 경우, 특화 진료를 가져가고 싶지만 어떻게 해야 할지 막막한 경우 출판이 해결책이 될 수 있습니다. 대부분의 규모가 작은 로컬 의원들은 배후 입지에서만 매출이 나오기 때문에 지역성을 극복하기가 쉽지 않습니다. 대부분의 로컬 의원은 병원 주변의 제한된 상권에서만 환자가 유입되며 이는 종국적인 성장의 한계로 작용하게 됩니다. 결국 제한된 상권 내에서 증가하는 신규 개원 동일 진료 과들과 증가하지 않는 권역 내 환자를 두고 경쟁해야 합니다. 이를 해결하기 위해서 객단가가 높은 비급여 상품을 출시하는 시도를 하지만 브랜딩이 되지 않은 상태에서 값비싼 비급여 상품은 시장성이 없어서 가격 저항에 의해 실패할 확률이 높습니다.

도서 출판은 한정된 지역을 타깃으로 하는 마케팅이 아닙니다. 로컬 의원들의 대표적인 홍보 채널인 블로그의 경우 분명히 질환 키워드와 지역 키워드, 진료과목, 대표 진료를 섞어서 포스팅할 것입니다. 화곡역 정형외과, 강동구 정형외과, 강서구 임플란트처럼 말입니다. 그러나 도서 마케팅은 그렇지 않습니다. 책은 전국의 독자들에게 동시에 도달할 수 있는 매체이며 이는 병의원의 영향력을 전국 단위로 확장할 수 있는 기회를 제공합니다. 게다가 현재의 지역 환자들의 신뢰도도 높여줍니다. 유튜브와 마찬가지로 도서 출판을 통한 마케팅은 지역성을 극복할 수 있는 마케팅 수단이며 유튜브 마케팅의 경우 다소 흥미, 자극을 높이기 위해서 과장된 콘텐츠를 추구하지만 도서 출판은 유튜브처럼 가볍게 자극을 추구하지 않습니다.

또한 의료인이라는 전문직과 출판은 이미지가 잘 맞습니다. 종편 채널에 퍼스널 브랜딩을 위하여 의사들이 출연하는 경우도 실제 내가 원하는 의료 정보의 전달보다 해당 프로그램이 협찬하는 기업의 제품을 홍보하기 위한 건강기능식품의 소개와 함께 나의 의학적 설명이 방송에 나오기 때문에 나의 의학적 소견과 철학을 마음껏 말할 수 있는 기회는 거의 없습니다. 하지만 내가 출간하는 내 책은 다릅니다. 내 책은 내가 주인공이며 마음껏 나의 차별화 요소와 진료 철학에 대해서 말할 수 있습니다. 도서는 저자가 자신의 전문성과 경험을 깊이 있게 전달할 수 있는 완벽한 플랫폼입니다. 책을 통해 의사는 자신만의 차별화된 진료 철학, 전문 분야에 대한 깊이 있는 견해, 그리고 임상 경험에서 얻은 통찰을 충실히 전달할 수 있습니다. 이는 단순한 정보 전달을 넘어서 독자들에게 저자의 전문성과 신뢰성을 효과적으로 강조할 수 있는 기회가 됩니다. 이를 통해 로컬 의원의 한계를 넘어서 해당 분야의 전문가로서 전국적인 인지도를 확보할 수 있는 기반을 마련할 수 있습니다.

원거리 환자를 원한다면 책을 써라

전국구 병의원이 아니라 광역권 병의원이 되기 위하여 은평구에서 일산, 파주의 환자를 유치하기 위하여 부산에서 울산 양산 환자를 유치하는 광역권 병의원이 되기 위해서도 책 쓰기는 의미가 있습니다. 국내에서 빅5 병원을 제외한 대부분의 1,2차 의료기관은 지역성을 띠고 있습니다. 권역 외의 광역 환자를 유치하기는 쉽지 않습니다. 최근 강남, 서초를 중심으로 미용 분야에서 해외환자를 유치하는 것을 제외하고 대부분 국내 환자를 유치하는 경우 지역성이 있습니다. 강남, 서초구의 의원들은 수도권까지 영향을 미칠 수 있으며 지역별 2차 병원들은 주로 시, 군, 구 단위의 경계를 뛰어넘기가 쉽지 않습니다. 일반 로컬 의원들은 배후의 주거지나 상권 입지를 뛰어넘는 환자 유치가 어렵습니다.

권역을 뛰어넘기 위해서는 또 다른 브랜드 파워가 있어야 합니다. 난치성 질환, 기능 의학, 통증 분야, 스포츠 클리닉 (골프, 축구, 테니스 등), 불임 치료, 소아 성장 클리닉, 중독 치료, 턱관절 치과 등에서 3차 병원은 아니지만 전국에서 환자가 몰려드는 의원들이 있습니다. 이러한 의원들은 어떻게 지역을 뛰어넘는 인지를 얻게 되었을까요? 원장이 브랜딩 되어 인지도가 있거나 특정 질환에 특화되어 있는 경우가 많습니다. 전국적으로 각 지자체의 권역 내의 병의원의 경쟁은 현재 포화상태입니다. 진료차트를 통해 환자의 주소 기준 통계를 확인하면, 대부분의 병의원이 지역성을 띠고 있음을 알 수 있습니다.

목표를 우리 병원에서 진료하는 모든 진료가 지역성을 극복하는 것이 아니라 적어도 우선 그중의 한 가지는 광역권 환자가 오는 진료과목으로 브랜딩 하는 것으로 하면 어떨까요? 그리고 그것을 책으로 브랜딩 해보시기를 바랍니다. 저희 고객 중 정형외과 중에 소아 정형을, 치과 중에 사랑니 발치를, 가정의학과 중에 대상포진을, 한의원 중에 다이어트를 광역권으로 성장시킨 병의원들이 있습니다. 이들의 다른 진료는 모두 속한 행정구역의 시, 군, 구, 동 정도에서만 환자들이 오지만 상기에 언급한 소아 정형, 사랑니, 대상포진 등의 특화 진료는 행정구역을 넘어서는 광역권에서 환자들이 찾아오고 있습니다. 대부분 이러한 지역성 극복은 원장이 특정 진료에 대한 브랜드 형성이 되어있기 때문입니다. 이러한 병의원은 마케팅을 광고대행사에 의뢰할 때 일반진료는 해당 지역에만 특화 진료는 전국 또는 광역권으로 광고해달라고 의뢰하고 있습니다. 실제 특화 진료를 광고하게 되면 전국에서 광고의 클릭률과 반응이 일반진료와 전혀 다르게 나옵니다.

현재 이러한 진료가 없다면 지역을 넘어설 진료과목을 만들고 성장시키기 위해서 여러분이 출간할 도서로 그 시작을 해보시기를 바랍니다. 책은 지역사회가 아닌 전국을 대상으로 마케팅 하는 도구입니다. 가까운 병의원에 가지 않고 우리에게 와야 할 이유를 다양한 가치로 강조하고 매출이 나올 수 있는 전문성과 무게감이 있는 진료를 책의 주제로 선택하는 것도 좋은 전략일 수 있습니다.

여러분의
가치 있는 주말을 위하여

"주말에 뭐 해?" 또는 "주말에 뭐 했어?"라는 질문에 여러분은 어떤 답을 하시나요? 주말에 쉴 수도 밀린 잠을 잘 수도 멋진 호캉스나 맛집 투어도 갈 수 있고 가족과 여행을 갈 수도 있습니다. 저는 "나이가 들수록 누가 가장 부자인가?"라는 질문에 돈이 많은 사람이 아니라 시간이 많은 사람, 한정된 시간을 의미 있게 쓰는 사람이라는 생각을 하고 있습니다. 일론 머스크와 도널드 트럼프도 하루는 24시간이며 우리도 하루가 24시간인 것은 동일합니다. "주말에 뭐 했어?", "어, 난 책 썼어."라고 대답한다면 얼마나 멋질까요? 책은 증발하거나 휘발하지 않습니다.

한정된 시간을 활용할 수 있는 가장 큰 설렘은 책 쓰기라고 생각합니다. 매일 같은 일상, 매일 같은 권역에서 오는 환자들, 변화가 없이 흘러가는 병원 경영이 쪼그라드는 느낌일 때 노트북을 열고 책을 쓰시기를 바랍니다. 가장 가치 있는 시간 투자라고 생각합니다.

책을 쓴다는 것은 단순히 글자를 나열하는 것이 아니라 자기 경험과 지식, 감정과 통찰을 구체적인 형태로 정제하는 과정입니다. 매일 진료실에서 만나는 환자들의 이야기, 그들과 나누는 대화, 치료 과정에서 얻은 깨달음들이 책이라는 그릇에 담기면서 더욱 선명하고 가치 있는 것으로 변모합니다. 마치 와인이 오크통에서 숙성되며 더 깊은 맛을 내는 것처럼 우리의 경험도 책 속에서 숙성되어 더 깊은 의미를 갖게 됩니다. 기록되지 않으면 모두 증발해 버립니다. 하지만 이것들이 책이라는 형태로 남게 되면 그것은 영원히 사라지지 않는 자산이 됩니다.

주말마다 조금씩 책을 쓰는 습관은 우리 삶에 리듬과 목적을 부여합니다. 평일의 바쁜 일상에서도 주말에 혼자 카페로 가서 조용히 혼자 글 쓰는 시간을 기대하며 살아갈 수 있게 되고 이는 삶의 질을 높이는 원동력이 됩니다. 많은 사람이 "언젠가 나도 책을 써보고 싶다."고 말하지만 그 '언젠가'는 대부분 오지 않습니다. 시간을 내어 자신의 이야기를 적어 내려가는 것은 누구나 할 수 있는 일이지만 그것을 실제로 실천하는 사람은 드뭅니다.

책을 쓰기 시작하는 순간부터 우리는 시간을 주도적으로 사용하고 그 시간을 기록으로 남기는 사람이 됩니다. 시간은 누구에게나 공평하게 주어지는 유한한 자원입니다. 특히 의료인들에게 주어지는 주말이라는 시간은 더욱 특별한 가치를 지닙니다. 평일의 바쁜 진료 일정 속에서는 깊이 있는 사고나 창작 활동이 쉽지 않기 때문에 주말은 자신의 전문성을 책으로 담아낼 수 있는 귀중한 시간이 됩니다. 적은 분량이라도 책을 써 나가는 것은 장기적인 관점에서 매우 효과적인 시간 투자입니다. 처음에는 어렵고 부담스럽게 느껴질 수 있지만 꾸준히 진행하다 보면 글쓰기 근육이 생깁니다. 책상에 앉아 노트북을 펼치는 순간 새로운 세계가 펼쳐지는 경험을 꼭 해보시기를 바랍니다.

정보의 과잉 시대, 광고는 덜 믿는다, 책을 써라

모바일과 짧은 동영상, AI의 시대가 고도화될수록 넘쳐나는 의료 정보로 대중들의 피로도는 늘어나고 있습니다. 실제 의료와 관련된 정보를 얻는 주된 채널인 네이버와 유튜브를 통해 의료 정보를 검색하는 것에 피로도를 느낀다는 말을 의료 서비스 소비자들이 많이 하고 있으며 신뢰도에 대한 의심의 눈초리도 많습니다. 저도 병의원 마케팅 미팅과 유튜브 제작 미팅에서도 이러한 신뢰에 대한 고민의 말을 듣고 있습니다. 더불어 일부 의료인들의 콘텐츠는 조회수 획득을 위하여 지나치게 편향된 주장, 과장된 정보와 때로는 의료를 가볍게 희화화하는 실수까지 하는 경우도 있어서 그 피로도는 더 커지고 있습니다. 이런 흐름이 생기는 이유는 의료기관 간의 경쟁이 심해지는 와중에 영상 플랫폼에서는 제목, 섬네일 등이 자극적이지 않으면 상대적으로 반응이 떨어지기 때문입니다.

 이렇게 경쟁이 심한 시대에 쉽게 잊히는 짧은 리듬의 휘발성 정보에 비해 잘 기획된 책은 훨씬 가망 환자에게 신뢰감을 줄 수 있습니다. 책은 단순한 광고나 홍보물과는 달리 독자들에게 검증된 전문 지식과 통찰을 제공합니다. 이는 곧 여러분의 전문성과 신뢰도를 효과적으로 증명하는 수단이 됩니다. 책을 통해 의사로서의 경험과 지식을 균형 잡힌 시각으로 공유함으로써 잠재적 환자들에게 여러분의 전문성을 각인시킬 수 있습니다.

마케팅을 목적으로 만들어진 책은 독자 실제 니즈에 따라서 상당히 다양한 스펙트럼으로 반응이 나타나게 됩니다. 잘 읽었다고 연락이 오는 사람, 만나자고 연락해 오는 사람, 미팅 시에 나의 책에 밑줄 긋고 공부하고 질문하며 나타나는 사람, 독서 노트를 매주 적는데 내 책을 읽고 독서 노트를 써서 오는 사람, 얼마나 여러 번 내 책을 읽었는지 나도 기억을 못 하는 부분을 나에게 말하는 사람, 내 책의 문장 오류와 오타를 메일로 보내오는 사람 등의 여러 유형의 독자를 만날 수 있을 것입니다. 이런 독자들을 만나는 것이 얼마나 감동인지, 경험해 보지 않으면 알 수 없습니다. 나의 콘텐츠에 설득되어 나의 주장에 대해 마치 나처럼 이야기하는 사람을 만날 때 머리끝이 쭈뼛쭈뼛 서는 감동을 경험할 수 있습니다.

저는 영업을 오래 한 사람인데 제가 그동안 출간한 경험으로는 나의 책을 읽고 만나는 사람과 그렇지 않은 사람은 설득의 난이도가 다르다는 것을 느꼈습니다. 책을 읽고 나를 만나자는 생각이 서서 만난 사람은 그렇지 않은 사람에 비하여 설득이 훨씬 쉽습니다. 이미 설득되어 나를 찾아오는 경우가 많습니다. 이미 책을 읽은 그들이 만남을 원할 때는 단순히 정보를 얻기 위함이 아니라 저자와 더 깊이 교감하고 자신의 문제를 해결할 답을 구하고자 하는 것입니다. 즉, 저자가 원장이라면 나에게 진료를 의뢰하기 위함일 것입니다. 반면 여러분의 책을 읽지 않은 환자들은 여러분의 접근 방식에 대해 처음부터 설명해야 하며 신뢰 관계를 구축하는 데 더 많은 시간이 필요할 수 있습니다. 이러한 차이는 결과적으로 진료의 효율성과 환자 만족도에 직접적인 영향을 미칩니다. 책을 통해 사전에 형성된 신뢰와 이해는 환자와의 소통을 원활하게 하고 치료 과정에서의 협력을 강화하며, 궁극적으로는 더 나은 치료 결과로 이어질 수 있습니다.

책이 주는 또 다른 중요한 장점은 시간의 흐름에 따라 축적되는 신뢰입니다. 광고나 영상 콘텐츠는 휘발성이 강합니다. 몇 분, 혹은 며칠 동안 화제를 모았다가 금세 잊히기 마련입니다. 반면 책은 시간이 지나도 남아있습니다. 독자는 필요할 때 책장 속에서 책을 꺼내 저자의 지혜와 경험을 다시 만날 수 있습니다. 이런 지속성은 의료 정보를 전달하는 데 있어서 특히 중요합니다. 환자는 진료를 받기 전까지 스스로 인지 속에서 방문 병원에 대한 신뢰를 쌓아가는 과정을 거치기 때문입니다.

반드시 베스트셀러가 될 필요가 없는 이유

의료인이 책을 쓰는 여러 가지 목적이 있을 수 있겠지만 반드시 많이 팔려서 베스트셀러 작가가 되겠다는 목표로 책을 쓸 필요는 없습니다. 그러나 이 과정에서 많은 의사들이 불필요한 부담감을 느끼곤 합니다. 특히 책이 양적으로도 많이 팔려야 할 뿐 아니라 가망 환자들과 의료계 모두를 만족시켜야 한다는 압박감은 오히려 출간의 과정을 방해할 수 있습니다. 이러한 부담감에서 벗어나 자신의 전문성과 경험을 비전문가인 일반인들에게 쉽게 공유하는 데 집중하는 것이 중요합니다. 하지만 책을 쓰기 시작하면 욕심이 나기 마련입니다. 제가 만난 원장님들 중에는 그래도 내가 내는 첫 책인데 출신 학교의 교수님들도 볼 수 있고 동문도 후배 의사들도 볼 수 있기 때문에 신경이 쓰인다고 말씀하시며 모두를 고려하느라 원고가 늦어지는 경우가 많이 있었습니다. 과장된 내용이나 업계를 비판하는 내용이 없다면 나만의 세계관이 반영되는 콘텐츠이므로 업계의 시선에 그렇게 신경 쓸 필요는 없다고 생각합니다.

의료 분야에서 전문성을 바탕으로 한 건강 도서는 일반인들에게 그 자체로 충분한 가치를 지니며 전문가들의 시선을 지나치게 의식할 필요가 없습니다. 더욱이 건강 도서의 특성상 시간이 지나도 유행을 타는 타 장르의 도서, 블로그, 유튜브와는 다르게 일반 대중들에게 있어 그 가치가 크게 떨어지지 않는다는 장점이 있습니다. 본질적으로 건강과 질병에 대한 정보는 비교적 오랫동안 유효하며 이는 곧 저자의 전문성을 지속해서 입증하는 증거가 됩니다. 꼭 베스트셀러가 아니라고 하여도 나의 병의원을 홍보할 수 있는 수준의 건강 도서 정도라면 첫 번째 책으로 충분한 가치가 있습니다. 대중적으로 인기 있는 책이 되면 좋지만 나는 적어도 이 책을 통해 경제적 손해는 보지 않을 것이며 기대 이상의 홍보 효과가 있을 것이며 나의 관점을 정리하는 시간이 되며 나의 업적으로 남을 것입니다. 대부분의 주위 사람이 출간을 축하해 줄 것입니다. 비판하거나 그렇게 비평적으로 접근하는 사람들은 없을 것입니다. 출간을 준비하며 주위의 시선에 신경 쓰느라 진도를 늦게 나가고 나의 병의원 매출에 기여할 시간을 놓칠 필요가 전혀 없습니다.

병의원은
부동산업이었던가?

병의원 개원과 경영은 입지를 극복할 수 없는가? 이 질문에 대하여 저는 의사들만큼 많이 고민해 왔고 다양한 입지의 병의원을 마케팅하다 보니 입지와 마케팅의 관계를 항상 관찰할 수밖에 없었습니다. 일찍이 '커피는 부동산업이다.'라는 말이 있었습니다. 카페 비즈니스가 맛에 좌우되는 것이 아니라 결국 위치와 공간이 중요한 요소이며 또한 월세를 낼 수 있는 능력이 중요하다는 말로 저는 해석하였습니다. 이 말을 누가 먼저 했는지는 정확히 모르겠습니다. 스타벅스의 하워드 슐츠라는 말도 있고 국내 창업전문가라는 말도 있습니다. 누가 이 말을 먼저 하였든 저는 커피는 부동산업이라는 말과 병의원은 아주 유사한 관계가 있다고 생각합니다.

최근에 서울의 지하철 역세권의 1인 의원의 원장님과 1차 마케팅 미팅에서 이런 말을 들었습니다. "아마 입지가 문제인 것 같아요. 이 입지에서 안 해 본 것이 없어요. 1년이 넘었는데 목표 매출을 달성해 본 게 1번, 딱 1개월뿐이에요. 더 이상 뭘 해 볼 수 있는 것이 없네요. 제가 입지를 잘못 선정한 것일까요?" 많은 개원 원장님이 "그땐 제가 봉직의라서 물정을 몰라서 여기에 개원했지만 다시 하라면 저는 절대 여기에 하지 않을 것입니다."라는 말을 많이 하십니다. 이 말을 들은 마케팅 업체가 "네, 원장님. 입지가 잘못되었습니다. 포기하시지요."라고 절대 말하지 않을 것입니다. 쉽지는 않겠지만 어떻게 해서든 입지의 불리한 점을 극복할 방안을 찾으려 할 것입니다.

고객의 유입이 일정 반경 내로 지역성을 띠는 로컬의 외식 매장, 병의원, 학원 등의 자영업이 지역성을 극복하려면 맛집이 킬러 메뉴 때문에 멀리서 오는 고객이 줄을 서게 하는 것처럼 원거리 고객, 해외 고객이 반응할 만한 해당 매장만의 내러티브와 차별화 전략이 필요합니다. 물론 쉽지 않고 모두 성공할 수 없습니다. 성공 확률은 낮습니다. 하지만 지금과 같은 불황과 양극화가 지속되는 상황에서 의료기관인 동시에 자영업 대표인 원장은 성공 확률이 낮다고 하여 그냥 포기하고 주저앉을 수는 없습니다. 하지만 전문직인 의료인에게는 다른 자영업 대표가 가지지 못한 한 가지 무기가 하나 더 있습니다. 책을 많이 접했고 익숙하며 상대적으로 책을 쓰기 쉬운 환경 속에 있습니다.

저는 아무리 작은 기업이라도 항상 시장에 새로운 화두를 던질 수 있고 던지려고 노력해야 한다고 생각합니다. 많은 병의원 마케팅 현장에서 원장님들께 "우리 병원이 동일 진료과와 다를 게 뭐가 있어? 다 똑같은데."라는 이야기를 많이 듣습니다. 다를 수 있습니다. 책을 쓰시기 바랍니다. 그래서 지역성을 극복하시고 원거리 환자를 유치하시기를 바랍니다. 유튜브 방송을 하건 블로그를 하건 그저 관성으로 매번 촬영하며 작성하고 업로드하고 포스팅했다는데 스스로 정신 승리 하는 수많은 병의원 중의 한 곳이 되지 말고 차별화된 마케팅을 해보시기를 바랍니다. 문제는 양이 아니라 시장에 작용하는 임팩트입니다. 고민하시기를 바랍니다. 옆 동네의 신환이 기꺼이 우리 병원까지 올 이유가 무엇일까요?

어차피 모든 의사가 책을 쓰지 않고 책 쓰기에 도전하는 모든 의사가 탈고에 성공하지 못하며 심지어 완성된 모든 책이 출판사의 선택을 받아서 출간되지도 않습니다. 의료인 정도의 지식수준과 전문성이라면 AI의 도움을 받아서 누구나 1년에 1권의 책이 출간이 가능한 시대에 우리는 살고 있습니다. AI가 출현하기 이전보다 원고는 적게 쓰고 적은 시간을 투자하여 효율적으로 출간이 가능합니다.

책 쓰기 = 설득 안 되는 사람을 빨리 거르는 것

많은 원장님이 이야기합니다. 설득이 안 되는 환자가 많다고 의사 당부의 말을 듣지 않는 환자가 많다고 말씀하십니다. 먹지 말라는 건강식품을 계속 먹고 하지 말라는 운동을 계속하는 환자가 많다고 하십니다. 유튜브와 미디어의 수많은 근거 없는 건강 정보들, 홈쇼핑과 인터넷의 수많은 건강식품 광고들을 보고 환자들은 건강에 대한 잘못된 정보를 흡수하고 자신만의 세계관을 가지게 되고 자신의 결론을 이미 가지고 의사를 찾아오기 때문에 그것이 힘들다는 이야기입니다. 저는 의료인은 아니지만 저도 온라인 광고대행사를 운영하는 사람으로서 유사한 기분을 느끼고 있습니다. 모든 광고주가 이미 개인적으로 소셜미디어, 유튜브, 네이버, 카카오를 사용하고 있기 때문에 플랫폼에 대한 선입견이 이미 있습니다. 인스타에는 맛집 콘텐츠 올리는 젊은 여성만 있다고 생각하고 페이스북은 정치 이야기 좋아하는 노인들만 있다고 생각하기에 광고 플랫폼을 바라보는 많은 광고주는 어떤 미디어를 사용하겠다는 매체계획을 설명하면 설득이 되지 않는 경우가 많습니다.

저는 개인적으로 설득 안 되는 사람에게 노력을 더 하는 시간에 다수의 새로운 설득될 사람을 찾는 것이 더 생산적이라고 생각합니다. 훨씬 더 효율적입니다. 책을 쓴다는 것은 단순히 정보를 전달하는 것을 넘어 나의 가치관과 철학을 이해하고 받아들일 수 있는 사람들과 접점을 만들어가는 과정입니다. 마케팅은 설득되지 않는 사람들에게 에너지를 소모하는 대신 나와 생각이 맞고 나의 주장을 수용할 준비가 된 열린 사람들에게 다가가는 것이 훨씬 더 효율적입니다. 책은 이런 사람들을 찾고 그들과 신뢰를 쌓는 데 강력한 도구가 됩니다. 또한 책의 가장 큰 힘은 물리적인 제약을 넘어 더 넓은 독자층에 도달할 수 있다는 점입니다.

의료특구가 아닌 지역사회에서 병의원을 운영하는 의료인이라면 책은 나의 목소리를 전국으로 또는 더 나아가 전 세계로 확장할 수 있는 도구입니다. 책을 통해 나의 철학을 읽고 공감한 사람들은 이미 어느 정도 설득된 상태에서 찾아오게 됩니다. 이런 환자들은 진료 과정에서도 더 협조적이며 소개 환자 유치에도 도움이 됩니다. 지역사회만을 대상으로 마케팅할 경우 나는 언제나 '을'이 될 수밖에 없고 네이버 플레이스의 악플 하나에도 가슴 졸일 수밖에 없습니다.

책은 또한 '필터링'의 역할을 합니다. 나의 메시지와 철학에 공감하지 않는 사람들은 자연스럽게 책의 독자가 되지 않을 것입니다. 반면 나의 책을 읽고 공감한 사람들은 나와 더 깊이 연결될 가능성이 높습니다. 이는 단순히 더 많은 환자를 유치하는 것이 아니라 더 나은 환자, 즉 나의 철학과 맞는 결제 확률이 높은 환자를 유치하는 데 기여합니다. 더불어 책은 시간과 공간의 제약을 뛰어넘어 나의 메시지를 전달할 수 있게 해줍니다. 한 번의 진료로는 전달하기 어려운 복잡한 의학 정보나 건강 관리 방법을 상세히 설명할 수 있으며 환자들은 필요할 때마다 이를 참고할 수 있습니다. 이는 환자 교육의 효율성을 크게 높이는 결과를 가져옵니다.

지금까지의 병의원 마케팅은 어떠하였나요? 어차피 권역 내에서 환자가 오기 때문에 싫든 좋든 피곤하지만 지역사회의 모든 환자를 친절하게 설득하려고 노력하였지만, 책을 출간하면 물리적인 거리를 극복하여 더 넓은 반경의 사람 중에 내 주장에 설득되는 사람들을 대상으로 진료를 할 수 있습니다. 적은 소수의 설득이 어려운 사람들을 설득하려는 노력보다 더 넓은 세계에서 쉽게 설득되는 다수에게 책을 통하여 홍보하시기를 바랍니다.

출간의 보람,
현업을 이어갈 위안!

저는 의료인보다 의료를 모르고 교육을 많이 받은 사람도 아닙니다. 다만 의료마케팅의 현장에 오래 있었던 시간 속에 쌓인 경험과 고민을 지금 이 책에 앞서 출간한 두 권의 책에 담아 출간하였습니다. 병의원 마케팅과 관련된 책을 연이어 2권의 책을 출간하고 많은 원장님들로부터 만나자는 미팅 제안을 받았고 많은 미팅을 하였습니다. 원장님들이 저희 회사의 미팅 룸으로 오셔서 저의 책에 메모와 필기, 형광펜으로 그은 밑줄이 가득한 책을 보여주시며 의료 마케팅에 대한 질문을 하실 때 저의 경험과 고민, 관점을 현업에 계신 분이 공감해 주신다는 것에 큰 감동을 하였습니다. 여러분이 출간하시고 진료실에서 환자를 진료할 때 환자들이 원장님의 책을 읽었다는 이야기를 들을 때 저와 유사한 감정을 느끼실 수 있을 것입니다. 이것이 현업에 있으면서 바쁜 일과 시간과 개인의 여유시간까지 할애해 가면서 책을 쓰는 이유입니다.

여러분께서는 책을 쓰는 과정 자체로 크나큰 도파민 분출을 느끼게 될 것이시며 업을 이어가는 힘과 열정을 최종 출간을 통해 얻게 되실 것입니다. 오랜 기간 책을 준비한 후 출간에 이르렀을 때 느끼는 기분은 단순히 그동안 써왔던 책이 세상에 나온다는 사실 이상의 깊은 감정을 불러일으킵니다. 이것은 책을 탈고하여 출간해 본 사람만이 느낄 수 있는 감정입니다. 일부 작가들은 출산과 같은 감정을 느낀다고 합니다. 전문직에 종사하며 책을 써 보시면 책은 단순한 글로 이루어진 결과물이 아니라 직업인으로서 걸어온 여정과 경험의 결과이며 전문지식을 일반인이 쉽게 이해할 수 있도록 구조화하는 작업이기에 스스로에게도 업무에 대한 정리의 시간과 함께 큰 성장의 기회가 됩니다.

책 쓰기는 일상에서 벗어나 새로운 세계로 발을 내딛게 하는 특별한 통로입니다. 퇴근 후에 정말 피곤한데 책은 쓰고 싶다는 생각, 책을 쓰면 행복할 것 같다는 생각이 드는 것은 왜일까요? 그것은 단순한 의무감일까요? 그렇지 않습니다. 우리는 대부분의 일하는 시간을 익숙한 루틴 속에서 같은 장소에서 비슷한 일을 반복적으로 수행합니다. 그러나 책을 쓴다는 것은 이 일상적인 틀을 깨고 자신의 내면 깊숙이 들어가거나 물리적으로 특별한 장소에 있지 않지만 완전히 새로운 세상으로 이동하는 느낌이 드는 시간 속에 있을 수 있기에 책 쓰기가 생각나는 것입니다. 책 쓰기를 시작하면 고민과 분주함에서 잠시 벗어나 일상이라는 경계를 넘는 새로운 세계로 잠시 들어가게 됩니다. 그래서 피곤하지만 책 쓰는 시간이 기다려지는 것입니다. 힘든 일상을 잊게 해주는 새로운 일 그것이 책 쓰기입니다.

또한 책이 출간된 이후를 상상할 때 작가는 책 쓰기를 멈출 수 없습니다. 책을 출간한 후 자신의 전문 분야에 대한 자부심을 다시 한번 느낄 수 있습니다. 책을 읽고 독자가 공감하였다는 피드백을 직접 진료실에서 만나서 받을 때, 이메일을 받을 때, 블로그에 내 책의 후기가 올라오는 것을 볼 때, 자신의 노력이 누군가의 삶에 긍정적인 영향을 미쳤음을 실감하며 깊은 보람을 느낄 수 있습니다. 현업을 하며 사이드 프로젝트로 책을 집필할 결심을 하고 때로 책의 진도가 나가지 않을 때는 나의 한계를 마주하기도 하고 며칠간 바빠서 책을 쓰지 못할 때는 강박관념도 느끼게 되지만 모든 과정을 거쳐서 손에 들게 되는 책은 스스로 내가 증명해 냈다는 강력한 메시지를 전달받게 되며 이는 고된 일상을 이어가는데 큰 동기부여가 됩니다. 하루하루가 의미 없는 것이 아니라 내가 미래를 차근차근 준비하고 있다는 느낌이 한 페이지 두 페이지 쌓여가는 것을 직접 보며 보람을 느낄 수 있습니다.

최종적으로 내 이름이 새겨진 책이 서점에 진열되는 것을 지켜보는 순간의 감동은 말로 표현하기 어려울 정도입니다. 오랜 시간 노력한 결과물을 세상에 선보이는 것은 큰 자부심과 성취감을 줍니다. 저희 집에서는 제가 책을 출간할 때마다 가족들이 꽃과 케이크를 사서 함께 모여 작은 축하 파티를 하고 있습니다. 책장의 한편에는 저의 책만 꽂아 두는 칸이 별도로 있습니다. 그간 퇴근 후 집에서도 시간을 쪼개서 책을 쓴 것을 가족들도 알기에 함께 축하해줍니다. 개인적으로 이 시간은 무척 감동이 있는 시간입니다. 여러분도 경험해 보시기 바랍니다. 결국 책은 남에게 지식을 줄 것이라는 믿음으로 쓰게 되지만 내가 나에게 줄 수 있는 가장 큰 선물이 되어 다시 돌아옵니다.

의사 작가에게
팬이 생긴다는 것

저는 회장님, 위원님, 의장님이라는 직함의 분들과 실제 오프라인에서 만나거나 거래를 해본 적이 별로 없습니다. 주로 대표님, 원장님들과 많이 거래하여 왔습니다. 그러나 지난 시간 동안 책을 출간하고 제가 업무상 받은 전화 중에 가장 큰 비중은 역시 "OOO 대표님 소개로 연락느렸습니다."와 "OOO 원장님 소개로 연락드렸습니다."였습니다. 그다음으로, "OOO 회장님 소개로 연락드렸습니다."라는 연락이 많았습니다. 저는 회장님, 위원님, 의장님들은 전혀 모르는데 어떻게 그분들은 저를 알까요? 이렇게 독자들은 직접 만난 적은 없지만 기꺼이 저를 남에게 소개합니다. 저는 이것이 책의 힘이라고 생각합니다. 책은 유튜브, 블로그와 다르게 지인에게 직접 추천합니다. 그리고 책은 먼저 읽은 사람이 소셜미디어에 추천을 많이 합니다. "요즘 무엇 때문에 고민입니다."라는 말에 누가 출간한 어떤 책을 한번 보라고 이야기들을 합니다.

책을 출간하면 나는 그들을 모르지만 상대방은 나를 아는 사람들이 많아집니다. 저는 마케팅과 관련된 책을 출간한 이후에 알지 못하고 만나지도 못한 많은 기관에서 강연 요청을 받았습니다. 중소기업을 육성하는 정부 산하단체, 각종 스타트업, 학교 및 중소기업의 행사에서 심사위원으로 초청을 받았습니다. 저는 전문직이 아니며 박사학위도 없지만 이 분야에서 주로 현업 경력이 오래되거나 관련 분야에서 책을 출간한 사람들을 초대하는 자리에 초청받고 있습니다. 여러분도 충분히 출간을 통하여 이런 경험을 하실 수 있습니다. 특히 주목할 만한 점은 책이 가진 독특한 추천 메커니즘입니다. 건강에 대한 각종 문제나 고민에 대해 책은 훌륭한 해결책을 추천하는 역할을 합니다. 여러분이 출간하게 되면 '이런 증상에 대해서는 OOO 선생님이 쓴 책을 한번 보세요.'라는 추천이 자연스럽게 이루어지는 것입니다. 이는 유튜브나 블로그 등 다른 매체와는 확연히 다른 책만의 특징입니다.

더욱 중요한 것은 이러한 팬층이 단순한 독자를 넘어 실제적인 관계 네트워크로 발전할 수 있다는 점입니다. 책을 통해 형성된 신뢰는 실제 협업이나 프로젝트로 이어질 수 있습니다. 예를 들어 어떤 기관에서 특정 분야의 전문가를 찾을 때 책을 해당 분야에서 책을 출간한 저자를 우선으로 고려합니다. 이러한 '보이지 않는 팬층'의 형성은 의료인의 커리어 발전에도 큰 도움이 됩니다. 책을 통해 형성된 전문가로서의 이미지는 강연 의뢰, 자문 요청, 협력 제안 등 다양한 기회로 이어질 수 있습니다. 이는 단순히 진료실 내에서의 활동을 넘어 의료계 전반에서 영향력 있는 전문가로 성장할 수 있는 기회를 제공합니다.

또한 책은 시간이 지나도 그 가치가 쉽게 감소하지 않습니다. 블로그 포스팅이나 유튜브 영상이 시간이 지나면서 그 관심도가 급격히 떨어지는 것과 달리 책은 오랜 기간 동안 꾸준히 새로운 독자들을 만나게 됩니다. 이는 지속해서 확장되는 팬층이 생기는 것을 의미하며 의료계에서의 영향력을 장기적으로 유지하고 확대할 수 있는 기반이 됩니다. 환자와의 관계 면에서 보면 의사가 책을 출간한다는 것은 더욱 특별한 의미를 갖습니다. 일반적인 진료실에서의 만남은 짧은 시간 동안 이루어지는 제한적인 소통이지만 책은 이러한 한계를 뛰어넘어 더 깊은 신뢰 관계를 형성할 수 있게 해줍니다. 환자들은 의사가 쓴 책을 통해 평소 진료실에서 들을 수 없었던 상세한 의학 정보와 의사의 철학, 치료에 대한 관점을 접하게 됩니다. 이는 단순한 지식 전달을 넘어서는 의미가 있습니다. 책을 통해 환자들은 의료인이 어떤 생각을 가졌는지 어떤 방식으로 환자를 대하고 치료하는지를 더 깊이 이해하게 됩니다.

주목할 만한 점은 책이 가진 '신뢰 구축'의 힘입니다. 책을 읽은 사람들은 높은 신뢰감을 형성하게 됩니다. 이러한 신뢰 관계는 실제 진료 현장에서 매우 긍정적인 효과를 발휘합니다. 책을 읽은 환자들은 의사의 치료 방침을 더 잘 이해하고 따르게 됩니다. 의사가 제시하는 치료 계획이나 생활 수칙에 대해서도 더 높은 순응도를 보입니다. 이는 결과적으로 치료의 효과를 높이는 데 큰 도움이 됩니다. 또한 책은 환자들에게 일종의 '확장된 진료실' 역할을 합니다. 진료 시간에 미처 하지 못한 이야기들, 궁금했던 점들을 책으로 해소할 수 있게 됩니다. 이는 환자들의 불안감을 줄이고 질병에 대한 이해도를 높이는 데 큰 도움이 됩니다. 특히 만성질환 환자들의 경우 의사의 책은 일상적인 관리에 대한 중요한 가이드라인이 됩니다. 예를 들어 당뇨병 환자를 진료하는 의사가 당뇨병 관리에 대한 책을 썼다고 가정해 보겠습니다. 이 책은 단순히 당뇨병에 대한 의학 정보만을 전달하는 것이 아니라 의사가 실제 진료 현장에서 경험한 다양한 사례와 해결 방법, 그리고 환자들을 위한 실질적인 조언을 담게 됩니다. 이러한 내용은 환자들에게 매우 실용적이고 신뢰할 수 있는 정보원이 됩니다. 더불어 책은 신환 유치의 촉매가 되기도 합니다. 기존 환자들의 추천으로 책을 읽게 된 새로운 환자들은 이미 의사에 대한 기본적인 신뢰를 가진 상태로 진료실을 찾게 됩니다. 이는 첫 만남부터 더 효과적인 의사와 환자의 관계를 형성할 수 있게 해줍니다.

책은 의사가 환자들에게 전하고 싶은 메시지를 가장 체계적이고 완성도 높게 전달할 수 있는 수단입니다. 예방의학적 관점에서의 조언, 올바른 생활 습관에 대한 안내, 질병에 대한 오해와 진실 등을 책으로 전달할 수 있습니다. 책은 단순한 정보 전달의 수단이 아닙니다. 출간은 의료인의 이름을 하나의 브랜드로 만드는 과정이며 팬을 만들고 더 많은 사람에게 의사의 고유한 철학을 전하는 데 우수한 도구입니다. 팬이 생긴다는 것은 결국 더 많은 사람에게 가치를 알리고 그들이 나를 신뢰하게 된다는 것을 의미합니다.

책과 가망 고객의
농도에 대하여

이 책에서 말하는 도서 출간의 목적은 병원 인지도에 지대한 영향을 미치는 원장의 퍼스널 브랜딩을 위합니다. 그리고 퍼스널 브랜딩은 로열티 있는 고객을 유치하는 것이 목적이라고 하였을 때 책을 읽고 나를 찾아오는 환자와 그렇지 않은 환자의 내원율, 결제 확률 등은 분명히 다릅니다. 이것은 이미 많이 경험하셨을 것인데 기존 환자의 소개로 온 환자와 근처 의원에 비급여 상품의 예약이 잡혔다가 시간이 남아서 한 군데 더 알아보는 환자를 상담해 보면 그 상담의 농도가 분명히 다르다는 것을 느끼실 수 있습니다. 그리고 카카오톡으로 실시간 상담하는 환자와 홈페이지에 자신이 먼저 상담 글을 쓴 환자의 결재 확률과 충성도는 분명히 다릅니다. 단순 카카오톡 상담자의 관심도가 확연하게 낮다는 것은 이미 잘 아실 것입니다.

  책을 읽고 나에게 진료를 보고자 찾아온 사람이 나의 주장에 대하여 설득이 될 확률은 책을 읽지 않은 사람에 비해 절대적으로 높을 수밖에 없습니다. 특히 책을 유료로 구매하여 읽은 사람들이 설득될 가능성은 더욱더 높습니다. 책을 통해 의사의 철학, 치료 방식, 환자를 대하는 태도 등을 미리 접한 환자들은 이미 그 의사의 진료 스타일과 전문성에 대한 기본적인 신뢰를 가지고 내원하게 됩니다. 이는 마치 오랜 친구의 소개로 만난 사람에 대해 자연스럽게 신뢰가 형성되는 것과 같은 원리입니다.

  책을 읽고 방문하는 환자들은 단순히 증상 치료만을 위해 방문한 것이 아니라 의사의 치료 방식에 동의하고 신뢰하기 때문에 방문한 것입니다. 따라서 혹시 치료 과정에서 발생할 수 있는 여러 어려움이나 불편함에 대해서도 더 높은 이해도와 인내심을 보이게 됩니다. 또한 유료로 책을 구매하여 읽은 환자들의 경우 이미 책을 통해 자신의 시간과 비용을 투자하여 의사의 전문성을 검증한 상태입니다. 이는 단순한 호기심이나 가벼운 관심을 넘어선 진지한 접근이며 이러한 진지함은 실제 진료 과정에서도 그대로 이어집니다. 이들은 의사의 설명에 더 집중하고 치료 계획을 더 잘 따르며 결과적으로 더 좋은 치료 성과를 얻을 가능성이 커집니다. 이들이 만들어 내는 입소문은 종래의 입소문보다 훨씬 큽니다. 책을 쓸 때는 단순히 많은 독자를 확보하는 것을 목표로 하기보다는 의미 있는 독자와의 연결을 만드는 데 초점을 맞추는 것을 꼭 명심하시기를 바랍니다.

'유튜브 구독자 = 신환' vs '책의 독자 = 신환'

출판 마케팅을 진행할 때 내가 출간한 책을 연령별, 세대별로 독자를 타기팅하여 홍보 활동을 진행할 수 있습니다. 최근 젠지세대 (GenZ, 90년대 이후 젊은 세대)들이 책 읽기에 빠졌다는 독서의 재유행에 대해 신문 기사에서 접하신 적이 있으신가요? 스마트폰, 인스타그램, 게임에 지친 Z세대들이 아날로그 활동의 대명사인 독서 활동을 통하여 즐거움을 찾고 있다는 것입니다. 독서의 트렌드에 대한 기사로 참고해 볼 만합니다. 그런데 전통적으로 책을 소비하고 책에 설득되고 모르는 내용이 있으면 책으로부터 답을 찾으려고 하는 계층이 이들 세대일까요? 그리고 책이라는 매체에 익숙한 집단은 어떤 연령, 소득수준, 학력 수준의 사람들일까요? 조금 더 나이가 많은 세대들이 책이라는 도구에 의해 설득되지 않을까요? 소득 수준과 학력 수준은 일종의 상관관계가 있을까요? 예를 들어 저는 지금 이 책을 쓰면서 타깃 독자를 의사, 치과의사, 한의사로 잡았습니다. 지금까지 제가 쓴 병원 마케팅 책을 수의사분들도 읽고 마케팅 문의를 해 오셨습니다. 의료라는 분야를 다루는 집단은 책이라는 매체에 타 집단보다 익숙하지 않을까요? 책을 통해 공부한 시간이 타 집단에 비해 길어서 익숙합니다. 그러면 제가 의료인의 책 쓰기라는 주제로 단순히 직접적으로 책을 팔아서 돈을 벌려는 것이 아니라 출판사와 병원 광고 대행사를 운영 중인 제가 저의 광고 회사의 매출을 늘리기 위한 활동의 하나로 책이라는 홍보 매체를 택한 것이 유효한 것일까요? 병의원 마케팅 차원에서도 생각해 보면 좋겠습니다. 줄기세포와 같은 비싼 의료 상품을 판매할 때 책이라는 매체가 적합하지 않을까요? 난치성 질환에 대한 환자를 유치하기 위해서 책이라는 매체는 타 매체에 비해서 유효하지 않을까요? 줄기세포 치료와 같은 고가의 의료 서비스를 홍보할 때 책을 통한 정보 전달은 의료인의 신뢰성과 전문성을 높이는 데 도움이 됩니다. 난치성 질환 환자들은 자신의 상태에 대해 깊이 있는 정보를 찾기 때문에 이러한 주제에 대한 책은 그들에게 매력적인 정보원이 될 수 있습니다.

우리가 흔히 접하는 유튜브나 소셜미디어는 빠르게 정보를 소비하고 일시적인 흥미를 제공하는 매체입니다. 그러나 책은 다릅니다. 책을 읽는다는 것은 시간을 들여 깊이 있는 내용을 이해하고 저자의 철학과 주장을 받아들이겠다는 독자의 의지 표현입니다. 이러한 독자들은 이미 정보를 수용할 준비가 되어 있는 사람들이며 특히 의료 분야처럼 신뢰가 중요한 산업에서 책의 가치는 더욱 높아집니다. 이미 원장님의 책을 다 읽고 진료실에 들어온 환자와 그렇지 않은 환자의 차이가 있지 않을까요? 책은 광고처럼 단순히 '우리는 이런 서비스를 제공합니다.'라고 말하지 않습니다. 대신 독자의 문제를 이해하고 해결책을 제시하며 깊이 있는 설명과 논리를 통해 독자가 저자의 전문성과 진정성을 느끼도록 만듭니다. 이는 진료실에서 환자가 이미 신뢰를 배경으로 원장님을 만나게 된다는 점에서 큰 차이를 만듭니다.

마케팅 고정비에서 탈출하는
책 한 권의 힘

저는 병의원 마케팅이 병원에 따라서 다르면서도 서로 비슷하며 차별화가 중요하면서도 가장 어려운 영역이라는 것을 계속 깨닫고 있습니다. 병의원의 차별화가 어려운 이유의 중심에는 의료법과 의료광고 심의가 있습니다. 대한의사협회, 대한치과의사협회, 대한한의사협회에서 의료광고 심의를 받아보면 의료법상의 유인행위 금지와 과장광고 금지 조항에 근거한 표현의 제약이 무척 엄격하기 때문에 마케팅에 있어서 여타 서비스 상품처럼 자유로운 서술은 거의 불가능합니다. 그리고 지역 보건소와 보건복지부의 가이드라인도 뭐가 맞는 것 인지 현장에서 해석하기 어려운 경우가 많이 있어서 정책에 적응하기도 어렵습니다. 과학적으로 근거가 있거나 논문상으로 인정된 의료기술이라고 하여도 최근에 나왔거나 아직 검증되지 않았거나 실험적 시술과 진료, 수술은 의료광고 심의를 통과하지 못하고 의료광고 심의필증이 나오지 않습니다. 저는 의료법과 의료광고 심의상의 표현과 관련된 법과 제도를 비난할 목적은 없습니다. 넘쳐나는 광고의 홍수 속에서 이러한 제도는 분명히 있어야 한다고 생각합니다.

　이러한 표현의 제약이 많은 의료 마케팅 현장에서 대부분의 병의원 인하우스 마케팅팀과 외주 광고 대행사들이 선택하는 길은 마케팅 도구의 선택부터 대부분 대동소이합니다. 로컬 의원의 경우 오프라인 광고는 아파트 엘리베이터 내의 모니터, 아파트 게시판의 전단지, 마을버스, 노선버스, 지하철역 광고, 주변 대형마트 내 광고로 조합되고 온라인 광고는 네이버 플레이스와 블로그 포스팅에 집중하게 됩니다. 경쟁 입지의 병의원 경우는 네이버 키워드, 인스타그램, 페이스북, 카카오,

구글 배너, 유튜브 광고 등을 해당 진료과에 맞게 조합하여 광고 포트폴리오를 구성하는 형태로 주로 광고를 하게 됩니다. 그 와중에 소수의 의료인이 방송 출연 등으로 인지도를 얻는 형태로 마케팅 활동을 하고 있습니다.

대부분의 병의원 마케팅을 들여다보면 아주 세부적인 부분은 다르겠지만 기본적으로 사용하는 도구는 동일하기에 실제 가망 신환들이 볼 때 의료법을 준수하며 진행되는 광고에 큰 차이점을 느끼지 못하는 것도 사실입니다. 그리하여 가끔 의사협회와 학회 등의 단체와 보건소 등에서도 경고를 받더라도 무리하게 광고하며 사회적으로 물의를 일으키는 것을 감수하고 매출과 인지도를 얻으려는 병의원이 나타나고 사라지는 것을 반복하는 것을 볼 수 있습니다. 이렇게 무리한 마케팅을 진행하는 병의원의 속 사정을 들여다보면 대부분 대출, 투자 등의 말 할 수 없거나 무리할 수밖에 없는 속 사정을 가지고 있습니다. 그런데 한 번 업계에서 이런 병의원이 물의를 일으키고 나면 후폭풍이 상당히 큽니다. 환자들의 신뢰가 떨어지고 보건복지부와 보건소의 규제는 더 심해집니다. 이렇게 병의원 광고는 조직 내에서 인건비와 함께 고정비의 한 축으로 존재하지만 그 형태상의 큰 차이는 없이 매일 진행되고 있습니다. 그리고 큰 차이점이 없거나 비효율이 있는데도 별다른 변화 없이 계속 진행되는 이유는 지역사회에서 심해진 의료기관들의 경쟁에 의한 불안감 때문입니다.

더 이상 특정 질환과 진료는 해당 진료 과들의 경쟁이 아니라 양방, 한방, 스포츠센터, 다이어트센터, 에스테틱, 건강식품 등 수많은 비의료 분야의 경쟁자들과도 경쟁해야 하는 과도한 경쟁 구간에 들어가 있습니다. 각종 광고비 지출은 늘어나지만 오롯이 원장의 주장을 담아낼 진정성 있는 마케팅 도구는 잘 없습니다. 달라지기 위해서는 다른 방식으로 접근해야 합니다. 매번 동일한 방식으로 마케팅에 접근해서 혁신적인 결과가 나오는 것은 기대하기 어렵습니다. 병원에 있어서 입지, 장비, 진료과목을 떠나서 가장 큰 마케팅 지분은 의료인인 원장 자체입니다. 의료기관은 원장의 퍼스널 브랜딩으로 가장 빠르고 차별화되어 성장할 수 있습니다. 매달 비싼 키워드 광고를 판매하는 네이버 광고를 욕하면서도 네이버 비중을 줄이며 효율을 찾는 노력을 하지 않는다면 상황은 변하지 않습니다.

의사가 책 쓰기로
절대 손해 볼 수 없는 이유

저는 결국 환자 유치를 위한 목적으로 퍼스널 브랜딩을 위해서 출간한다고 하면 상기에 언급한 출판의 종류 중에 어떠한 경우라도 별다른 손해가 있을 수 없는 직업이 의사이기 때문에 저는 출판 마케팅을 권장해 드립니다. 이유는 자비 독립출판의 경우는 보통 출간된 책을 저자가 70% 정도 직접 구매를 하면 출판사와 계약하여 제작할 수 있습니다. 보통 1쇄가 1,000부를 제작하기에 700권 정도를 저자가 직접 자신의 책을 구매하면 됩니다. 그리고 저자의 경우는 소비자가의 약 65% 정도로 본인의 책을 출판사로부터 구매할 수 있습니다. 그렇다면 의사가 책을 쓰는 이유는 개인의 인지도를 올려서 병원의 인지도를 올리고 병원의 인지도를 올려서 결국 매출을 만들기 위한 목적일 것인데 만약 이 글을 보는 원장님의 환자가 1쇄 1천 권 중의 700권의 책을 구매하면 손해를 보기가 어렵습니다. 우리 병원에 오는 환자들이 대기실에 진열된 책을 보고 1~2년 이내에 700권 정도의 책은 구매할 수 있을 것입니다.

사실 책을 내어 보시면 알 수 있는데 책은 환자만 구매하지 않습니다. 협력업체, 지인, 심지어 경쟁 병원도 구매합니다. 그렇게 가정하면 절대 경제적으로 손해를 보는 상황이 오기는 어렵습니다.

　당장의 경제적인 면을 제외하고도 책 쓰기는 생각을 정리하는 과정이기에 콘텐츠의 다양한 활용 차원에서도 이득이 있습니다. 책으로 정리된 콘텐츠는 블로그로도 활용할 수 있으며 유튜브의 원고도 될 수 있습니다. 이렇게 콘텐츠 자체가 자산이 되기에 정리하는 것, 쓰는 것 자체가 큰 자산입니다. 1권의 책의 분량이라면 100편의 블로그 포스팅이나 유튜브의 주제가 될 수 있습니다.

PART 4

공개!
AI 활용 책 쓰기 비법

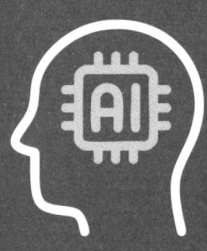

20:80, AI 책 쓰기 법칙

매일 셀 수 없을 정도의 새로운 의료광고들이 쏟아지는 시대입니다. 소셜미디어에서는 수많은 동일 진료과의 병의원들로부터 비슷한 내용의 광고가 반복되고 있고 네이버 블로그와 카페에서 특정 질환으로 검색해서 웹 브라우저의 스크롤을 내려보면 끝이 보이지 않을 정도의 많은 의료 후기와 정보들이 넘쳐납니다. 가망 환자들은 의료인의 고유한 관점이 없는 단지 비급여 진료의 할인율과 가격이 표기된 자극적인 짧은 리듬의 병의원 광고에 대한 피로도가 점점 높아지고 있습니다. 실제 병원 광고의 근본적인 콘텐츠 내용의 변화는 없이 변하는 것은 단지 텍스트가 이미지가 되고 이미지는 영상이 되는 포맷의 변화일 뿐인 경우가 많습니다. 최근에는 기존의 긴 동영상이 유튜브와 인스타그램에서 쇼츠와 릴스가 되어 시각적 자극만 더 강해졌을 뿐 그 자극이 곧 의료인에 대한 공감과 신뢰를 상승시킨다는 것을 의미하지는 않습니다. 이러한 광고 환경 속에서도 환자들은 의료 서비스가 단순한 상품 구매가 아니기에 의료인에게 전문성은 물론 환자를 대하는 태도, 수술과 질병을 바라보는 관점, 진료철학까지 알고 싶어 하는 것이 현실이기에, 광고와 환자들의 욕구 사이에는 괴리감이 발생하고 있습니다. 이러한 이유로 환자들은 차별화된 브랜드 스토리를 가진 의료인에게 매력을 느끼고 기꺼이 원거리에서 병의원으로 찾아오고 비급여 진료상품의 가격이 비싸더라도 비용을 지불하고 있습니다.

요란한 온라인 의료광고에 대한 피로도를 느끼는 상황에서 진정성과 신뢰를 담보하는 가장 효과적인 마케팅 도구는 전통적인 마케팅 도구 중 하나인 책입니다. 그러나 과연 의료인이 바쁜 진료 일정 속에서 처음부터 끝까지 온전하게 책을 혼자 다 쓸 수 있을까요? 저는 쉽지 않다고 생각합니다. 처음부터 끝까지 온전하게 책을 혼자 다 쓰려면 상황과 본인의 성격, 시간까지 여러 가지 조건이 맞아떨어져야 가능하기에 쉽지 않습니다. 그럼 대필 작가가 건강과 의료에 대한 책을 혼자 알아서 쓸 수 있을까요? 전문적인 의료와 관련한 내용은 대필 작가가 쓰기 쉽지 않은 전문직 출판의 영역입니다. 또한 의료인이 아닌 일반 대필 작가가 자료를 수집하더라도 최종에는 의료인의 검수를 다시 받아야 합니다. 다만 저는 최근 여러 의료인의 책 쓰기를 코칭 하면서 하루하루 바쁜 의료인들이 책을 빠르고 효과적으로 쓸 수 있는 한 가지 지름길은 찾았습니다. 바로 AI를 이용한 '20:80 책 쓰기 법칙'입니다.

먼저 환자들이 의료인의 책, 유튜브, 블로그와 같은 마케팅 콘텐츠를 보고 진정 설득되는 포인트는 무엇일까요? 단순히 시술, 수술, 질병에 대한 많은 경험과 높은 지식수준일까요? 이것은 기본이며 거기에 더하여 그들은 자신의 아픔을 이해해 주고 공감해 주며 믿고 의지할 수 있는 의사를 찾고 있습니다. 여러분이 책 쓰기에서 중점적으로 쓰셔야 할 부분은 바로 이 부분입니다. 치료방법의 나열은 검색엔진에서 너무 흔하게 찾을 수 있기에 콘텐츠로써 아무런 의미가 없습니다. 이 부분에서 20:80 법칙이 필요합니다. 적어도 의사가 출간한 마케팅 책의 20%는 의학적 지식과 처방이 아닌 여러분만의 진료에 대한 고유한 주장과 관점, 그리고 환자와 관련된 공감과 배려가 있는 인간적인 에피소드로 채워져야 설득력이 있습니다. 저는 이 부분을 에세이라고 본 도서에서 말하고 있습니다. 진료실에서 만난 잊지 못할 환자들의 이야기, 그들의 회복 과정에서 느낀 감동, 의사로서 가지고 있는 철학과 신념, 환자들의 아픔에 대한 깊은 공감들, 이것이야말로 면허를 가진 의료인만이 쓸 수 있는 이야기입니다. 나머지 80%는 의학적 지식과 건강 정보로 채우시면 됩니다. 시술, 수술, 질병에 대한 기본적인 설명, 최신 치료법, 예방수칙, 통계자료 등 이런 정보들은 직접 쓰면 좋지만 그렇지 않아도 AI의 도움을 받아 빠르고 효율적으로 작성할 수 있습니다. 물론 20%의 에세이 부문과 80%의 의료 정보를 직접 100% 다 쓰면 더할 나위 없이 좋습니다. 하지만 현실적으로 시간이 부족한 상황이라면 원장은 차라리 20%의 진정성 있는 나만의 이야기를 에세이로 풀어내는 것에 집중하는 것이 낫습니다. 나머지는 AI 또는 AI를 잘 활용하는 사람에 의해 보강될 수 있으며 원장님은 최종 검수를 통해 시간과 노력을 절감할 수 있습니다.

책 쓰기 프롬프트의
핵심 구성 요소

프롬프트는 AI를 사용할 때 사용자가 AI 시스템에 주는 지시어를 의미합니다. 일상에서 우리가 다른 사람에게 질문을 하거나 작업을 요청할 때 사용하는 언어와 거의 유사합니다. 프롬프트는 AI가 수행해야 할 작업을 정의하고 AI가 어떤 방식으로 응답해야 하는지를 안내하는 역할을 합니다. 프롬프트의 구조는 간단한 질문에서부터 복잡한 지시 사항까지 다양합니다. 명확하고 구체적인 프롬프트를 통해 요구 사항을 AI에 효과적으로 전달할 수 있으며 이는 더 정확하고 유용한 결과물로 이어집니다. 쉽게 프롬프트의 사용을 아래처럼 예를 들 수 있습니다.

1. **레스토랑에서 주문하기**: 프롬프트는 마치 레스토랑에서 주문하는 것과 같습니다. '스테이크 주세요.'라고 하면 기본적인 스테이크가 나오겠지만 '미디엄 레어로 구운 립아이 스테이크와 감자튀김을 곁들여 주세요.'라고 하면 더 구체적이고 원하는 대로 요리를 받을 수 있습니다.
2. **택시 기사에게 목적지 설명하기**: 프롬프트는 택시 기사에게 목적지를 설명하는 것과 유사합니다. '명동으로 가주세요.'라고 하면 대략적인 방향으로 갈 것이지만 '명동 OO 백화점 정문 앞으로 가주시고 가장 빠른 길로 가주세요.'라고 하면 더 정확하고 효율적으로 원하는 곳에 도착할 수 있습니다.

이러한 예시들처럼 AI에 프롬프트를 제공할 때도 구체적이고 명확한 지시를 할수록 더 정확하고 유용한 결과를 얻을 수 있습니다. 프롬프트는 AI와의 대화에서 우리의 의도를 정확히 전달하는 도구라고 볼 수 있습니다. 이러한 프롬프트의 구성에는 몇 가지 핵심 요소가 있습니다.

첫째, 명확성입니다. 프롬프트는 AI가 수행해야 할 작업을 명확하게 정의해야 합니다.

둘째, 구체성입니다. 가능한 한 구체적인 지시를 제공하여 AI가 정확한 방향으로 응답할 수 있도록 해야 합니다.

셋째, 맥락 제공입니다. 관련된 배경 정보나 제약 조건을 포함하여 AI가 더 정확한 응답을 생성할 수 있도록 합니다.

예를 들어 비즈니스 전략에 대한 조언을 구할 때 '사업 전략 조언해 줘.'라고 하는 대신 '온라인 교육 플랫폼 스타트 업의 CEO로서 코로나 19 이후 변화된 교육 환경에서 시장 점유율을 높이기 위한 전략을 3가지 제안해 줘. 각 전략은 기술 혁신, 사용자 경험 개선, 그리고 마케팅 접근법을 고려해야 하며 제한된 예산 상황을 감안해줘.'라고 하면 더 구체적이고 실행할 수 있는 조언을 얻을 수 있습니다. 단순히 '이야기를 써줘.'라고 요청하는 것보다 '1980년대 서울을 배경으로 하는 따뜻한 가족 이야기를 써줘.'라고 구체적으로 프롬프트를 작성하면 AI는 더욱 풍부하고 맥락화된 콘텐츠를 생성할 수 있습니다.

마케팅 책 쓰기에서의 프롬프트의 활용

프롬프트는 작가의 정보성 원고에서 문체와 책의 스타일을 결정하는 기초가 됩니다. 작가가 추구하는 문체적 특성, 예를 들어 함축적이고 시적인 표현을 선호하는지 아니면 명확하고 직설적인 서술을 원하는지 프롬프트를 통해 명확히 전달할 수 있습니다. '객관적이고 학술적인 톤으로 서술해 줘.'와 같은 간단한 지시어부터 '헤밍웨이의 문체를 참고하여 간결하면서도 힘 있는 문장으로 작성해 줘.'와 같은 구체적인 스타일 가이드까지 프롬프트는 원고의 언어적 특성을 형성하는 토대가 됩니다.

프롬프트는 책의 구조적 완성도를 높이는 데 결정적인 역할을 합니다. 체계적인 프롬프트 설계를 통해 각 장의 유기적 연결성을 확보하고 논리적 흐름을 일관되게 유지할 수 있습니다. 특히 비소설의 경우 '이전 장에서 다룬 개념을 확장하여 설명하되 실제 사례를 통해 독자의 이해를 돕는 방식으로 전개해 줘.'와 같은 프롬프트는 내용의 연속성과 독자 친화적인 서술을 가능케 합니다.

프롬프트는 책의 대상 독자층과의 소통을 최적화하는 도구로 활용됩니다. '중학생 독자의 이해 수준에 맞추어 설명해 줘.' 또는 '전문가를 위한 심화 내용으로 발전시켜 줘.'와 같은 프롬프트를 통해 목표 독자층의 지식수준과 관심사에 맞는 맞춤형 콘텐츠를 생성할 수 있습니다. 이렇게 프롬프트는 저작 과정의 시간적인 효율성을 극대화하는 도구입니다.

체계적인 프롬프트 사용을 통해 불필요한 수정과 재작업을 최소화할 수 있으며 일관된 품질의 글을 쓸 수 있습니다. '이전 장의 논지를 유지하면서 다음 주제로 자연스럽게 전환해 줘.'와 같은 프롬프트는 책의 내용의 연속성을 보장합니다.

의사의 책 쓰기에서의 프롬프트의 활용

프롬프트는 의사의 건강도서의 집필에 있어서 특히 정보성 콘텐츠를 작성하면서 의학적 정확성을 보장하는 데 중요합니다. 생성형 AI는 방대한 양의 정보를 학습했지만 그 정보가 항상 최신이거나 정확하지는 않습니다. 의료인은 프롬프트를 통해 생성형 AI에 최신 의학적 연구 결과를 비교적 많이 반영하게 할 수 있으며 복수의 생성형 AI를 이용하여 내용의 오류를 줄이고 내용을 교차 검증할 수 있습니다. 예를 들어 심장 질환에 대해 글을 쓸 때 의사는 프롬프트에 최신 심장 수술의 가이드라인과 연구 결과를 포함해 생성형 AI가 이를 바탕으로 정확한 정보를 생성하도록 유도할 수 있습니다. 이는 책의 내용이 현재의 의학적 연구 결과를 반영하도록 시도하게 합니다. 그리고 한 가지의 생성형 AI만을 사용하지 말고 적어도 2가지 이상의 생성형 AI를 사용하여 최신 연구와 역사적 사실에 대한 팩트는 반드시 교차 검증하도록 해야 합니다. 실제 최신의 내용을 반영하기 위해서는 별도의 AI를 구축하거나 RAG를 활용해야 하는데 그것은 너무 큰 범위의 일이 될 수 있기에 현재 상용 서비스 중인 AI를 여러가지를 이용하는 것으로 이 문제는 어느 정도 해결할 수 있습니다.

또한 프롬프트는 의학 정보를 일반인이 이해하기 쉬운 언어로 전달하는 데 중요한 역할을 합니다. 의학 용어는 복잡하고 전문적이며 외국어로 구성된 경우가 많아서 현업에서 다수의 의료인이 사용한다고 하여도 일반인이 이해하기 어려운 경우가 다수 있습니다. 의사는 프롬프트를 통해 생성형 AI에 전문 용어를 쉽게 풀어 설명하고 일상적인 비유나 예시를 사용하도록 지시할 수 있습니다. 예를 들어 혈압에 관해 설명할 때 프롬프트를 통해 생성형 AI에 '혈압을 수도관의 수압에 비유하여 설명하라.'라고 지시할 수 있습니다. 이는 복잡한 의학 개념을 독자들이 쉽게 이해할 수 있는 형태로 전달하는 데 도움을 줍니다.

여러분이 쓰고 계신 책의 주제에서 이렇게 쉽게 설명해야 할 목차가 있는지 생각해 보시기 바랍니다. 프롬프트의 중요성은 책의 구조와 흐름을 체계적으로 구성하는 데에서도 필요합니다. 건강 정보를 다루는 책은 논리적이고 체계적인 구조를 가져야 합니다. 의사는 프롬프트를 통해 AI에 각 장의 주제, 핵심 포인트, 그리고 전체적인 내용의 흐름을 제시할 수 있습니다. 예를 들어 당뇨병에 대한 장을 쓸 때 프롬프트를 통해 '1) 당뇨병의 정의와 유형, 2) 위험 요인, 3) 증상, 4) 진단 방법, 5) 치료 옵션, 6) 생활 습관 관리'와 같은 순서로 전개할 것을 지시할 수 있습니다. 이는 정보가 논리적으로 전개되어 독자들이 쉽게 저자의 의도를 따라갈 수 있는 구조를 만드는 데 도움을 줍니다.

더불어 프롬프트는 의학 정보의 맥락화와 개인화를 가능하게 합니다. 건강 정보는 개인의 상황에 따라 다르게 적용될 수 있습니다. 의사는 프롬프트를 통해 AI에 연령대, 성별, 생활 환경 등에 따른 건강 조언을 제공하도록 지시할 수 있습니다. 예를 들어 영양 섭취에 대한 부분을 쓸 때 프롬프트를 통해 '임산부, 노인, 청소년의 그룹별로 영양 요구 사항을 설명해 줘.'라고 지시할 수 있습니다. 이는 책의 내용이 독자별로 개인화된 정보를 제공하는 서술을 가능하게 해줍니다.

또한 의료 정보를 시각적으로 표현하는 데 도움을 줄 수 있습니다. AI의 출현 전에는 개인 저자가 통계적 정보를 도표, 인포그래픽 등을 통해 시각화하는 작업이 통계적 정보를 구하는 것과 이를 분석하여 시각화하는 것 둘 다 쉽지 않고 어려운 작업이었습니다. 그러나 AI의 출현 이후 책을 쓰는 의료인은 프롬프트를 통해 AI에 통계정보를 요청하고 이후에 이를 시각적으로 표현할 것을 요청할 수 있습니다. 예를 들어 한국의 제왕절개 출산율을 연도별 통계를 제공해 달라고 한 후에 이를 다시 연도별 증감을 그래프로 시각화해 달라고 프롬프트로 명령할 수 있습니다. 이러한 접근은 저자의 주장을 더 이해하기 쉽고 설득이 가능하게 만드는 데 도움을 줍니다.

의료인의 책 쓰기에 적합한
AI 프롬프트

글쓰기에 AI를 활용하는 사람마다 결과물의 수준 차이가 나는 이유는 입력하는 프롬프트의 수준이 차이 나기 때문입니다. 따라서 좋은 답변을 얻기 위해서는 프롬프트를 잘 활용해야 합니다. 이렇게 프롬프트 잘 쓰기에 특화된 학문을 프롬프트 엔지니어링이라 합니다. AI의 발전 속도가 빨라 불과 1년 전의 프롬프트 강의를 지금 들어보면 다른 점이 많습니다. 시간이 갈수록 AI가 사람의 요청 사항을 선제적으로 이해하고 판단하며 추론하기에 프롬프트의 구사 수준의 차이는 무용해질 것이라는 의견이 많습니다. 저도 중장기적으로 동의하지만 당분간 프롬프트의 중요성은 계속 유효할 것이라고 생각합니다. 또한 책 쓰기에 있어서 프롬프트 사용의 기본적인 원리는 매우 간단하기 때문에 마케팅 글쓰기의 프롬프트를 구성하는 기본적인 요소에 대하여 알아 두는 것이 좋습니다.

 최상의 마케팅 글쓰기의 프롬프트는 대체로 아래 구성요소를 포함하고 있습니다. 가장 중요하며 공통적인 요건은 '구체적으로 명령하라.'는 것입니다. 구체적으로 제시하지 않으면 아주 일반적인 답변만 제시합니다. 예를 들어 AI에 '기능 의학이 무엇인지 알려줘.'와 같은 질문은 책을 쓰기 위한 용도의 프롬프트로 가치가 거의 없습니다. 좀 더 구체적이어야 합니다. 프롬프트에 아래와 같은 요소를 반드시 포함해서 입력을 해보시기를 바랍니다. 예를 들어 '가정의학과 전문의인 의사의 입장에서 기능 의학에 입각한 다이어트의 필요성을 책의 본문 형식으로 중년 여성들을 대상으로 쉽게 책 2페이지의 분량으로 넘버링 하지 말고 서술형으로 작성해 줘.'라는 프롬프트를 만들어 볼 수 있습니다.

- **액션**: 편집해 줘, 작성해 줘, 비평해 줘
- **역할**: 변호사의 입장에서, 의사의 입장에서, 과학자의 입장에서, 전문가의 입장에서
- **형식**: 서문, 본문, 에세이, 논문의 형식으로
- **소스**: 스타일 이문열 작가가 쓴 것처럼, 헤밍웨이의 글 스타일로
- **톤**: 공식적인, 캐주얼한, 정보 제공적인, 낙관적인, 과학적인, 친근한
- **타깃 독자**: 초보자 대상으로, 환자의 입장에서, 7살 아이의 수준에서, 대학생 수준에서, 석박사의 수준으로
- **번역체를 피하기 위해**: 한국인이 쓴 것처럼
- **반복하라**: 좋은 답이 나올 때까지 계속 쓰게 시킴, 다시 작성해 줘, 예시를 더 들어줘
- **맥락**(배경 설명, 목적, 환경적 요인): 고혈압이 있는 환자의, 운동할 공간이 없는 환자의
- **예시**: 이와 같은 해당 회사의 이력서 형태로

의료인을 위한
효율적 AI 글쓰기 구조

제가 이 책에서 주장하는, 의료인이 생성형 AI를 활용하여 마케팅 도서를 출간하는 대략적인 구조와 순서입니다. 기존의 책 쓰기의 일반적인 방법론과 차이가 있습니다. 각 순서에 대한 세부 내용은 뒤에서 다시 설명해 드리겠습니다.

1. 주제 정하기
   - 네이버에서 해당 주제어 검색량 분석
   - 동일 주제의 기존 책이 있는지 찾아보기, AI로 기존과 차별화 포인트 찾기
   - 최근 의료계의 테마와 화두 검색하기
2. 화자 캐릭터 정하기
3. 글쓰기 도구 설정
   - MS 워드
   - 기타
4. 자신의 이론을 정립하기
5. 에세이를 더하기 (20% 분량의 에세이)
   - 차트 보기
   - 환자 후기 보기 (네이버 영수증 후기 등)
6. 여기서 끝까지 써보기
   - 퇴고하기
7. AI를 활용하기
   - 챗지피티, 클로드, 뤼튼, 제미니, 코파일럿, 딥시크 등 3개 이상의 AI 사용
   - AI에 인격 입히기
   - AI의 관점을 참고해서 분량과 내용을 늘리기
8. 참고 자료를 찾기
   - 아마존 서점 활용
   - 번역 AI 활용
   - Note GPT -유튜브 요약
9. 퇴고하기
   - 네이버 맞춤법 검사기 등

- AI를 이용한 퇴고
10. 표절 검사하기
    - AI 표절 검수 유료 서비스 이용

상기의 책 쓰기 순서의 각 부분을 조금 더 구체적으로 설명하면 다음과 같습니다.

1) **네이버 검색량 분석**: 내가 쓰려는 책의 주제가 실제 객관적인 검색 통계를 볼 때 연간, 월간 검색이 얼마나 되고 있으며 검색량이 증가하는 키워드인지, 감소하는 키워드인지, 얼마나 많은 사람들이 궁금해하는 주제인지, 객관적으로 검증해 볼 필요가 있습니다. 네이버 키워드 광고관리자 모드와 네이버 트렌드 검색의 웹사이트를 통해 객관적으로 검증할 수 있습니다. 검색량이 전혀 없는 키워드라면 대중들의 관심을 받기가 쉽지 않은 책의 주제일 수 있습니다. 사전에 객관적으로 검증해 보시기 바랍니다.

2) **기존에 유사한 제목이나 주제의 책이 있는지 검색해 보기**: 유사한 제목과 거의 유사한 주제의 책이 있다면 후발 주자의 책은 반드시 차별화된 내용을 더 해서 써야 합니다. 100% 동일한 주제와 내용이라면 독자를 확보하기가 쉽지 않기 때문에 우선 교보문고, 알라딘, YES24와 같은 서점에서 책의 제목을 검색해서 체크합니다. 온라인에서 책의 목차까지는 확인할 수 있으므로 목차까지 사전 조사를 하는 작업을 진행하시기를 바랍니다.

3) **AI로 기존과 차별화 포인트 찾기**: 기존에 유사 주제의 도서가 있다면 기존과 어떻게 다른 접근을 할 것인지 전략 수립

4) **의료계의 테마 검색하기**: 향후 머지않은 시간에 사람들이 관심을

가질 것으로 예상되는 의료 및 건강과 관련된 주제의 길목에서 책을 쓰고 기다리는 방법입니다. 물이 흐르는 좁은 길목에서 그물을 치고 물고기를 잡는 것처럼 의료시장에도 항상 물길의 흐름이 있습니다. 의료현장에서는 제약사, 의료기기 제조사, 바이오 기업들과 보험, 글로벌 자본이 의료시장을 움직이고 테마를 만들고 리딩 합니다. 이미 해외에서 이슈가 되었고 식약처, 보건복지부의 승인으로 한국에서도 도입이 될 것이며 이슈가 예상되고 차세대 기술, 수술 방식, 시술 방식, 첨단 장비 등의 화제가 예상된다면 그 주제에 대한 것을 책을 미리 쓰는 것도 방법입니다. 최근에 테슬라의 CEO인 일론 머스크가 다이어트에 성공해서 화제가 된 위고비와 같은 다이어트 신약도 이러한 의료계의 테마입니다. 예를 들어 위고비에 대한 콘텐츠를 미리 쓰고 한국 출시일을 기다리는 방법입니다.

5) **화자 캐릭터 정하기**: 의료인의 책에서 기본적인 화자는 당연히 원장입니다. 그러나 좀 더 세부적으로 구분해 볼 수 있습니다. 친절하게 설명하는 원장, 기존의 의료 이론과 제도를 부정하는 원장, 환자의 입장이 되어 글을 쓰는 원장 등 여러 가지의 캐릭터가 있을 수 있습니다.

6) **글쓰기 도구 설정**: 글쓰기 도구는 여러 가지 전문 노구도 있지만, MS 워드가 가장 대중적인 도구입니다. MS 워드를 사용해 보시기 바랍니다.

7) **자신의 이론을 정립하기**: 원장님께서 주장하실 책의 핵심 논지를 1개의 문장으로 정리해보시기 바랍니다. 1줄의 문장으로 정리가 되어야 합니다.

8) **에세이를 작성하기**: 책 전체의 분량의 20%에 해당하는 에세이입

니다. 차트 보기, 환자 후기 보기 등을 통하여 아이디어를 얻어서 에세이 부문을 작성합니다. A4 기준 최소 20장을 쓰면 됩니다. 이 부분의 분량은 AI의 도움 없이 많이 쓸수록 좋습니다.

9) **여기서 끝까지 한번 써 보기:** 사실 20페이지 정도만 혼자 힘으로 써도 책을 출간할 수 있습니다. 그러나 AI의 도움을 최소한으로 받을수록 자연스러운 느낌과 내용의 책이 만들어지므로 AI의 도움 없이 글을 쓸 수 있는 데까지 최대한 써봅니다. 그리고 본인이 쓴 글을 1차 퇴고합니다. 이후에 AI를 활용합니다.

10) **AI를 활용하기:** 생성형 AI를 이용합니다. 예를 들면 챗지피티, 클로드, 뤼튼, 제미니, 코파일럿, 퍼블렉시티, 딥시크 등을 활용합니다. 되도록 유료 버전을 쓰고 여러 개의 AI를 함께 쓸 것을 권장해 드립니다. 먼저 AI에 질문하지 말고 내가 먼저 쓴 글을 AI에 입력 후에 출력된 AI의 관점을 참고해서 분량을 늘립니다. 예를 들어 아래와 같은 프롬프트 아래에 내가 쓴 글을 입력하면 AI가 적절하게 분량을 늘려줄 것입니다. '아랫글에 연속하여 글을 써줘. 책 2페이지 분량으로 넘버링 하지 말고 서술형으로 작성해 줘. 현재의 기조와 문체를 이어서 작성해 줘.' 프롬프트를 쓸 때 AI에 인격과 역할을 입히기를 지속해서 연습합니다. 이러한 연습은 우리가 핸드폰을 쓰는 것이 익숙한 것처럼 AI의 사용이 익숙할 때까지 연습합니다.

11) **참고 자료 찾기:** 아마존 서점에서 해외 의사들이 쓴 건강 도서를 온라인판으로 구매하여 참고 자료로 활용합니다. 이때 해외 자료는 딥엘 등의 전문 번역 AI를 활용합니다. Note GPT 등의 유튜브 스크립트 수집 APP을 이용하여 타 의료인의 영상을 텍스트로 변형하여 참고 자료로 사용합니다. 해외 유튜브와 서적의 자료는

국내에 비하여 절대적으로 많은 참고 자료가 있으며 번역 AI를 얼마나 잘 활용하는지에 따라 책의 수준은 상당히 달라집니다.

12) **퇴고하기**: 네이버 맞춤법 검사기, 취업사이트 사람인 맞춤법 검사기 등을 통하여 띄어쓰기와 맞춤법을 점검합니다. 이외에도 국립국어원 맞춤법 검사기 등 여러 버전의 맞춤법 검사기가 있습니다. 본인의 취향에 맞는 맞춤법 검사기를 활용합니다.

13) **표절 검사하기**: AI로 쓴 글 또는 웹상에서 가져온 글의 표절을 찾아내는 유료 서비스를 이용하여 표절을 검사합니다. 국내 서비스는 카피킬러 등이 있으며, 해외 서비스는 Originality.AI, 턴인잇, GPT제로, 디텍트GPT, 아이티센티게이트, 헬리오블레스트, 바이퍼, 카피스케이프 여러 서비스가 있습니다. 대부분 책 1권의 표절 검사를 진행하려면 유료로 진행해야 하며 표절 검사 비용은 10만 원 정도 소요되는 서비스가 많습니다. 표절 검사에 걸리는 시간은 2~3분을 넘지 않습니다. 실제 표절 검사는 유효하게 작동하는 경우가 많습니다. 제가 경험한 사례를 말씀드리면 제가 저의 블로그에 쓰인 문장과 동일한 문장과 일부 문단을 책에 사용하였는데 이것을 표절 검사기가 찾아내는 것을 경험하였습니다. 서비스를 잘 찾으면 실제 유용한 가치가 있습니다.

복수 전문가의 공저처럼
책 쓰는 비법

인지적 다양성(cognitive diversity)이란 특정 집단 내에서 구성원들이 서로 다른 사고방식, 문제 해결 접근법, 의사결정 스타일을 가지고 있는 것을 의미합니다. 이는 단순히 인구통계학적 다양성인 나이, 성별, 인종과는 구별되며 개인이 문제를 인식하고 해결하는 방식의 차이를 뜻합니다. 예를 들어 어떤 사람은 직관적으로 의사결정을 하지만 다른 사람은 데이터 기반의 분석적 접근을 선호할 수 있습니다. 이러한 인지적 다양성은 조직의 창의성과 혁신을 촉진하고 복잡한 문제 해결에 있어 다각적 접근을 가능하게 하여 더 나은 결과를 도출하는 데 기여해 왔습니다.

AI를 활용한 책 쓰기를 하면 공저가 아닌 혼자 쓰는 글이지만 이러한 인지적 다양성의 효과를 증대할 수 있습니다. 즉 내가 혼자 쓰는 책을 여러 분야의 전문가와 함께 쓰는 것 같은 장점을 발휘할 수 있습니다. 예를 들어 주식투자에 대한 책을 쓴다고 가정해 보겠습니다. 다양한 관점을 동시에 제공할 수 있습니다. 금융 전문가처럼 시장 분석, 심리학자처럼 투자 심리 설명, 역사학자처럼 과거 사례 분석, 데이터 분석가처럼 통계 해석을 할 수 있습니다. 이는 마치 여러 분야의 전문가들이 한자리에 모여 의견을 나누는 것과 비슷한 효과를 냅니다. 의사의 퍼스널 브랜딩을 위한 책 쓰기에 이러한 인지적 다양성이 필요한 이유는 공저하지 않고 단독 저자로 책을 쓸 것이기 때문입니다. 저는 병원 자체를 홍보할 이벤트성 출판이 아니라면 공저는 의료인 개인에게 퍼스널 브랜딩에 큰 도움이 되지 않을 것이라고 앞서 말씀드렸습니다. 온전히 나의 공적이 되며 내가 앞으로도 계속 끌고 가고 성장시킬 수 있는 브랜딩이 필요합니다.

혼자서는 생각하기 어려운 다양한 관점과 아이디어를 AI를 이용하면 얻을 수 있습니다. 이렇게 AI를 활용한 책 쓰기는 마치 여러 전문가와 협업하는 것 같은 효과를 주어 책의 질을 높이고 저자의 시야를 넓혀주는 새로운 글쓰기 방식입니다. 그러나 다양한 관점을 통합할 때 책의 전체적인 일관성을 유지하는 것이 중요합니다. AI를 활용한 책 쓰기는 인지적 다양성을 극대화하여 1인 저자가 보다 풍부하고 다각적인 내용의 책을 만들어낼 수 있게 해줍니다. 이는 단순히 정보의 양을 늘리는 것이 아니라 질적으로 우수하고 다양한 관점이 통합된 콘텐츠를 생산할 수 있는 혁신적인 방법입니다. 일관성 없는 중구난방의 글이 되지 않기 위하여 AI를 사용하여 콘텐츠를 확보한 이후 최종 검수와 논리적 검증을 철저하게 하시기를 바랍니다. 저자의 고유한 통찰력과 전문성, 그리고 윤리적 고려가 희석되지 않도록 주의해야 합니다. AI는 강력한 도구이지만 결국 책의 가치를 결정하는 것은 저자의 경험과 고유한 관점입니다. 전통적으로 책을 집필하는 과정은 저자의 개인적 경험과 전문 지식에 크게 의존합니다. 특정 분야에서 저명한 전문가라 할지라도 다른 분야의 관점과 전문성을 깊이 있게 반영하기란 쉽지 않습니다. 예를 들어 의학을 전문으로 하는 저자가 건강에 관한 책을 쓸 때 영양학, 심리학, 사회학 등 다양한 분야의 지식을 함께 통합하기 위해서는 기존에는 자료 조사 및 검증, 외부 전문가의 도움이나 공저 등의 방법으로 상당한 시간과 노력이 필요합니다. 그러나 AI는 이러한 작업을 빠르고 효율적으로 지원해 줍니다. 다양한 학문적 자료와 최신 연구 결과를 바탕으로 저자가 접근하기 어려운 관점과 아이디어를 제공할 수 있습니다.

물론 AI가 제공하는 인지적 다양성은 저자의 창의성과 결합하여야 비로소 빛을 발합니다. AI는 방대한 정보를 바탕으로 데이터를 분석하고 구조화할 수 있지만 그 데이터가 어떤 맥락에서 어떻게 사용되어야 할지는 여전히 인간 저자의 몫입니다. AI가 제시하는 다양한 관점과 자료를 선별하고 자신의 목소리와 메시지를 담아 이를 유기적으로 엮어내는 저자의 고유한 능력이 AI 인공지능 시대에 저자에게 요구되는 능력입니다.

AI로 2배의 효율과 속도로 책 쓰기

실제로 에세이 부문을 완료한 이후에 본격적으로 AI를 글쓰기에 활용하는 시점에 여러분이 직접 쓴 글에 AI를 어떻게 활용하면 될지 그 유형에 대하여 설명해 드리겠습니다. 실제로 저도 사용하는 방법이니 여러분의 상황에 맞는 방법을 찾아보시기를 바랍니다.

1. 다양한 관점 제시 - 현재 쓴 글에 AI의 다양한 관점을 더해서 내용과 분량을 추가하기

    이 방법은 제가 가장 즐겨 사용하는 책 쓰기에서의 AI 활용법입니다. 같은 주제에 대해 일차적으로 내가 쓴 글을 AI에 확보한 후 다양한 관점이나 해석을 AI에 요청하여 내용을 풍부하게 만드는 것입니다. 제가 사용하는 AI를 이용한 글쓰기 방법 중에는 이것이 가장 충실한 원고를 만들어 주는 것 같습니다.

    먼저 특정 주제에 대하여 저자가 작성할 수 있는 만큼 최대한의 분량을 쓰고 동일한 내용을 AI에 질문하여 저자가 작성한 초고에서 보지 못한 관점과 쓰지 못한 내용에 AI의 답변을 더 하여 원고를 완성하는 것입니다. 예를 들어 코로나 백신의 종류와 특성, 장단점에 대해 한 챕터를 써야 한다면, 우선 내가 실제 의료현장에서 겪은 코로나 백신에 대한 경험과 내가 평소에 생각하고 있는 예방의학에 대한 철학과 지식으로 먼저 쓸 수 있는 만큼 씁니다. 그 후 동일한 내용을 AI에 작성시켜 봅니다. 내가 쓴 글에는 3가지 백신에 대한 내용만 있었는데 AI가 작성한 코로나 백신에 대한 내용에는 6가지가 있다고 하면 3가지의 추가 내용을 더

할 수 있습니다.

대부분 처음부터 AI가 쓴 글을 보면 사람이 쓴 글이 아니라는 것을 금방 알 수 있는데 그 이유는 번역체의 어색함과 뚜렷한 주관이 없고 책임지지 않으려는 중립성, 그리고 나만의 고유한 세계관과 관점이 없기 때문입니다. 이 방식으로 글을 쓸 경우 그러한 AI를 이용한 글쓰기의 부작용이 없습니다. 책 쓰기의 시간이 최소 50% 단축됩니다. 분량이 2배 이상 늘어납니다. 이러한 방식의 장점은 처음부터 AI에 의존하여 글을 쓰는 것보다 문체와 내용이 훨씬 자연스럽고 고유한 관점과 시선이 살아있는 글이 될 수 있습니다.

최소 3개 이상의 생성형 AI의 유료 버전을 쓸 것을 권장해 드립니다. 예를 든다면 챗지피티와 클로드, 코파일럿 또는 챗지피티와 퍼블렉시티, 딥시크를 쓸 수 있을 것입니다. 참고로 저도 상기와 유사한 조합의 AI를 쓰고 있습니다. 여러 종류의 AI를 유료 버전으로 한꺼번에 브라우저에 띄워 두시고 각 AI의 관점을 나의 관점과 비교해 보시기 바랍니다. AI를 동시에 띄워 두시고 나의 관점과 AI의 관점을 비교해서 취사선택하시면 됩니다.

산술적으로 저자가 50페이지를 쓰고 AI가 50페이지를 더해 주어 100페이지를 작성할 수 있습니다. 이 정도만 되어도 가히 혁명적인 책 쓰기의 발전이라 볼 수 있는데 많은 경우 마케팅 책 쓰기에 실패하는 이유는 내가 쓴 글이 전혀 없이 AI에 처음부터 쓰게 시키고 그 결과물을 내가 보아도 어색하고 고유한 관점이 없고 내 관점과도 거리가 있는 글을 재편집하려고 하니 오히려 처음부터 혼자 쓰는 것보다 힘들기 때문에 AI는 나와 맞지 않다는 핑계를 대고 포기하게 되는 것입니다.

또한 우리가 새로운 것을 배우거나 이해할 때는 '도파민'이라는 뇌 물질이 분비됩니다. 특히 대화를 통해 새로운 통찰을 얻을 때 이 물질이 더 많이 나오는데 이는 우리의 학습 의욕과 창의력을 높여줍니다. 실제 여러분이 AI를 글쓰기에 매일 써보면 새롭게 알게 된 사실이나 여러 가지의 정보가 나에게 하나의 인사이트로 다가와서 영감으로 바뀔 때 극도로 집중되는 구간이 있습니다. AI와 질문을 주고받으면서 새로운 관점을 발견할 때마다 작가에게는 이러한 긍정적인 효과가 나타납니다. AI를 쓰지 않았다면 이런 구간을 이렇게 자주 마주할 수는 없을 것입니다. AI를 매일매일 글쓰기에 활용해 보시기 바랍니다. 글을 쓸 때 우리 뇌는 여러 부문이 동시에 활동합니다. 언어를 만들어내는 부문, 의미를 이해하는 부문, 생각을 정리하는 부문이 모두 함께 일합니다. AI와 대화하면서 글을 쓰면 이런 뇌의 여러 부분이 골고루 자극받게 됩니다. 이는 마치 운동할 때 여러 근육을 골고루 쓰는 것과 비슷합니다. AI와 대화를 나누면서 우리는 자연스럽게 피드백을 받을 수 있습니다. 우리가 쓴 내용에 대해 AI의 의견을 듣고 그것을 바탕으로 다시 생각을 발전시킬 수 있습니다. 이런 과정은 일방적으로 AI에 글을 써달라고 하거나 확장해달라고 하는 것보다 나도 함께 사고하고 노력하기에 훨씬 더 깊은 이해와 학습으로 이어집니다.

일방적으로 한 번에 책 쓰기를 완성해 주는 마법의 프롬프트가 존재한다고 생각하고 프롬프트 엔지니어링만으로 접근해서는 답이 없습니다. 의료인의 책을 완성하는 과정에서 무엇보다 중요한 것은 이런 AI의 활용 방식이 작가의 창의성을 키워준다는 점입니다. AI와 대화하면서 우리는 미처 생각하지 못했던 새로운 관점들을 발견하게 됩니다. 이렇게 얻은 다양한 관점들은 우리의 생각을 더욱 풍부하게 해주며 결과적으로 더 질 높은 글을 쓸 수 있게 해줍니다.

2. 내용 확장 방식 - 원고를 일부 작성하고 AI에 입력하여 내용을 확대하기

이 방식은 쉽게 설명하면 시골 장터에서 쌀로 뻥튀기를 만드는 기법이라고 할 수 있습니다. 예를 들어 효과적인 다이어트 방법에 대하여 직접 원고를 5줄을 쓴 후에 AI에 프롬프트 입력을 하여 해당 내용을 책 2페이지 분량으로 늘려 달라고 명령하는 것입니다. 실제로 내용은 늘어납니다. 하지만 반복되는 내용이 있는 만큼 농도는 조금 희석되었다는 느낌을 받으실 수 있습니다. 늘어난 분량에 대한 퇴고 작업을 한 번 더 거쳐야 합니다. 내가 쓴 글에 이어서 써 달라는 것이 아니라, 분량을 늘려달라고 명령하는 것입니다.

제가 계속 쓸 수 있는 만큼 최대한 쓰고 AI에 쓴 글을 입력해서 결과를 받아보라고 말씀드렸습니다. 5줄이 아니라 1페이지를 쓰고 내용을 확장해 달라고 하면 더 알찬 확장된 글을 출력해 줍니다. '아랫글의 분량을 늘려서 써줘. 책 2페이지 분량으로 넘버링하지 말고 서술형으로 작성해 줘.'와 같은 프롬프트를 써 보시기 바랍니다. 이 방식을 도입할 때 사용할 여러분만의 프롬프트를 생각해 보시기 바랍니다. 저보다 좋은 아이디가 있으실 것입니다. 상기의 프롬프트를 3개 이상의 AI에 입력해서 도출된 결과를 취합하시기를 바랍니다. 5줄 정도의 임팩트 있는 원고는 누구나 쓸 수 있습니다. 그러나 2페이지 분량으로 쓰는 것은 상대적으로

어렵습니다.

AI와 함께 글을 쓸 때 내가 약간이라도 아는 내용이면 먼저 5줄 정도의 짧은 글을 쓰고 이것을 AI에 확장해 요청하는 것이 좋습니다. 단어의 뜻부터 모르는 내용이라면 AI에 정의를 물어보아 이해한 다음에 AI와 질문을 주고받으며 다양한 관점을 얻은 후 내 머릿속에서 구조화된 내용으로 내가 5줄 정도를 써보고 다시 AI에 입력시켜서 글을 확장해 보시기 바랍니다. 우리 뇌는 한 번에 너무 많은 정보를 처리하지 못합니다. 보통 5~7개 정도의 정보만 동시에 다룰 수 있는데 이것을 '작업 기억'이라고 합니다. AI에 우리가 쓴 글을 단순히 확장해 달라고 하면 AI는 많은 양의 정보를 한꺼번에 내놓게 되고 우리 뇌는 이를 제대로 처리하기 어렵습니다. 반면 질문을 통해 하나씩 정보를 얻어 가면 우리 뇌가 새로운 정보를 더 잘 이해하고 기존 지식과 연결할 수 있습니다. 5줄로 시작된 원고가 질문을 계속할수록 늘어나게 됩니다.

3. 단계별 심화 방식 – AI에 처음부터 물어보면서 생각을 확장해서 쓰기

이 방법은 사전에 원고를 전혀 쓰지 않고 생각을 확장해 나가기에 유용합니다. 기초 개념부터 시작해 점진적으로 심화해 쓰는 방법입니다. 예를 들어 비만의 원인은 무엇인가? → 중년 여성의 비만 원인은 무엇인가? → 중년 여성의 비만으로 인한 합병증에는 무엇이 있는가? → 중년 여성을 위한 비만 예방법은 무엇인가? 등으로 확장해서 AI에 프롬프트를 입력하고 그 결과로 원고를 쓰는 것입니다. 하지만 제가 서술한 중년 여성의 다이어트처럼 실제로 단순하지는 않고 질문의 과정에서 많은 인사이트가 생

기게 됩니다. 단계별로 AI를 이용하여 내용의 난이도 조절합니다. 독자의 이해도를 고려한 단계적 구성이 필요합니다. 수많은 질문 속에서 어떻게 정리할지는 각자 방법을 찾는 것이 필요합니다. 이 방법을 통해서 생각지 못한 주제와 목차를 발견하는 경우가 많이 있습니다. 그래서 제가 최초에 제목을 잡고 이후에 목차를 잡고 이후에 내용을 쓰는 방식이 크게 의미가 없을 수 있다고 말씀드렸습니다.

 이 AI 활용 방식의 장점은 에세이 부문에도 적용이 가능하다는 것입니다. 이 방식은 정답이 정해진 방식이 아니기 때문입니다. 예를 들어 에세이 파트에서 '진료의 기쁨은 무엇인가?'라는 과학이 아닌 주관적이고 열린 질문을 해보시기를 바랍니다. 여러 AI를 펼쳐놓고 이런 인문학적이며 열린 질문을 AI에 할 때 받는 답변에서 상당히 유용한 인사이트를 얻을 수 있습니다. 소셜미디어에서 수많은 AI 전문가가 여러 AI 플랫폼의 연산 성능과 추론 성능에 관해 토론하고 있습니다. 그러나 글쓰기에는 수학적 연산과 논리적 추론 외에 열린 답변을 받아 작가의 창의력이 결합하여 새로운 글이 되는 것이 더 중요한 경우가 많습니다. AI를 이렇게 활용해 보시기 바랍니다.

4. **목차 확장 방식 – AI로 목차 및 책의 전반적인 구조 설정하기**
 책을 처음 구상하는 과정에서 AI에 도움을 요청하여 목차와 전반적인 내용의 구성을 잡는 방법입니다. 원하는 주제나 목표로 하는 독자층을 AI에 설명하면 AI가 챕터 별로 내용을 구분해 구조를 제안하여 줍니다. 하지만 이렇게 AI가 제시하는 구조를 100% 그대로 사용할 수는 없습니다. 한국적이지 않은 이상한 구조가 나오기도 하고 논리적으로 어색한 구조와 목차가 나오는 경우도 있기 때문입니다. AI에 책의 전체적인 구조와 개요를 생성하도록 요청한 후 인간 작가가 각 챕터나 섹션을 수정하여 완성해 나가는 방식입니다. 우선 AI에 큰 주제를 주고 상세 목차를 구성 요청합니다. 예를 들어 비만의 원인과 예방법이라는 책을 쓰려고 한다고 상세와 목차에 대한 구성을 요청하면 목차별로 키워드와 핵심 내용을 추출해 줍니다. 목차를 AI에 전달받으면 목차별로 구체적인 내용을 AI와 대화하며 발전시켜서 각 목차를 채워 나갑니다. 이 방식은 목차와 기본 원고가 가장 빨리 완성되는 방법이며 원고를 별도로 준비하지 않고 분량을 가장 빨리 확보하며 시작할 수 있는 방법이지만, 차별화된 원고가 나오기는 어려운 방식으로 기본원고에 나의 관점을 반영하려면 후보정이 상당히 많이 필요한 책 쓰기 방식입니다.

작가의 세계관과 관점 그리고 에세이가 필요 없는 안내 문서나 가이드북 제작에는 유용합니다. 30~50페이지 가이드북은 금방 만들어 냅니다. 예를 들어 가슴 확장 성형수술을 한 환자가 퇴원 후에 주의할 점을 가이드북으로 만든다고 할 때 이러한 철학이 없는 가이드 북은 AI가 바로 만들어 낼 수 있습니다. 국문뿐만 아니라 여러 국가의 환자를 위하여 여러 언어로 만든다고 할 때 이러한 작업은 AI가 가장 빠르고 효율적입니다. 이 방식은 제가 이 책에서 말하는 일단 내용부터 확보하고 책을 쓰라는 집필 방식과는 반대의 방향으로 진행하는 책 쓰기의 방식입니다. 책 쓰기에 대한 경험이 어느 정도 있다면 이 방식이 유리할 수 있습니다.

5. 리서치 보조 방식 – AI에 참고 자료나 트렌드 정보를 요약 요청 및 시각화하기

일단 본문에 들어갈 초고는 모두 작성되었고 내용을 늘리고 설득력을 높이기 위하여 객관적인 자료를 많이 삽입할 때 유리한 AI를 이용한 책 쓰기 방식입니다. AI에 주제와 관련된 최신 정보나 연구 자료를 요약하게 하여 참고할 자료를 확보하는 방법입니다. AI를 사용하여 특정 주제에 대한 배경 정보, 통계, 인용구 등을 수집하고 이를 바탕으로 내용을 작성합니다. 분량을 늘리기에는 상당히 유리한 이유는 특정 분야의 트렌드나 통계 데이터를 요약하여 배경 설명이나 주장을 확고하게 하는 데 활용할 수 있습니다. 텍스트 내용 작성 후 AI에 시각화된 자료를 제안 받을 수 있습니다. 시각화 자료를 직접 작성하지 않고 언론 자료나 기사의 텍스트 내용을 바로 시각화하여 도표, 그래프, 다이어그램 등으로 구성하게 프롬프트를 쓰면 됩니다. 예를 들어 한국의 항생제 사용 빈도나 제왕절개의 비율을 자료로 쓰고 싶다고 가정할 때 단순하게 수집된 자료를 AI에 넣고 그래프로 만들라고 명령할 수 있습니다. 시각 자료와 텍스트의 조화로운 구성으로 본문을 풍성하게 할 수 있습니다.

이때 효율을 높이기 위해서 주의할 점은 현재나 현재와 가까운 시점의 데이터를 잘 보여주는 AI가 있고 그렇지 못한 AI가 있기에 여러 AI를 동시에 써 보시기 바랍니다. 예를 들어 한국의 출생률 대비 제왕절개율의 데이터를 달라고 했을 때 각 AI 서비스별로 주는 데이터는 무척 다릅니다. 국민건강보험공단에는 정확한 데이터가 있을 것이지만 데이터를 갱신하는 시점이 AI마다 각각 다르기에 통계적 요구에 풍성한 데이터를 주는 AI와 그렇지 못

한 AI 간의 격차는 무척 클 것입니다. 한 가지 더 여러분이 사용하시는 AI에 테스트해 보시기 바랍니다. 시점 데이터를 테스트해 보기 위해서 부산 해운대를 운전하여 가족여행을 가려는데 내 차가 SUV라서 기계식 주차장은 안되니 기계식이 아닌 지하 주차장이 있는 호텔을 골라달라고 해보시기를 바랍니다. 장소는 해운대가 아니라 어디라도 상관없습니다. AI 별로 아주 큰 차이가 있는 답을 줍니다. 어떤 AI는 실제 현시점의 해운대에 있는 호텔들의 지하 주차장 정보를 주고 어떤 AI는 아고다, 호텔스닷컴, 야놀자, 여기어때 등의 숙소 예약 앱에서 찾아보라고 정보를 찾을 수 있는 앱을 추천해 줍니다. 이런 정보를 가공할 때 적합한 AI가 어떤 AI 인지는 시기에 따라 다르며 AI 서비스 업체가 언제 신규 버전의 AI를 출시하는지에 따라 다른 결과가 나오므로 항상 AI를 사용하며 감을 익히시기를 바랍니다.

6. **편집 및 교정 요청 의뢰 방식 - AI로 초고 내용 검토 및 피드백 받기**

    제가 이 책에서 주장하는 방식은 책 쓰기의 20~30%의 시간은 초고를 완성하고 60~70%는 AI를 이용한 내용 보강, 10% 정도의 시간은 퇴고 및 원고 보강에 쓰자는 것입니다. 특히 출판사와 계약하지 못하여 독립출판으로 가는 경우 별도의 편집자와 일을 할 수 없는데 원고의 완성도를 높여야 할 경우에 AI가 편집자의 역할까지 해 줄 수 있습니다. 퇴고 및 원고 보강의 영역에 AI를 사용할 수 있습니다. 전체 원고에 대한 초고를 완료한 이후 AI를 사용하여 문법, 스타일, 일관성 등을 검토하고 개선 제안을 받습니다. 순수문학이 아니라 마케팅 도서라 가능한 부분인데 AI에 초고를 검토하게 프롬프트를 주고 논리적 일관성이나 추가할 내용에 대한 피드백을 요청하는 방법입니다. AI에서 목차별로 잘라서 피드백을 받을 수도 있고 PDF를 AI에 입력하고 전체를 피드백 받는 방법도 있습니다. AI는 책의 주제에 따라 추가해야 할 목차와 내용을 저자에게 제안할 수 있어서 원고의 질을 높이는 데 유용합니다.

우선 초고를 완성한 후에 초고를 워드 또는 pdf 파일 통째로 AI에 업로드하고 개선을 요청해 보거나 큰 목차의 분량을 AI에 입력하고 개선을 요청해 보시기 바랍니다. 대부분의 AI에서 이 기능은 유료이거나 일정 분량 이상의 내용은 토큰값의 한계로 한 번에 수정하지 못할 수 있습니다. 한 번에 전체를 수정하는 방식은 한 번에 큰 줄기의 수정을 할 수 있습니다. 그런데 편집과 퇴고에서 AI를 사용할 때 중요한 점은 AI를 이용한 번역도 마찬가지이지만 글쓰기의 퇴고 작업에서도 AI에 한 번에 많은 작업을 시키면 실수가 훨씬 많습니다. 예를 들어 책을 1권을 통째로 검수시키는 것과 1페이지씩 잘라서 검수를 시킬 때 잘라서 검수시키는 것이 훨씬 좋은 결과를 보여줍니다. 분량이 많아지면 AI가 실수할 확률이 높습니다. 실제로 지금 제가 쓰고 있는 이 책의 초안도 챗지피티 캔버스 기능에서 파일 전체업로드 하여 수정을 요정하는 것이 되는데, 그렇게 하는 것과 내용을 잘라서 원고를 붙여 넣은 방식으로 보정해보면 후자가 더 성과가 우월합니다.

이러한 관점에서 제가 앞으로 글쓰기에 있어서 기여 가능성이 높은 AI가 MS의 코파일럿이라고 생각합니다. 작가들은 글쓰기의 도구로 MS 워드를 사용할 가능성이 크고 아마도 MS 워드를 쓴다면 오피스365를 쓸 것인데 오피스 365에 코파일럿이 기본 탑재되어 있습니다. 현재도 MS 워드로 글을 쓰다 보면 작은 코파일럿 로고가 나타나는데 해당 로고를 클릭하면 문장 단위의 수정도 가능합니다. 작가가 쓴 문장을 이렇게 고치는 것이 좋겠다고 몇 가지의 수정안도 추천해 줍니다. 현재까지는 글을 쓰는 도구와 AI가 분리되어 있는데 이것이 점차 결합할 가능성이 크고 그렇다면 작가에게는 워드프로세서 프로그램에서 AI를 쓸 수 있는 것이 퇴고에 가장 유리할 것입니다. 현재도 코파일럿은 문장 단위의 편집과 퇴고에 아주 유용한 편입니다.

7. **사례 수집 방식 – AI로 예시, 사례, 비유 추가하기**

먼저 나의 실제 사례나 경험을 원고로 정리하고 AI에 이와 유사 사례나 보완 사례를 제시하게 하고 이를 분석하고 시사점 도출을 하게 시킵니다. 임상 사례, 치료 사례 등의 내용을 보강하는 데 쓰일 수 있습니다. 독자의 이해를 돕기 위해 AI에 주제와 관련된 예시, 사례, 비유 등을 제안하도록 하여 원고에 추가하는 방법입니다. 특히 어려운 개념을 쉽게 풀어 설명하는 데에도 도움이 됩니다. 유사 사례나 보완 사례를 AI로부터 제안 받아 내용을 풍성하게 할 수 있습니다. 예를 들어 특정 내용의 원고를 작성하고 이같은 경우에 적절한 사자성어를 무엇을 넣어서 비유할지 물어보면 AI가 쉽게 답변을 해줍니다. 역사적으로 이와 유사한 사례를 주는 교훈이 무엇이 있었는지 물어볼 수도 있고 기업의 사례에서 이와 유사한 사례가 무엇이 있었는지 질의하여 사례와 비유를 추가할 수 있습니다. 작가가 주제와 흐름만 잘 구성한다면 어휘력과 문장력, 표현력은 그렇게 중요하지 않은 시대가 AI를 통해 이미 다가왔습니다.

8. FAQ를 생성하고 활용 – 실제 경험보다 많은 FAQ를, AI를 이용하여 생성

    실제 필드에서 겪은 환자들의 FAQ를 먼저 정리합니다. 그리고 AI에 이러한 진료에서 예상되는 독자들의 잦은 질문 리스트를 작성하게 하고 이에 대한 AI와 질문별 상세 답변을 받아보고 나의 답변을 더 합니다. 이렇게 하면 질문과 답변을 체계적으로 구조화하여 책의 내용으로 구성할 수 있습니다. 실제 내가 해당 진료를 오래 해 왔지만 내가 만들 수 있는 FAQ가 많지 않을 때 몇 개의 FAQ만 있으면 나머지 FAQ는 AI에 맡겨서 확장할 수 있으며 충분히 가능성 있는 FAQ의 작성이 가능하므로 저자인 원장은 AI가 만들어 낸 FAQ가 비현실적이지는 않은지 점검만 해보면 됩니다.

9. 100문 100답 방식 – FAQ를 확장하여 100문 100답으로 활용하는 방식

    100문 100답의 경우 분량과 내용을 아주 빠르게 늘릴 수 있습니다. 예를 들어 면역력에 대하여 대중들이 가장 궁금해할 질문 300개를 AI에 뽑아달라고 지시합니다. 300개의 질문 중에 한국적이고 현실적이며 이상하지 않은 질문만을 골라서 100개로 정리합니다. 다시 AI에 정리된 100개에 대한 질문의 답을 1개의 질문당 1페이지로 정리해 달라고 지시합니다. 100개를 한 번에 시키지 말고 잘라서 일을 시키면 AI가 좀 더 자연스러운 결과를 만들어 냅니다. 이 작업의 결과로 100페이지 분량의 콘텐츠가 생성되며 100페이지 분량의 콘텐츠라는 의미는 책 1권의 분량이 확보되는 것입니다. 프롬프트를 사용할 때 AI가 내용을 너무 요약

하거나 넘버링 하지 않도록 하고 반드시 서술형으로 쓰도록 지시해야 합니다. 넘버링 하여 요약하면 보고서 형태의 결과물이 나올 가능성이 높으므로 의료인의 건강과 관련된 책의 형식과 어울리는 서술 방식을 쓰도록 지시하는 것이 중요합니다.

10. 비교 분석 방식 – 기존 출간된 도서를 분석하여 다른 내용으로 책을 출간

    AI에 먼저 내가 출간할 도서의 제목과 유사한 주제의 기존 도서를 분석하고 내용을 요약하게 시킵니다. 그리고 AI에 기존의 도서들과 다르게 진행할 차별화 포인트를 도출 요청합니다. 책을 쓰기 시작할 때 독창적 관점과 내용 개발을 하고 시작할 수 있어 도움이 됩니다. 교보문고, 알라딘, YES24, 아마존 등의 온라인 서점에서 내가 쓸 책과 유사한 주제 책의 제목과 목차, 요약을 먼저 모으고 이를 AI에 알려주고 내가 출간할 책은 이와는 다르게 차별화 하여 어떤 방향으로 책을 쓰는 것이 좋을지 AI에 비교 분석을 시킨 후 책을 쓰는 것으로 차별화에 좋은 AI 활용 방법입니다.

11. 해외 의료인의 콘텐츠 참고- 아마존과 AI 번역기를 이용하기

    미국 아마존 서점에서 해외 작가들이 쓴 책을 AI 번역기로 번역하여 인사이트를 얻어서 책 쓰기에 활용하는 방식입니다. 본 도서에서 별도의 목차로 다루니 읽어 보시기 바랍니다.

12. 유튜브 콘텐츠 활용 방식

    국내외의 유명한 의료 채널의 유튜브 콘텐츠 중에 책의 소재로 쓸 영상들이 무척 많으며 Note GPT와 같은 APP으로 유튜브의

대사 전체를 추출할 수 있습니다. AI로 스크립트와 100% 동일한 원고는 나오기 힘들지만 어떻게 활용할지에 따라서 상당히 중요한 자료로 활용할 수 있습니다. 해외 유튜브의 경우 영어로 스크립트를 추출하고 그것을 번역 AI로 번역하여 내용을 확인하면 상당히 수준 높은 책 쓰기에 도움이 되는 콘텐츠를 확보하는 것이 가능합니다. 번역된 콘텐츠를 다시 AI를 이용하여 2차 가공하여 활용할 수 있습니다. 이 부분의 저작권이나 윤리적인 문제는 그대로 사용하거나 소스데이터로 사용하는 것은 문제가 있기에 여러분께서 잘 참고하셔서 판단하셔야 합니다.

13. **AI를 통하여 기존에 쓴 글에 이어서 쓰기 방식**

    생성형 AI를 활용한 글쓰기에서 사용자가 먼저 일정 분량의 글을 직접 작성한 후 AI에 '이어서 계속 작성해 줘.'라는 요청을 하는 전략은 책 쓰는 시간을 단축하는 매우 효과적인 방법입니다. 앞서 말씀드린 5줄만 써보고 확장하는 방식이 아니라 내가 쓴 글에 이어서 쓰라고 명령하는 것입니다. 사용자가 먼저 작성한 이후에 이어지는 글을 쓸 AI에 명확한 맥락을 제공합니다. AI가 사용자의 초기 작성 내용을 통해 글의 맥락, 톤, 스타일을 더 정확하게 파악할 수 있습니다. AI의 글을 어색하다고 느끼는 것과 사람이 쓴 글이 아닌 것 같다는 느낌은 이러한 AI의 사용에 있어서 초반 리딩을 해주는 원고가 없는 경우에 발생하는 경우가 많습니다. AI는 패턴 인식에 뛰어난 특성을 가지고 있어 사용자가 제시한 글의 패턴을 분석하고 그것을 기반으로 유사하고 일관된 스타일의 텍스트를 생성할 수 있습니다.

    이 과정은 인공지능의 핵심 기술인 '언어 모델'의 작동 방식과 연결되어 있습니다. 언어 모델은 대규모 데이터에서 학습한 패턴을 사용하여 가장 적합한 다음 단어를 예측하는 방식으로 작동하기 때문에 초반에 제공되는 정보가 구체적이고 명확할수록 AI의 출력 결과도 더 정교하고 원래 사용자가 쓰려고 했던 글과 연관성이 높아집니다. 이 접근법은 글의 일관성을 유지하고 출력의 품질을 향상하는 면에서 중요한 역할을 합니다. 예를 들어 사용자가 학술적인 톤으로 시작했다면 AI는 그에 맞춰 적절한 학술 용어와 문장 구조를 활용할 수 있으며 반대로 캐주얼한 스타일로 시작했다면 그에 맞는 친근한 어조를 유지할 수 있습니다.

또한 본 전략의 효과는 인지적 부하를 줄여주는 관점에서 장점이 있습니다. 예를 들어 여러분이 처음 방문한 레스토랑에서 메뉴판을 펼쳤는데 해당 식당에 대한 아무런 배경지식이 없는데 메뉴판이 아주 복잡하다면 혼란이 있을 것입니다. 머리가 복잡해지고 결정하기 힘들었던 경험이 있으셨을 것입니다. 그런 상황에서 종업원에게 추천 메뉴를 물어보거나 간단하게 설명해 달라고 하면 '스테이크', '파스타', '샐러드'처럼 몇 가지로만 취합해서 방향성을 추천해 주어서 선택하기가 훨씬 수월할 것입니다. 글쓰기 과정에서 어려운 부분 중 하나는 시작점을 찾는 것입니다. 사용자가 직접 첫 몇 줄을 작성함으로써 글의 방향성을 설정하고 이는 전체적인 글의 구조와 흐름을 결정하는 데 중요한 역할을 합니다. 그리고 생각을 구조화하는 작업에서 작가의 피로도가 높아지는데 이것을 AI에 일임하는 것이기 때문에 글쓰기의 진도가 수월하게 나갑니다. 즉 AI가 주는 결과물로 사용자는 자기 아이디어를 구체화하고 명확히 할 기회를 갖게 됩니다. 인간의 뇌는 동시에 여러 가지를 처리하는 데 한계가 있으며 특히 창작과 같은 복잡한 작업에서는 쉽게 피로를 느낄 수 있기 때문입니다.

　이 전략은 또한 작가가 책을 관통하는 주제에 대한 통제력과 주도권을 유지하는 데도 도움이 됩니다. 글의 시작 부분을 직접 작성함으로써 사용자는 내용의 방향성과 핵심 메시지를 결정할 수 있으며 AI는 이를 보조하는 역할을 하게 됩니다. 이는 AI가 완전히 새로운 방향으로 글을 전개할 가능성을 줄이고 작가의 의도에 더 부합하는 결과물을 얻을 수 있게 합니다. 글이 어색해 보이는 이유는 주도권을 AI가 가지고 있기 때문일 확률이 높습니다.

　또한 이 방법은 표절의 위험을 크게 줄입니다. AI가 완전히 새로운 내용을 생성하는 대신 작가가 제공한 초기 내용을 기반으로 글을 확장하기 때문에 AI에 모든 것을 맡긴 것에 비하여 저자의 생각이 들어간 원본성이 높아집니다.

AI 글쓰기지만
나만의 문체가 필요하다

건강과 관련된 서적들이 서점의 매대에 수없이 쌓여 있지만 베스트셀러는 손에 꼽을 정도입니다. 베스트셀러가 아니라도 선택받는 책과 그렇지 않은 책의 차이를 만드는 핵심 요소 중 하나가 바로 '저자만의 고유한 문체'입니다. 의학적 사실과 정보는 대부분의 의학 서적이 유사한 경우가 많습니다. 하지만 그것을 어떤 목소리로 어떤 톤으로 어떤 방식으로 전달하느냐는 작가의 문체에 따라 천차만별이며 이것이 바로 책의 성패를 가르는 결정적 요소 중의 하나가 됩니다.

　나만의 문체는 독자와의 감정적 교감을 가능하게 합니다. 단순히 의학 정보를 전달하는 것이 아니라 저자의 개성과 인간미를 통해 독자들의 마음에 더 깊이 다가갈 수 있습니다. 예를 들어 동일한 당뇨병 관리법을 설명하더라도 어떤 저자는 따뜻한 조언자처럼 어떤 저자는 친근한 이웃집 의사처럼 또 어떤 저자는 카리스마 있는 전문가처럼 이야기할 수 있습니다.

고유한 문체는 저자의 브랜드가 됩니다. 건강과 의학에 관련된 서적이라 하더라도 독자들은 저자의 글쓰기 스타일에 매료되어 그의 다른 책들도 찾아 읽게 됩니다. 이는 마치 좋아하는 의사의 진료를 계속 받고 싶어 하는 것과 같은 이치입니다. 독자들은 자신들의 건강 고민을 이해하고 공감해 주는 저자의 목소리에 신뢰를 보내게 됩니다. 즉 의학과 건강에 대한 지식을 전달하는 방식에도 저자만의 색깔이 필요합니다. 같은 의학 정보라도 어떤 비유를 사용하는지 어떤 사례를 들고 어떤 방식으로 설명하는지에 따라 독자의 이해도와 몰입도가 크게 달라집니다. 이는 단순히 글쓰기 기술의 문제가 아니라 저자가 의학을 바라보는 관점과 철학이 반영된 결과입니다.

고유한 문체는 저자의 전문성을 더욱 돋보이게 합니다. 딱딱한 의학 용어와 설명을 자신만의 언어로 재해석하고 전달할 수 있다는 것은 그만큼 해당 분야에 대한 깊은 이해와 풍부한 경험이 있다는 증거가 됩니다. 이는 단순히 의학 교과서에 나오는 이야기를 나열하는 것과는 완전히 다른 차원의 전문성을 보여주는 것입니다.

또한 고유한 문체는 독자와 지속적인 관계 형성에 도움이 됩니다. 저자의 특별한 어투나 표현 방식에 익숙해진 독자들은 저자의 다음 책이나 콘텐츠도 자연스럽게 찾게 됩니다. 이는 좋아하는 작가의 신간을 기다리는 독자 충성도를 만들어냅니다. 특히 의료 분야에서는 전문성과 더불어 친근함의 균형이 중요한데 이는 고유한 문체를 통해 가장 잘 구현될 수 있습니다. 너무 전문적이면 독자들이 어려워하고 너무 가볍게 쓰면 신뢰도가 떨어질 수 있습니다. 자신만의 문체는 이 두 가지를 적절히 조화시키는 도구가 됩니다.

질문이 곧 원고가 되는
AI 글쓰기

제가 의료인의 출판에서 에세이 부문을 제외하고 건강 정보 부문의 글쓰기에서 가장 효과적이라고 보는 글쓰기의 방법은 나의 관점에서 5줄 이상의 원고를 내가 보는 관점에서 핵심 키 메시지만 먼저 작성하고 AI에 동일 주제를 질문하고 나와는 다른 관점을 얻는 방식입니다. 이러한 방법이 상당히 효과적인 이유는 이미 나의 관점을 내가 아는 내용만큼 짧게나마 핵심 내용을 정리해 보았으니 내가 쓸 방향성은 정해졌고 나머지 내가 생각하지 못한 관점을 AI를 이용하여 얻어내면 바둑이나 장기에서 새로운 길이 보이듯이 새로운 관점이 눈에 보이기 때문에 이 방식의 AI 글쓰기는 작가의 능동적 학습을 촉진합니다. 글을 쓰는 동시에 학습이 이루어져서 글의 분량이 늘어나며 글의 수준이 올라가게 됩니다.

100% AI만을 이용해서 쓴 글은 분명히 몰입되지 않으며 사람이 쓰지 않은 글로 인식되지만 내가 먼저 쓰고 AI에 도움을 받는 방식은 다릅니다. 여러분께서 생성형 AI를 이용하여 글을 쓰거나 모르는 개념을 알아보기 위하여 AI를 사용해 보면 질문에 질문이 꼬리를 물며 이어지며 그 질문의 과정에서 내 개념이 정립되는 순간을 맞이하게 되는 경우가 자주 있으셨을 것입니다. 이는 구성주의 학습 이론(constructivist learning theory)과 일맥상통합니다. 구성주의 학습이론에 의하면 피학습

자가 새로운 정보를 기존 지식과 적극적으로 연결하고 통합할 때 가장 효과적인 학습이 이루어지게 됩니다. 책을 쓰는 과정을 구성주의 학습이론에 기반하여 적용해 보면 작가가 AI에 질문하는 과정에서 자신의 지식과 관련 학계와 업계의 수준이나 격차가 다름을 인식하게 됩니다. 새로운 관점을 탐색하게 되며 이를 현재 자신이 가진 지식수준이나 아이디어와 통합하는 과정은 깊이 있는 이해와 지식 융합과 확장으로 이어집니다.

반면 단순히 AI에 본인의 관점과 지식을 정리 없이 질문만 하거나 이미 쓴 원고의 내용을 늘려달라는 요청만을 하는 것은 상대적으로 수동적인 과정으로 작가에게 학습 기회가 제한되어 AI의 사용 시에 더 좋은 원고가 나올 수가 없습니다. 어색하며 인간이 쓰지 않은 글처럼 느껴집니다. 반면 작가가 먼저 자신의 관점을 일부 원고를 쓰고 정리한 후에 AI에 질문하고 다른 관점을 얻은 후 이를 편집하는 방식은 전체 맥락을 고려한 일관성 있는 내용 생성이 가능합니다. AI를 사용 시에는 항상 이 맥락이라는 개념이 중요합니다. 작가는 AI가 제시한 새로운 관점이나 정보를 작가가 기획한 책의 전체 맥락에 맞게 조정하고 통합할 수 있습니다. 맥락은 더 응집력 있고 일관된 내용을 만들어내는 데 도움이 됩니다.

구성주의 학습이론은 학습자가 새로운 지식을 기존의 경험, 지식과 연결하여 능동적으로 의미를 구성해 나가는 과정으로 이해하는 학습이론입니다. 이 접근법은 학습자가 단순히 지식을 전달받는 수동적인 존재가 아니라 자기 경험을 바탕으로 새로운 정보를 스스로 해석하고 이해하는 주체적인 존재로 간주합니다. 예를 들어 어린아이가 퍼즐 맞추기를 하는 과정을 구성주의 학습이론으로 접근해 보겠습니다. 어린아이가 퍼즐을 맞추는 상황을 떠올려 보겠습니다. 처음에는 아이가 어디에 어떤 조각을 맞춰야 할지 몰라 헤맬 수 있습니다. 아이는 조각 하나를 잡고 여러 위치에 대보며 스스로 시도합니다. 이 과정에서 무엇이 맞고 틀린 것인지를 배우게 됩니다. 시간이 지나면 그림의 패턴을 이해하고 어떤 조각이 어디에 들어갈지 점점 더 잘 알게 됩니다. 아이는 완성된 퍼즐을 통해 새로운 그림을 스스로 구성하며 이 과정에서 얻은 경험은 다음 퍼즐을 맞출 때 더 빠르게 적용할 수 있습니다. 이 과정에서 아이는 답을 누군가에게 직접 듣지 않았습니다. 대신 스스로 시도하고 그림의 힌트를 보고 기존의 경험을 활용해 퍼즐을 완성했습니다. 이것이 구성주의 학습의 과정입니다. 구성주의 학습이론은 학습자가 스스로 탐구하고 경험을 통해 지식을 구성하는 것을 중요시합니다.

AI는 바로 이러한 과정을 지원할 수 있는 강력한 도구입니다. 왜냐하면 AI는 학습자의 수준, 필요, 그리고 속도에 맞게 개인화된 학습 환경을 제공할 수 있기 때문입니다. AI를 책 쓰기에 활용하면 저자가 질문하고 다른 질문을 다시 시도하고 AI에서 피드백을 받아 스스로 원고를 구성하는 과정을 적극적으로 적용할 수 있습니다. 검색엔진을 이용하여 책을 쓸 때와 AI를 이용하여 책을 쓸 때 구성주의 학습 이론이 AI가 어떻게 더 유리한지 비교해 보면, 검색엔진은 정보를 제공할 때 질문자의 배경지식이나 현재 상태를 고려하지 않습니다. 반면 AI는 질문자의 수준과 관심사에 맞춘 정보를 제공하여 맥락적 학습을 지원합니다. 저는 이 맥락이라는 것의 적용 여부가 검색엔진과 AI가 다르기 때문에 AI를 사용 시에 저자가 질문을 하고 학습하며 원고를 확장할 수 있다고 생각합니다.

검색엔진에서 '체중 감량 방법'을 검색하면 다양한 다이어트 방법과 운동법이 나열됩니다. 작가는 자신에게 맞는 정보를 선택하기 어렵습니다. 반면 AI에 동일한 질문을 하면 AI는 '당신의 체중 감량 목표는 무엇인가요? 식단 개선을 선호하나요, 아니면 운동을 더 강화하고 싶나요?'라고 질문합니다. 이를 바탕으로 저자가 식단 개선만 생각했다면 운동 쪽으로 원고는 AI를 통해 더 확보할 수 있습니다. 반면 검색엔진은 질문을 하면 나와 관련 없는 수많은 정보가 나옵니다. 하지만 검색엔진의 검색 결과는 맥락 없이 단순히 나열된 정보일 뿐입니다. 어떤 정보를 선택해야 할지, 이 정보가 나에게 맞는지는 저자가 스스로 판단해야 하며 이 과정이 비효율적입니다. 검색엔진은 백과사전과 같습니다. 필요한 정보를 찾아볼 수 있지만 그 정보를 자신의 상황에 적용하려면 많은 고민과 추가 작업이 필요합니다. 반면 AI는 멘토와 같습니다. 학습자의 상황과 질문을 이해하고 필요한 자료를 제공하며 그 정보를 어떻게 활용할지 구체적으로 안내합니다. 그래서 책을 쓸 때 검색이 아닌 AI에서 다른 관점을 구하는 것이 더 효율적입니다.

AI 책 쓰기의 효율적 원고 저장법

책을 쓰는 기간 동안 원고를 저장하는 방법은 저자마다 다를 수 있지만 저 역시 책을 쓰는 사람이라 저의 경험으로 말씀드려 보겠습니다. 집필 기간을 단축하기 위해서는 책을 어떤 장소에서나 옮겨가며 쓸 수 있어야 하며 원본을 유실하여 그간 작업한 작업물을 유실하지 않는 것이 가장 중요합니다. 이에 가장 적합한 서비스로 떠오르는 것은 클라우드 서비스인데 저는 클라우드를 선택하는 것만으로는 모자란다고 생각합니다. 특히 원고 원본 유실은 절대 있어서는 안 되는 중요한 문제로 이에 대한 대비가 항상 있어야 합니다.

저는 매일 일정 시간 책을 쓸 때 MS 워드로 작업한 후에 한 번 작성이 끝나면 저의 작업 파일을 제 PC나 노트북에 저장하고 오피스 365의 클라우드로 기본 저장하고 그것을 다시 구글 드라이브에 백업하고 다시 그 파일을 저에게 메일을 보내고 저의 카카오톡에도 보내 둡니다. 그리고 작업 본에 날짜를 붙입니다. 예를 들어 '의사의_글쓰기_20240917.docx'는 2024년 9월 17일까지 쓴 누적 원고 파일입니다. 저는 노트북으로 어디에서나 글을 쓰기 위해서 매번 이렇게 버전 관리를 합니다. 예를 들어 아침저녁으로 2번 글을 쓴 날은 '의사의_글쓰기_20240917_V2.docx'로 버전 관리를 합니다. 그리고 오피스 365를 사용하며 MS 워드에 자동 저장 기능을 켜 둡니다. 자동 저장 기능은 혹시 모를 오피스 프로그램의 오류를 대비하기 위해서입니다. 그리고 오피스 365는 덮어쓰기를 해도 작업 이력 저장 기능이 있기에 복구도 가능합니다. 이렇게 저장한 후에 클라우드에서 다시 검색으로 파일을 찾아서 글을 쓰는 경우는 잘 없고 매일매일 조금씩 책을 쓰다 보니 제가 저에게 메일을 보내고 주로 저의 메일박스에서 다운로드해서 집의 PC에서 쓰다가 쓴 만큼 클라우드로 백업하고 다시 메일로 보내고 회사의 PC에서 쓰다가 이동 시에는 노트북에서 쓰고 퇴근하여 집에서 쓰면 집의 PC에서 씁니다. 그리고 내가 나에게 책을 쓴 분량만큼, 이메일을 보낼 때 제목을 항상 '책 쓰기'라고 보냅니다. 그러면 매일 수신하는 이메일이 많더라도 내가 나에게 보낸 원고는 쉽게 찾을 수 있습니다. 이렇게 책을 쓰면 장소의 제약도 극복할 수 있으며 자투리 시간을 책 쓰기에 할애하는 것이 가능합니다.

제가 출판을 코칭해 드렸던 원장님은 몇 주간 작업했던 파일을, 리뷰를 위하여 저에게 카카오톡으로 보내오셨는데 파일이 열리지 않아서 제가 메신저로 파일을 보내는 과정에 오류가 난 줄 알고 말씀드렸더니 본인도 파일의 오류로 열리지 않는다고 하셨습니다. 몇 주간 작업했던 파일이 오류가 생겨서 유실되었던 것입니다. 해당 원장님은 소위 말하는 '현타'가 오셔서 그 후 수개월간 책 쓰기 작업을 멈추었다가 다시 책을 쓸 수 있으셨습니다. 책 쓰기는 길게는 1~2년간 원고 작업을 하는 경우도 흔하기 때문에 항상 작성한 분량의 버전 관리를 잘하는 것이 정말 중요합니다. 원고를 분실하거나 손상되어 복구가 불가능해지면 그동안의 노력에 대한 상실감이 상당한 충격으로 와서 글쓰기의 의욕이 새롭게 나오기까지 상당한 시간이 걸리거나 집필을 포기할 수도 있습니다. 저는 이렇게 일자별로 원고 파일의 버전 관리를 하고 클라우드에 올려서 보관하고 필요할 때 클라우드로 검색합니다. 2개 이상의 클라우드 서비스와 이메일, 카톡에 원고가 분산 저장이 되어 있으므로 노트북이나 PC에서 파일을 분실하여도 아무런 염려가 없습니다. 출판사에서는 인쇄소에 보내는 최종 버전 편집디자인 파일의 원본은 대부분 저자에게도 공유하지 않습니다. 따라서 도서 편집디자인에 들어가기 전의 최종 버전의 워드 파일은 저자가 직접 잘 보관하는 것 필요합니다. 상기와 같이 관리하면 집에서 일하든 직장에서 일하든 카페에서 일하든 저장한 파일을 열어서 바로 책을 쓸 수 있습니다.

앞으로 책을 쓰시게 되면 여러분만의 원고 저장 방법이 반드시 필요합니다. 제가 강하게 권장해 드리는 것은 백업을 위하여 원고는 클라우드 서비스를 사용하라는 것입니다. MS 워드를 사용하는 경우 MS의 클라우드를 이용하는 것이 편리합니다. 저의 경우는 원고 외에 일상적으로 구글 클라우드를 사용하기에 MS 오피스 365에서 기본적으로 지원하는 클라우드 외에 구글 클라우드까지 이용하여 원고의 이중 백업을 사용합니다. 클라우드를 이용하여 항상 책을 새롭게 쓴 분량만큼 백업하시고 편집이나 퇴고의 단계에서도 매번 백업하시기를 바랍니다.

내 글의 분량을 2배로 늘려주는
AI 프롬프트

AI를 이용해 글의 분량을 늘릴 때는 단순히 같은 내용을 반복하거나 불필요한 수식어를 덧붙이는 것이 아닌 나의 관점에 맞게 내용의 깊이와 폭을 확장하는 것이 중요합니다. 그러나 대부분 AI의 도움을 받아서 쓴 글들은 내용이 중복된다는 가장 큰 문제가 있습니다. 이러한 문제를 피하기 위해서는 먼저 기존에 쓴 목차의 내용들을 AI에 입력하고 각 문단이나 주요 개념에 대해 더 자세한 설명이나 예시를 요청할 수 있습니다. 예를 들어 특정 개념을 설명한 문단이 있다면 AI에 해당 개념의 역사적 배경, 실제 적용 사례, 관련 연구 결과 등을 추가로 요청할 수 있습니다.

또한 AI를 활용하여 다양한 관점에서 주제를 서술하도록 할 수 있습니다. 만약 특정 현상에 관해 서술했다면 그것이 사회적, 경제적, 문화적으로 미치는 영향을 추가로 분석하도록 요청할 수 있습니다. 각 주장이나 설명에 대한 반론과 그에 대한 재반론을 추가하여 논의를 더욱 풍부하게 서술할 수도 있습니다. 이때 중요한 것은 새로 추가되는 내용이 기존 내용과 자연스럽게 연결되도록 하는 것입니다. 그러나 AI를 사용할 때 대부분 이것이 잘 안 됩니다. 프롬프트로 이어서 서술해 달라고 입력하여도 내가 최초에 쓴 글과 중복되는 경우가 대부분이라 프롬프트 자체를 다르게 하여 다른 요청을 하는 접근이 필요합니다.

예를 들어 구체적인 사례나 통계 자료를 추가하는 것도 내용을 충실히 하면서 분량을 늘리는 효과적인 방법입니다. AI에 주요 논점을 뒷받침할 수 있는 연구 결과나 전문가의 견해, 실제 사례 등을 요청할 수 있습니다. 단, AI가 제시하는 통계나 사례는 할루시네이션 때문에 실제 검증이 필요할 수 있으므로 이를 직접 관련 자료를 찾아 검증해 보는 것이 좋습니다.

글의 구조를 확장하는 것도 좋은 전략입니다. 서론에서는 배경 설명을 더 자세히 하라고 프롬프트를 입력하고 본론에서는 각 논점에 대한 심층적인 분석을 추가하며 결론에서는 더 포괄적인 시사점과 전망을 제시하라고 명령할 수 있습니다. AI에 각 부분에 대한 구체적인 확장 방향을 제시하면서 내용을 발전시킬 수 있습니다.

또한 독자의 이해를 돕기 위한 추가 설명이나 보충 자료를 요청할 수 있습니다. 전문용어에 대한 자세한 설명, 관련된 개념 간의 관계도, 단계별 설명 등을 추가하여 분량을 추가하고 내용의 이해도를 높일 수 있습니다. 이때 AI가 제시하는 설명이 원래 글의 맥락과 잘 어울리는지 검토하고 필요한 경우 수정하여 사용하는 것이 좋습니다.

기존 글의 분량을 늘리기 위해서 AI를 쓸 때 가장 문제가 되는 것이 특정 부분의 글들이 문체가 다르게 느껴지고 다른 사람이 쓴 글 또는 AI가 쓴 글처럼 느껴지는 현상입니다. 글쓰기의 마지막에는 AI를 이용해서 전체를 한번 일관성 있는 문체로 다듬거나 작가가 직접 윤문 하도록 합니다. 기존에 쓴 글이 있을 때 분량을 추가하고 내용을 충실히 할 때 쓸 수 있는 프롬프트를 정리해 보겠습니다. 아래는 저도 글을 쓸 때 많이 활용하는 프롬프트입니다. 여러분도 실제 활용해 보시기 바랍니다.

- **심층 분석 관련 프롬프트**: '이 현상의 근본 원인을 분석해 줘.', '이 개념이 미래에 어떤 방식으로 발전할 가능성이 있는지 설명해 줘.', '이 이론의 한계와 극복 방안을 제시해 줘.', '이 현상이 사회, 경제, 문화에 미치는 영향을 분석해 줘.', '이 주장에 대한 반론과 재반론을 추가해 줘.'

- **독자 이해도 향상을 위한 프롬프트**: '전문용어나 어려운 개념을 쉽게 설명해 줘.', '이 내용을 시각적으로 표현할 방법을 제안해 줘.', '실생활에서의 구체적인 예를 추가해 줘.', '이 개념을 단계별로 나누어 설명해 줘.', '이 내용을 Q&A 형식으로 바꿔 줘.', '독자가 궁금해할 수 있는 추가 질문을 제시해 줘.'
- **실용적 응용을 위한 프롬프트**: '이 지식을 실제로 적용할 때 주의해야 할 점을 알려 줘.', '이 방법의 장단점을 구체적으로 설명해 줘.', '실제 현장에서 발생할 수 있는 문제와 해결 방안을 추가해 줘.', '이 내용을 실전에 적용하기 위한 체크리스트를 만들어 줘.', '이 방법의 실행 가능성과 비용 효율성을 평가해 줘.'
- **최신 동향 및 연구 관련 프롬프트**: '이 분야의 최신 연구 동향을 알려 줘.', '이 개념이 다른 산업 분야에서는 어떻게 활용되고 있는지 보여 줘.', '이 이론과 관련된 새로운 기술이나 방법론을 소개해 줘.', '이 개념이 미래 산업에 어떤 영향을 미칠지 예측해 줘.'
- **비교 분석을 위한 프롬프트**: '유사한 개념이나 이론과의 차이점을 비교해 줘.', '다른 국가나 문화권에서는 이 문제를 어떻게 다루는지 설명해 줘.', '과거와 현재의 관점 차이를 분석해 줘.', '이 방법의 대안적인 접근법을 제시해 줘.', '상반된 견해를 설명해 줘.'
- **통계 및 데이터 관련 프롬프트**: '이 주장을 뒷받침할 통계자료나 연구 결과를 제시해 줘.', '이 현상의 발생 빈도와 추세를 데이터로 보여 줘.', '이 방법의 효과를 입증하는 사례 연구나 실험 결과를 알려 줘.', '관련된 경제적 영향을 수치로 설명해 줘.'
- **법적/윤리적 측면 관련 프롬프트**: '이 개념과 관련된 법적 규제나 정책을 알려 줘.' '이 방법을 적용할 때 윤리적으로 고려해야 할 점을 제시해 줘.', '이 주제와 관련된 사회적 책임과 의무를 논의해

줘.', '이 개념이 가진 윤리적 쟁점이나 딜레마를 분석해 줘.'
- **독자 참여 유도 프롬프트**: '독자가 실천해 볼 수 있는 활동이나 실험을 제안해 줘.', '독자가 탐구할 만한 관련 주제나 참고 자료를 추천해 줘.', '이 개념을 적용해 볼 수 있는 일상적인 상황을 제시해 줘.', '독자가 생각할 만한 토론 주제나 질문을 추가해 줘.'
- **사례나 예시를 찾는 프롬프트**: '이 주제와 관련된 흥미로운 사례나 이야기를 추가해 줘.', '이 글에 감정을 자극할 수 있는 사례를 포함해 줘.', '이 주제와 관련된 역사적 배경을 설명해 줘.'
- **요약과 정리를 요구하는 프롬프트**: '이 글을 한 문단으로 요약해 줘.', '이 글의 핵심 메시지를 재정리해 줘.', '문단 간 연결을 더 매끄럽게 만들어 줘.', '이 내용을 서론, 본론, 결론 구조로 재구성해 줘.'
- **다른 의견을 구하는 프롬프트**: '이 개념을 다른 문화적 맥락에서 설명해 줘.', '이 주제에 대한 반대 의견을 제시해 줘.', '이 주제와 관련된 사회적 영향을 분석해 줘.', '이 주제를 미래 트렌드와 연결해 설명해 줘.'
- **글의 포맷을 바꾸는 프롬프트**: '이 내용을 대화 형식으로 바꿔 줘.', '타깃 독자에 맞게 글을 재구성해 줘.', '이 내용을 실천할 수 있는 단계로 변환해 줘.'

AI 글쓰기, 자주 쓰는 만큼 성장한다

AI를 글 쓰는 용도로 자주 사용해 보아야 AI를 이용한 글쓰기 실력이 향상됩니다. 이는 단순히 AI를 많이 사용해서가 아니라 AI와의 반복적인 상호작용을 통해 작가가 점점 더 효과적으로 AI를 활용하는 법을 깨닫게 되기 때문입니다. AI를 계속 사용하게 되면 작가는 AI가 어떤 요청에 더 잘 반응하는지 점차 이해하게 됩니다. 사용하면 할수록 AI에 더 효과적인 지시를 내리는 프롬프트 작성 능력이 발달하고 AI와의 상호작용을 통해 새로운 관점과 아이디어를 발견하는 능력이 향상됩니다.

많은 글쓰기 작업에서 초반에 AI를 사용하다가 얼마 지나지 않아 포기하는 이유는 AI가 글쓰기의 시작부터 최종까지 해결해 주리라 생각하기 때문에 실망하고 포기하게 됩니다. 저는 이러한 현상이 언론과 미디어가 AI에 대한 환상을 사람들에게 너무 과장되게 표현한 것도 영향을 끼쳤다고 생각합니다. AI가 만능이라 생각하지 마시고 AI는 사람을 대체하는 나만의 편집자라 생각하시고 20페이지 이상의 글을 최대한 직접 빨리 써보고 나머지 작업은 AI를 이용하여 시간과 노력을 절감하는 것에 AI를 기여시킨다고 생각하고 작업해 보시기 바랍니다.

AI를 글쓰기에 되도록 매일 지속해서 활용하면 점차 AI의 특성과 한계를 이해하게 됩니다. 예를 들어 의학 및 건강에 대한 서적을 쓸 때 AI는 기본적인 콘텐츠는 제공할 수 있지만 실제 임상 경험과 전문적 통찰은 의료인 본인이 더해야 한다는 것을 깨닫게 됩니다. 이러한 이해를 바탕으로 AI에 AI만이 할 수 있는 더 구체적이고 명확한 지시를 내릴 수 있게 되며 이는 원고의 질적 향상으로 이어집니다. AI를 제대로 활용한다는 것은 책 쓰기의 출발선이 다르다는 것을 의미합니다. 또한 AI와의 상호작용 과정에서 작가는 자신의 글쓰기 스타일과 강점을 더욱 선명하게 인식하게 됩니다. AI가 제시하는 다양한 표현과 구조를 검토하면서 어떤 부분이 자신의 글쓰기 스타일과 조화를 이루는지, 어떤 부분을 수정하고 보완해야 하는지 판단하는 능력이 발달합니다. 이는 마치 숙련된 편집자와 함께 글을 다듬어가는 과정과 유사합니다.

여러분께서 실제 출판사와 기획출판을 하실 정도의 작가로서의 인지도나 원고의 퀄리티가 있거나 이미 출간하신 전작이 있으시면 출판사에서는 여러분의 초안이 완성되어 출판사로 보내면 전문 편집자를 배정하게 됩니다. 편집자는 대부분 꼼꼼한 성격의 사람들로 글과 관련된 전공이나 일을 한 배경으로 국어국문학, 문예 창작학을 전공한 사람들도 다수 있고 최근에 전문 서적이 늘어남에 따라 출판사에서 과학, 경영, IT 등을 전공한 사람들을 편집자로 고용하기도 합니다. 편집자들은 독서량이 많은 사람들로 단순히 글을 교정하는 것이 아니라 원고의 흐름과 저자의 의도를 파악해서 문장의 가독성을 높이는 작업을 합니다. 편집자가 배정되는 것은 초안이 완료된 시점인데 그때부터 초안을 두고 작가와 편집자가 주로 원고의 변경이 필요한 특정 부분에 대해서 순차적으로 이메일로 소통합니다.

저는 출판의 영역에서 AI가 이미 편집자의 역할을 실시간으로 초안이 완성되기 전부터 임무를 수행해 주는 단계로 들어왔다고 생각합니다. 출판의 영역에서 번역의 역할이 AI가 많은 부분 대체한 것에 대하여 사람들이 현재 주로 이야기하고 있습니다. 그러나 저 역시 여러 권의 책을 출간한 작가로서 그리고 출판사를 운영하는 대표로서의 관점으로는 번역의 영역만큼이나 출판에 있어서 편집의 영역이 큰 변화를 몰고 올 것이라고 생각합니다. AI를 이용하면 전문 편집자와 일을 할 때 이메일로 주고받던 편집 업무는 AI를 통해 작가가 직접 초안 단계에서부터 실시간으로 하게 되는 것과 마찬가지이며 AI가 마치 의학을 전공한 전문 편집자와 같은 역할로 실시간으로 작가를 도와주기 때문입니다. 전문 편집자와 메일로 소통하는 것보다 AI를 사용하면 피드백을 주고받는 시간 차가 줄어들기 때문에 출간의 속도에 상당히 큰 효율이 있습니다. 실제 편집자와 최소한 1달은 출판 전에 소통하게 되며 편집자와 작가의 궁합이 잘 맞거나 잘 맞지 않는 경우가 있게 마련인데 AI와 손발을 맞추는 작업을 계속해 보면 익숙한 정도에 따라 상당히 차이가 있는 결과를 얻을 수 있습니다. AI와 손발을 맞추는 작업을 계속하면 익숙해지고 AI를 다루는 능력이 향상되게 됩니다. 게다가 AI는 출판사의 편집자처럼 1명이 아니라 여러 플랫폼의 AI를 골라서 상황에 따라 사용 가능하다는 장점까지 있습니다.

최초에 작가는 AI의 결과물을 그대로 받아들이는 경향이 있지만 경험이 쌓일수록 AI의 출력을 비판적으로 평가하고 개선할 수 있는 능력이 생깁니다. 이는 오프라인에서 마치 초보 작가가 편집자의 피드백을 받아들이는 과정에서 점차 자신의 글쓰기 스타일과 주장을 발전시키는 것과 유사합니다. 편집자와 함께 편집할 때도 초보 작가는 편집자의 의견을 많이 받아들이는 편이지만 시간이 갈수록 편집자에게 작가의 주장을 이야기하게 됩니다. AI의 사용도 마찬가지입니다. 예를 들어 의료인이 AI를 활용해 일반 대중을 위한 건강 관련 글을 작성한다고 가정해 보면 처음에는 AI가 제공하는 일반적인 정보를 그대로 사용할 수 있습니다. 하지만 시간이 지나면서 이 전문가는 AI에 더 구체적이고 전문적인 질문을 하는 방법을 터득하게 됩니다. 예를 들어 '고혈압에 관해 설명해 줘.'라는 단순한 요청 대신 '40대 직장인의 생활 습관과 관련된 고혈압 위험 요인과 예방법에 대해 최신 연구 결과를 바탕으로 설명해 줘.'와 같이 더 구체적이고 맥락이 있는 프롬프트를 작성할 수 있게 됩니다. 이러한 과정을 통해 작가는 AI의 장단점을 더 잘 이해하게 되고 이를 자신의 글쓰기 과정에 효과적으로 통합할 수 있게 됩니다. AI가 제공하는 정보의 정확성을 검증하는 능력도 향상되며 이는 결과적으로 더 높은 품질의 콘텐츠 생산으로 이어집니다.

그리고 챗지피티의 출현 이후 지금까지 AI의 발전 속도를 볼 때 점진적인 발전이 아니라 혁명적인 발전이 불과 일주일 사이에도 여러 번 일어나고 그 발전된 버전의 AI를 사용하게 되면 이전 세대의 AI에 비하여 2~3배의 효율이 아닌 수십 배, 수백 배의 성능과 역량의 향상이 이루어지고 있기 때문에 계속 사용해 보아야 이를 따라잡고 효율을 추구할 수 있습니다. 기존의 전장에서 칼과 활을 들고 싸우다가 총을 들고 싸우는 것이 수천 년이 걸렸다고 한다면 AI 시대에서는 그 정도의 혁명적인 변화가 수개월, 수주 내에 이루어지고 있습니다. 예를 들어 짧은 기간 동안 챗지피티의 버전업이 계속 일어나면서 글쓰기 능력이 향상되는 점, 챗지피티의 캔버스 기능으로 AI 글쓰기는 글을 계속 새롭게 쓰지 않고 기존 글 위에서 진행되는 첨삭 기능으로 버전 관리가 가능해진 것 또한 아주 짧은 기간에 일어난 변화입니다. 이는 AI 글쓰기에 있어서 이전과는 완전히 다른 새로운 인터페이스의 출현이었습니다. 또한 초등학생에서 대학원생 수준까지 동일한 글을 바꾸어 보는 교육 수준에 따라 달라지는 단어와 문체 사용의 시뮬레이션이 가능해졌습니다. 즉 어휘력에 대해 고민할 필요가 없는 구간에 들어온 것 같습니다. 이러한 새로운 기능은 AI를 계속 사용해 보아야 활용할 수 있으며 글쓰기의 생산성 향상이 가능합니다.

새로운 AI가 출현할 때마다 다른 회사의 AI를 사용해 보기를 권장해 드립니다. 제가 책을 쓰는 동안 글쓰기와 관련된 된 생성형 AI 시장에서 챗지피티, 클로드, 퍼블렉시티, 딥시크가 가장 큰 이슈였습니다. 매달 주목받는 AI가 바뀌었습니다. 책을 쓰는 동안에 2~3개의 생성형 AI는 반드시 유료로 동시에 사용해 보시기를 권장해 드립니다. 함께 사용해 보면 분명히 AI에 더 잘 적응하게 됩니다. 제가 여러분께 어떤 AI를 쓰시라고 권장해 드리지는 않겠습니다. 이 책을 읽는 시점에 분명히 더 효율적인 글쓰기 AI는 바뀌어 있을 것입니다. 미국, 중국 등 어떤 국가의 AI일지 알 수 없습니다. 도구보다 나의 관점이라는 본질에 집중하시고 AI를 계속 사용하여 활용에 대한 감을 잃지 않으면 됩니다.

AI 출간 기획의 기초

저는 기획보다 일단 책을 먼저 써서 진도를 나가는데 더 의미를 부여하는 편이지만 초기에 기획은 출간의 체계를 잡는 차원에서 반드시 한번 해보시기를 바랍니다. 성공적인 출간 기획은 작가 측면에서 좋은 콘텐츠를 위한 준비를 넘어서 독자의 측면에서 책을 선택하고 끝까지 읽게 만드는 이유를 주게 됩니다. 크게 주제 기획, 독자 타기팅, 시장조사 세 가지를 우선 기획의 영역으로 진행해 보시기 바랍니다. 이 과정에서 얻게 되는 새로운 영감이 많을 것입니다.

우선 주제 기획은 책의 출간과 관련된 모든 활동의 시작점입니다. 일상의 진료 현장에서 경험하는 다양한 순간들을 떠올리며 자연스럽게 떠오르는 단어들을 나열해 보는 것부터 시작합니다. 이는 마치 브레인스토밍과 같은 과정으로 이때는 어떠한 제약도 두지 않고 자유롭게 생각을 펼쳐 나가 보시기 바랍니다. 예를 들어 비만, 다이어트, 기능 의학 등등 무엇이든 단어를 나열해 봅니다. 그 후에는 이러한 단어 중에서 자기 경험과 전문성이 가장 잘 드러나는 것들을 선별합니다. 이렇게 추려진 키워드들 사이의 연결고리와 공통점을 찾아 하나의 문장으로 정리하면 그것이 바로 책의 핵심 주제가 됩니다. 예를 들어 '기능 의학에 기반한 중년 여성을 위한 다이어트'라는 문장을 만들어 볼 수 있습니다. 이 과정에서 중요한 것은 자신만의 시각을 담는 것입니다. 단순히 널리 알려진 주제를 따라가는 것이 아니라 본인의 경험, 전문성, 가치관이 담긴 주제를 선택해서 한 문장으로 정리해야 독자와의 차별화된 연결고리를 만들 수 있습니다.

다음으로 독자 타기팅은 단순히 독자의 나이나 성별을 정하지 말고 예상 독자의 삶의 방식과 가치관, 관심사를 함께 정의해 보시기 바랍니다. 내가 전하고자 하는 메시지가 어떤 연령대에서 가장 큰 공감을 얻을 수 있을지, 그리고 그들의 삶을 현재에서 어떻게 바뀌도록 변화를 줄 수 있을지, 어떤 라이프스타일을 가진 사람들이 이 책에 관심을 가질지를 가정해 봅니다. 특히 의료 분야의 책은 독자의 지적 수준과 경제적 여건도 중요한 고려 사항이 됩니다. 만약 책의 주제가 '현대인의 스트레스 관리와 정신 건강'이라면 이 책의 주요 독자층은 바쁜 도시 생활하는 30~40대 직장인이 될 수 있습니다.

마지막으로 시장조사는 책의 차별성을 확보하는 데 핵심적인 역할을 합니다. 유사한 주제의 책들이 이미 시장에 나와 있는지 파악하고 있다면 그들과는 어떤 차별점을 가질 수 있을지 고민해야 합니다. 이는 단순한 제목 검색을 넘어서 내용의 깊이와 접근 방식까지 살펴보는 과정이 필요합니다. 동일한 주제라고 하여도 내용의 깊이와 접근 방식은 다를 수 있습니다. 예를 들어 어떤 책은 최신 술기에 대한 관점을, 어떤 책은 진료 사례에 대한 관점을 펼칠 수 있습니다. 기존 책들의 장단점을 파악하고 내가 출간할 책만의 독특한 가치를 구상해 봅니다. 나는 질환 설명과 치료법보다 환자와 소통 관점에서 책을 집필하겠다는 결론이 나올 수도 있습니다. 저는 시장조사의 단계에서 온라인 조사와 오프라인 조사를 둘 다 해보시기를 권장해 드립니다. 우선 온라인 서점에서 시장조사를 해보시기를 바랍니다. 키워드 중심으로 검색해서 노출되는 책들의 숫자와 주제, 제목, 목차, 책 요약, 저자 프로필 등을 읽어 보시고 인사이트를 얻어 보시기 바랍니다. 그리고 기획 단계에서 한 번 정도는 대형 오프라인 서점에 가서 실제 전시되는 실물 책 중에 팔리는 도서들을 보시고 인사이트를 얻어 보시기 바랍니다. 모니터를 통하여 시장을 조사하는 것과 실제 서점이라는 물리적 책의 소비공간에서 얻을 수 있는 정보와 감성은 분명히 다르기 때문에 한 번 정도는 오프라인 시장조사를 권장해 드립니다.

AI에 주도권을 뺏기지 말고 책을 써라

전문직이 AI를 활용해 책을 쓸 때 가장 중요한 것은 AI를 보조적 도구로 사용하면서 자신의 전문성과 고유한 관점을 유지하는 것입니다. 전문직이 AI로 마케팅 글을 쓰는 경우 AI는 이렇게 보조적 도구로 쓰는 것이 작가의 고유한 관점이 살면서 풍성하고 글을 쓰는 속도를 높일 수 있고 분량을 늘릴 수 있습니다. 생성형 AI가 전문직의 필드 경험과 통찰까지 글로 쉽게 표현하지 못합니다.

　수많은 환자를 진료하면서 얻은 통찰, 다양한 케이스 스터디, 그리고 실제 임상에서 발견한 특이 사항들은 그 어떤 AI도 대체할 수 없는 나만의 귀중한 콘텐츠입니다. 이러한 전문성을 바탕으로 먼저 자력으로 글을 쓰고 그다음 AI의 도움을 받아 보완하는 방식이 가장 이상적입니다. 예를 들어 중년의 다이어트에 대한 책을 쓰는데 당뇨환자의 다이어트에 대한 유의 사항에 대해서 특히 식단에 대한 부분의 글을 쓴다면 본인이 생각나는 대로 최대한 써봅니다. 지금까지 배운 것, 현장에서 경험한 것, 개별 환자의 케이스까지 적어보고 동일한 내용을 AI에 질문을 해봅니다. 그리고 AI가 답변한 것을 봅니다. AI의 글은 정독하지 말고 속독으로 보아도 됩니다.

　내 관점과 다른 AI의 관점이 보이면 그 관점을 그대로 복사하지 말고 필요한 부분만 편집해서 가져옵니다. AI가 쓴 내용을 무조건 수용하지 않고 나의 목소리를 유지하며 필요한 부분만 선택적으로 반영하는 것입니다. 이렇게만 해도 분량과 내용이 상당히 풍성해집니다. 일단 모든 글을 초벌로 써보고 퇴고하지 말고 다 쓰고 동일 주제를 AI에 써보라고 시켜 봅니다. 그리고 AI의 답변 중에 내가 필요한 내용만을 추가합니다. 그 이후에 퇴고 작업을 합니다. 이것이 AI를 사용하면서 나의 고유한 시선을 지키면서 풍성한 내용으로 객관성을 보장하는 방법입니다.

　만약 반대로 AI에 먼저 질문하고 AI의 글을 내가 전문가의 입장에서 다듬는다면 그 글은 AI가 쓴 글이라는 것이 반드시 티가 나게 되며 고쳐도 나의 고유한 관점은 생기지 않습니다. 그리고 이 방법이 훨씬 힘듭니다. 글쓰기에 AI를 활용하는 대부분의 사람이 AI가 쓴 글을 고쳐서 써 보려 하고 단 한 번에 프롬프트를 잘 써서 고유한 관점이 들어간 글을 쓰려고 마법의 프롬프트를 찾습니다. 그러나 마법의 프롬프트는 없으며 한 번에 만족스러운 원고는 절대 나오지 않습니다. 이점을 반드시 명심해야 합니다.

　AI를 활용할 때는 반드시 전문가의 관점에서 필터링하고 편집하는 과정이 필요합니다. AI가 제시하는 정보는 너무 일반적이거나 사실과 달라서 실제 의료현장과는 차이가 있을 수 있습니다. AI는 새로운 관점을 제시하거나 놓친 부분을 보완하는 데 활용하고 핵심적인 내용과 전문성은 반드시 본인의 경험과 지식에서 도출해야 합니다. AI를 사용하면서도 글의 주도권을 나에게 두고 현장의 경험과 AI의 정보를 결합해 가며 서술해야 합니다.

첫 출간,
AI로 성공하기

첫 책 출간을 준비할 때 초보 작가들이 흔히 하는 실수가 있습니다. 바로 작성된 원고도 없이 일단 출판사를 먼저 접촉하는 것입니다. 이는 마치 완성되지 않은 건물의 설계도만 들고 임차인을 찾아다니는 것과 비슷합니다. 아무리 훌륭한 계획이라도 실체가 없는 상태에서는 상대방의 진지한 관심을 끌어내기 어렵습니다. 출판계에서 신인 작가를 바라보는 시선은 생각보다 냉정합니다. 아무리 여러분이 의료계에서 뛰어난 전문가라 하더라도 출판사의 입장에서는 '검증되지 않은 작가'일 뿐입니다. 특히 전작이 없는 신인 저자의 경우 단순한 출판 계획서만으로는 출판사의 신뢰를 얻기 어렵습니다.

출판사들은 이미 수많은 '멋진 계획'들을 보아왔고 그중 실제로 완성되는 원고가 얼마나 소수인지를 잘 알고 있기 때문입니다. 하지만 상황은 초보 작가라고 하여도 완성된 원고를 가지고 있을 때는 완전히 달라집니다. 실제 원고를 가지고 출판사를 방문할 때 여러분의 협상력은 현저히 높아집니다. 이는 단순히 '계획'이 아닌 '실체'를 보여주는 것이기 때문입니다. 출판사는 실제 원고를 통해 책의 완성도, 시장성, 그리고 여러분의 글쓰기 능력을 직접 확인할 수 있습니다. 또한 어느 정도 완성된 원고가 있다는 것은 여러분이 이미 책 쓰기의 가장 어려운 과정을 통과했다는 것을 의미합니다. 이는 단순한 열정이나 의지를 넘어서는 것으로 실제로 긴 여정을 완주할 수 있는 능력이 있다는 것을 증명합니다. 출판사들은 이러한 수준에 다다른 저자를 훨씬 더 신뢰합니다.

원고가 있을 때의 또 다른 장점은 여러 출판사와 동시에 협의를 진행할 수 있다는 점입니다. 출판 계획서만으로는 한두 출판사와의 논의에서 실패할 수 있지만 완성된 원고가 있다면 여러 출판사와 동시에 출간 논의를 진행할 수 있습니다. 이는 여러분에게 더 나은 조건을 협상할 수 있는 여지를 제공합니다. 더구나 원고를 먼저 완성하는 과정은 여러분의 책이 실제로 어떤 모습이 될지를 더 명확하게 보여줍니다. 초기의 구상과 실제 완성된 원고는 상당히 다른 경우가 많습니다. 글을 쓰는 과정에서 새로운 아이디어가 떠오르기도 하고 당초 계획했던 내용이 수정되기도 합니다. 완성된 원고가 있다면 출판사와의 논의 과정에서도 더 구체적이고 현실적인 제안을 할 수 있습니다. 따라서 첫 책 출간을 준비하시는 의료인들께 강조해 드리고 싶습니다. 출판사 섭외는 원고가 어느 정도 완성된 후에 시작하시기를 바랍니다. 출간 계획표에서 실제 막상 써보면 실제로는 쓸 수 없는 목차도 상당히 많습니다.

지금 가장 중요한 것은 원고를 완성하는 것입니다. 일단 본인 역량의 최대치로 쓸 수 있는 끝까지 써 보시기 바랍니다. 그래야 AI를 제대로 활용할 수 있으며 출판의 기회도 커지고 협상력도 높아지며 궁극적으로는 성공적인 출간으로 이어질 가능성이 커집니다. 원고 없이 출판사를 찾아다니는 것은 시간과 에너지의 낭비가 될 수 있습니다. 대신 그 시간과 에너지를 원고 작성에 투자하시기를 바랍니다. 완성된 원고야말로 여러분의 가장 강력한 협상 도구이자 첫 출간 성공의 열쇠가 될 것입니다. 출판의 세계에서는 '계획'보다 '실체'가 훨씬 더 큰 힘을 발휘합니다.

글쓰기에 있어서
AI의 혁명

챗지피티 출연 이후에 AI를 이용한 글쓰기에 대한 여러 강의와 유튜브가 등장했습니다. 그리고 AI를 이용한 출판에 대한 강의와 영상도 많이 나왔고 저 역시 그러한 강의를 유료로 수강도 해보았습니다. 그런데 생성형 AI만으로 의료인이 경쟁력 있는 수준의, 서점에 입고할 수 있는 건강과 관련한 책을 만들 수 있을까요? 이렇게 누군가 질문한다면 저는 불가능하다고 말하겠습니다. 그리고 그 책이 대중들에게 설득력을 가질 수 있냐고 질문한다면 역시 어렵다고 이야기할 것입니다. 저는 앞으로 오랜 기간 AI가 발달한다고 하여도 의료인의 마케팅 목적의 책에서 특히 제가 강조하는 고유한 관점과 에세이의 영역은 AI가 대체하기 어렵다고 생각합니다. 현장에서 겪은 의료인인 작가의 경험과 고유한 시선, 세계관은 AI가 대체하지 못할 것입니다. 요리로 예를 든다면 손맛에 해당하는 부분, 비밀 레시피에 해당하는 부분입니다. 인스턴트 컵라면이나 즉석 카레 정도까지는 AI가 가능하겠지만 실제 요리라고 할 수 있는 부분은 어렵다고 봅니다.

저는 건강도서라고 하더라도 설득력 있는 도서가 되려면 최소 20%는 에세이가 포함되어야 한다고 봅니다. 나머지는 AI와 참고문헌, 이미지, 각종 자료가 비중을 차지한다고 해도 그렇습니다. 100% 가 아닌 20%만 써도 책을 만들 수 있기 때문에, AI 덕분에 과거에 비하여 책 쓰기가 쉬워진 것은 사실입니다. 비중 면에서 직접 써야 하는 원고의 분량이 줄어들 수 있다는 것 외에도 시간 단축을 할 수 있다는 장점도 있습니다. AI는 원고 초안을 잡아주는 역할과 자료 조사의 영역, 퇴고 영역에서도 기존 대비 50% 정도로 속도를 올려주고 있습니다.

저는 더욱더 환경이 좋아진 것 중의 하나가 정교한 전문 번역까지 가능한 AI의 출현으로 자료 조사가 한결 쉬워졌고 이를 통하여 AI를 통한 의사의 출판은 더욱 쉽고 유리해졌다고 봅니다. 자료 조사를 해보면 해외에는 의사가 일반인을 대상으로 쓴 도서가 정말 많습니다. 아마존을 비롯한 해외의 여러 사이트에서 이러한 의사의 도서를 볼 수 있는데 영어만 아니라 일어, 스페인어 등 다국어로 된 해외 의료인의 출간 자료를 쉽게 볼 수 있고 쉽게 번역할 수도 있습니다. 저는 비영어권 국가의 의사 책들도 참고 자료를 위해 1권 전체를 AI를 통한 번역을 다수 진행해 보았는데 상당히 수준 높고 가치가 있습니다. 또한 국내의 경우 온라인 서점에서 서평이 수십 건만 달려도 성공적인 책이지만 해외의 온라인 서점에서는 영문 서적의 경우 서평이 수백~수천 건에 달하는 의사의 책을 쉽게 찾아볼 수 있습니다. 그리고 이 책의 후반부에서 다루겠지만 내 책을 AI로 번역하여 아마존에 전자책으로 올려서 전 세계의 사람들이 보게 하는 것도 가능합니다. 이렇게 의료인의 출판이 쉬워진 환경에서 책을 쓰지 않을 이유가 있을까요?

AI 글쓰기의 특이점
양시론과 편향성

의료와 건강 분야의 책을 쓸 때 AI의 활용은 양날의 검이 될 수 있습니다. AI는 작가가 방대한 참고 자료를 찾지 않고도 의학과 건강에 대한 정보를 정리하는 데 도움을 줄 수 있지만 잘못 활용하면 오히려 책의 가치를 떨어뜨릴 수 있습니다. AI의 가장 큰 한계점은 일반적인 질문을 해서는 책임과 확신이 담긴 주장을 하지 못한다는 것입니다. 즉, 편향성이 전혀 없습니다. 편향적이라는 표현이 여러분에게 어떤 의미로 다가오나요? 플랫폼들이 AI에 편향성을 제거하는 튜닝을 많이 하였기에 두루뭉술한 답변을 제시하는 경우가 많습니다. 편향적이란 말은 어떤 것이 공평하지 않게 다른 것보다 한 가지에 유리할 때 편향적이라고 말하는 경향이 있습니다. 하지만 이것이 반드시 불공평한 것만은 아닙니다. 예를 들어 어떤 사람은 분홍색보다 노란색을 선호하기 때문에 분홍색보다는 노란색 옷이 멋있다는 편견을 가질 수 있습니다. 이러한 편견은 무해한 편견입니다. 사회적으로 무해한 작가의 세계관에 기반한 의견 제시를 글쓰기에서는 해야 하는데 AI에 그냥 맡기면 책 쓰기에 재료가 될 수 없는 답을 제시하는 경우가 많습니다.

예를 들어 고혈압 치료에 대해 AI에 일반적인 프롬프트로 글을 쓰도록 하면 다음과 같은 모호한 서술이 나옵니다.

'고혈압 치료에는 약물 치료가 효과적일 수 있습니다. 하지만 생활 습관 개선만으로도 충분한 효과를 볼 수 있습니다. 약물 치료와 생활 습관 개선 모두 장단점이 있으므로 환자 개개인의 상황에 따라 신중히 결정해야 합니다.'

이러한 서술은 틀린 것은 아니지만 전문가의 명확한 관점과 경험에 기반한 조언이 결여되어 있습니다. 과연 책을 구매하려는 독자들이 기대하는 것이 AI가 저렇게 쓴 글일까요? 예를 들어 실제 임상 경험이 풍부한 의사라면 다음과 같이 더 명확하고 책임감 있는 서술을 할 것입니다.

'초기 고혈압 환자의 경우, 저는 먼저 3개월간의 생활 습관 개선을 강력히 권고합니다. 하지만 수축기 혈압이 160mmHg를 넘는 경우에는 즉각적인 약물 치료가 필수적입니다. 20년간의 임상 경험에서 이러한 접근이 가장 효과적이었음을 확신합니다.'

AI는 법적 책임과 윤리적 문제를 회피하기 위해 자주 '양시론(兩是論)'

적 접근을 취합니다. 예를 들어 비만 치료에 대해 AI는 이렇게 쓸 것입니다.

'식이 조절과 운동은 모두 효과적인 비만 치료 방법입니다. 어떤 사람들은 식이 조절에서 더 좋은 결과를 얻고 다른 사람들은 운동을 통해 더 나은 효과를 봅니다. 두 방법 모두 장점이 있으므로 개인의 선호도에 따라 선택하는 것이 좋습니다.' 이는 양시론적인 답변의 대표 사례입니다.

반면, 명확한 관점을 가진 전문의는 다음과 같이 쓸 것입니다.

'비만 치료에서 가장 중요한 것은 식이 조절입니다. 운동만으로는 체중 감량에 한계가 있습니다. 제가 치료한 수천 명의 환자 사례를 볼 때 성공적인 체중 감량의 80%는 철저한 식이 조절에서 비롯되었습니다. 운동은 보조적 수단으로 활용하되 초기에는 식단 관리에 집중해야 합니다.'

의료 서적에서 이러한 명확한 관점과 주장의 부재는 심각한 문제가 될 수 있습니다. 독자들은 전문가의 확신에 찬 조언과 경험에서 우러나온 통찰을 기대하기 때문입니다. 치료 방침에 대한 견해, 임상 경험에서 얻은 통찰, 질병 관리에 대한 조언, 의료 정책이나 제도에 대한 의견 등은 AI를 사용하지 말고 직접 쓰시기를 바랍니다. 그리고 이후에 AI에 정리를 맡기는 것이 가장 설득력 있는 원고가 나오게 됩니다.

AI를 이용한
효율적인 목차 만들기

책을 쓸 때 목차를 단지 내가 글을 쓴 순서로 생각하거나 내용이 다른 부분을 단순히 구분하기 위해서 사용하는 것이라 생각하지 말고 목차 자체가 마케팅 도구라고 생각하시고 목차를 만드시기를 바랍니다. 온라인 서점에서 목차는 모두 공개되므로 목차는 그 자체가 홍보 포인트가 되어야 합니다. 잘 구성된 목차는 독자의 관심을 끌고 판매로 이어질 수 있는 강력한 마케팅 도구입니다. 목차는 제목 다음으로 책의 첫인상을 결정하는 요소입니다. 독자는 책을 구매하기 전에 표지와 제목, 그리고 목차를 가장 먼저 확인합니다. 목차는 책의 전체적인 구성과 내용을 간략하게 보여 주며 독자가 이 책이 자신의 필요와 관심에 부합하는지를 판단하게 만듭니다. 잘 짜인 목차는 독자로 하여금 '이 책은 내가 찾고 있던 바로 그 정보를 담고 있다.'는 신뢰감을 주고 구매 결정을 유도합니다.

특히 마케팅을 목적으로 한 실용서의 경우는 목차가 더욱 중요합니다. 목차는 책의 구조와 가치를 시각적으로 전달합니다. 특히 비문학서나 실용서의 경우, 목차는 독자에게 책의 논리적인 흐름과 주제를 한눈에 이해할 수 있게 해 줍니다. 예를 들어 다이어트에 관한 책이라면 '기초 대사량의 이해', '효과적인 식단 구성', '운동 루틴 만들기' 같은 명확하고 구체적이며 해당 계층이 관심을 가질 사안들이 목차가 되어 독자에게 이 책이 실질적인 도움을 줄 것임을 암시합니다. 목차를 독자의 호기심을 자극하는 장치로 쓰시기를 바랍니다.

목차는 책의 내용을 압축적으로 보여주는 동시에 각 장의 제목과 소제목을 통해 독자의 호기심을 끌어야 합니다. 흥미로운 표현, 명확한 주제, 그리고 독자가 느낄 수 있는 실질적인 가치가 목차에 드러나야 합니다. 예를 들어 '당신이 다이어트에 실패한 진짜 이유', '아침 식사가 혈당을 좌우하는 비밀'과 같은 목차는 독자에게 단순한 정보 이상의 흥미를 제공합니다.

목차는 책의 차별성을 강조하는 역할을 합니다. 특히 같은 주제를 다루는 책이 많을 경우 목차는 이 책이 다른 책과 어떤 점에서 차별화되는지를 보여줄 기회입니다. 예를 들어 다이어트 책에서 '다이어트와 스트레스의 관계'라는 장을 포함하면 이 책이 단순한 식단과 운동 이상의 내용을 다룬다는 것을 독자에게 알릴 수 있습니다. 이런 방식의 목차가 독자에게 책의 차별성을 느끼게 하며 구매를 유도하는 데 기여합니다.

우선 목차를 만들기 전에 우리는 먼저 쓸 수 있는 데까지 글을 써보고 목차를 만들 것이기 때문에 본인이 쓴 내용으로 아래를 먼저 구상해 봅니다.

프롤로그: 작가 소개와 인사말을 씁니다.
서론: 나는 왜 이 주장을 하는가? 내 주장의 필요성과 당위성을 책의 앞부분에서 씁니다.
본론: 나의 주장이 담긴 내용과 예시들, 상식적 과학적 접근, 경험에 기반한 에세이, 해결책과 나의 주장을 실행하는 방법을 제시합니다. 나의 주장이 맞으며 독자들이 나의 주장을 따를 시에 어떤 문제를 해결하고 어떤 이익을 얻게 되는가를 본문에서 작성합니다.
결론: 나의 핵심 주장의 요약을 한 번 더 되풀이합니다.
에필로그: 독자들에게 격려 및 인사를 합니다. 나의 주장에 대한 실천에 관해 언급합니다.

목차를 만들기 전에 일단 먼저 쓰고 싶은 소주제를 브레인스토밍 방식으로 작성합니다. 그리고 그중에 하나를 선택해서 쓰기 시작합니다. 제가 이 방법을 권장하는 이유는 책은 블로그만큼 짧은 글이 아니다 보니 쓰다가 막히거나 지치기 쉽습니다. 내가 쓴 만큼이 내 자산이고 첫 책에서는 중도 포기하지 않는 것이 중요합니다. 글은 쓰다 보면 답이 나옵니다. 내가 정한 주제가 내가 잘 쓸 수 있는 주제가 맞는다면 내 안에 아직 세상에 나오지 않은 내용과 그것을 끌어내는 발화점이 분명히 있습니다. 이때 중요한 것은 100% 다 쓰고 나면 뒤집을 수가 없으니 30% 정도 쓴 시점에 뒤돌아봐야 합니다. 이 주제의 이 방향으로 끝까지 갈 수 있을지 가늠해 보시기 바랍니다.

항상 AI를 먼저 쓰지 말고 다 써두고 최대한 늦게 AI를 활용하라고 권장해 드렸습니다. 목차도 마찬가지입니다. 목차는 AI가 쉽게 써주고 정리해 줄 수도 있습니다. AI를 여러 번 돌려보면서 목차를 구성해 봅니다. 글을 쓴 이후에 동일한 주제끼리 목차를 묶으라는 프롬프트를 쓰면 목차는 아주 쉽게 정리해 줍니다. 온라인 서점에서 책을 검색해 보면 모든 책은 목차가 나옵니다. 유사한 책이나 동종업계 책의 전개 방식을 보고 목차를 정해 봅니다. AI는 항상 내가 생각하지 못한 점을 찾아주는 참고 자료로 활용하는 것이 좋습니다.

책 쓰기의 어떤 단계에서
AI를 도입할 것인가?

책 쓰기에서 AI는 원고 작성 단계에서 최대한 늦게 도입하는 것이 좋습니다. 일단 책의 목적이 논문 작성이 아니라 건강 및 의료 상식 도서의 출간이므로 가장 늦게 참고 자료나 AI가 개입되는 것이 원장의 고유한 관점이 드러나는 데 도움이 됩니다. 논문 작성의 경우는 번역, 리서치, 방대한 참고 자료의 요약 등의 활용에서 AI가 조기 개입되는 경우가 많지만 일반인을 대상으로 한 건강 상식, 정보성 도서 출간은 AI가 늦게 투입될수록 콘텐츠와 저자의 주장이 희석되지 않고 날카로워지는 면이 있습니다.

　MS 워드 기준으로 글자 크기 11로 100페이지를 쓰는 것을 1차 목표로 하고 최대한 스스로 써 보시고 진도가 가능할 듯하면 100페이지를 모두 참고 자료와 AI 없이 본인 스스로 써 보시기 바랍니다. 그런데 그것이 일상의 진료 시간의 문제로 시간이 모자라거나 아이디어 고갈로 인해 일정 분량 이상을 스스로 쓰기가 불가능하다면 최소 20~30%는 AI와 참고 자료 없이 작성한 이후에 AI를 도입하여 글쓰기를 마무리하시기를 바랍니다. 제가 말씀드리는 20~30%는 의사의 마케팅 도서의 코어 부분인 에세이 부문, 즉 에피소드 중심의 서술과 의사 개인의 의료 철학과 고유한 관점, 주장이 담긴 부분의 분량입니다. 과학적인 부분이나 알려진 진료 방법을 서술하는 부분을 의미하는 것은 아닙니다. 특히 경험과 에피소드가 담긴 분량이 가장 중요합니다. 이후 의료 철학과 고유한 관점은 AI를 통해 분량의 확장이 일부 가능하며 특히 의료 상식 부분은 AI와 인터넷에 차고 넘치기 때문에 코어 부분이 완성된 이후라면 AI를 활용한 분량과 내용을 쉽게 증가시킬 수 있습니다.

　비유한다면 고깃집 폭탄 계란찜과 제과점에서 카스텔라를 만든다고 생각해 보겠습니다. 레시피에서 기본 재료는 계란과 밀가루인 것은 따로 말할 필요가 없습니다. 이들이 더 풍성하게 보이는 것은 기본 재료에 추가하는 베이킹파우더, 물 등으로 계란찜과 카스텔라는 팽창하여 먹기 좋고 보기 좋은 음식으로 완성됩니다. 계란찜에 계란이 없고 카스텔라에 밀가루 없이 파우더와 물만으로 요리는 완성될 수 없습니다. 오늘날 AI 사용의 많은 부분을 물과 파우더만으로 요리가 완성될 수 있는 것, 마법처럼 말하는 것이 저는 현재 AI 교육의 가장 큰 문제라고 생각합니다.

감성과 철학, 주장이 결합한 의료인의 마케팅 도서의 코어 부분은 절대 AI가 의료인을 대체할 수 없습니다. 따라서 반드시 에세이 부문을 먼저 쓰고 AI를 활용해야 합니다. 그렇게 하면 20페이지의 초기 원고는 100페이지의 최종 원고 분량의 도서가 될 수 있습니다. 최근 대부분의 AI 책 쓰기와 글쓰기 강의는 의료인의 건강에 대한 도서나 실용서가 아니라 주로 소설, 판타지, 논문, 보고서, 블로그 등의 장르에서 활용되는 방법에 대한 내용이 많습니다. 그리고 책 쓰기가 아닌 기계적이며 설득력이 떨어지는 글자의 조합 정도를 만들어내는 것을 신기함과 호기심을 자극해서 책 쓰기 강의로 포장한 유료 강좌와 유튜브 강의가 많아 옥석을 가려야 합니다.

저는 개인적으로 설득력을 위해서 AI는 최대한 분량을 확보한 후에 늦게 사용해야 한다는 입장입니다. 책 쓰기의 초기 단계에서 자료조사와 브레인스토밍, 목차 잡기, 제목 잡기에서 AI를 적극 활용하라는 강의가 많은데 저는 이 부분 역시 반대의 입장입니다. 초기에 AI에 의존하여 시간을 투자하기 시작하면 내 주장의 본질이 보이지 않습니다. 먼저 본인 콘텐츠의 코어에 집중해야 합니다. 처음에 본인 고유의 관점의 글과 에세이성 글이 많은 것이 가장 AI로 글쓰기에 유리합니다.

AI를 효율적으로 활용하기 위해서는 저자 자신이 원고의 중심에 서야 합니다. 특히, 의사의 책 쓰기에서는 의학적 전문성과 개인적인 철학, 그리고 환자들과의 경험에서 나온 이야기가 핵심이 되므로 AI의 역할은 이를 보조하는 역할이 되어야 합니다. AI는 책의 분량을 늘리고 내용을 풍성하게 만드는 데 훌륭한 도구가 될 수 있지만 이는 반드시 순서상 저자가 자신의 관점과 철학을 충분히 구축한 후에 이루어져야 합니다. 프롬프트의 예를 든다면 이미 작성한 의료 철학과 진료 경험을 기반으로 AI에 '이 내용을 확장해 보라.'라고 요청하거나 '이와 관련된 최신 연구나 통계를 제공하라.'라고 입력하면 AI는 저자의 관점을 보조하면서 책의 설득력을 강화하는 데 기여할 수 있습니다.

　AI는 책을 더 빠르고 효율적으로 완성하는 데 큰 도움이 될 수 있지만 그 중심에는 항상 저자가 있어야 합니다. 책 쓰기는 단순히 글자를 모으는 작업이 아니라 저자가 자신의 이야기를 통해 독자와 소통하는 과정입니다. 저자의 목소리를 잃지 않는 것이 가장 중요하며 이를 위해서는 AI의 사용 시점을 후반부로 미루어 보시기 바랍니다.

실전!
AI로 진료 가이드북 제작하기

가장 추천하는 것은 AI를 전혀 쓰지 않고 에세이 부문과 의료 정보에 대한 부분을 모두 직접 내용을 쓰는 것입니다. 목차와 제목까지 모두 직접 쓴 다음에 AI를 내가 생각하지 못한 포인트와 관점을 찾아서 보강하는 용도로 쓰는 것이 독자가 볼 때 가장 높은 수준의 글이 됩니다. 그러나 이 과정이 실제 어려운 경우에는 환자의 아픔에 공감하는 부분과 경험과 주장이 들어있는 에세이 부문을 본인이 직접 쓰고 나머지 부분을 AI에 맡기면 됩니다. 이후에 AI에게 제목을 추천 받아서 본인이 정한 제목과 대조해 봅니다. 더 매력적인 제목이 있다면 책의 제목을 교체하는 것을 고려하도록 합니다. 이것이 제가 주장하는 책 쓰기인데 책의 수준보다 한 단계 낮은 가이드북 정도의 내용과 수준이라면 AI만으로도 거의 완성할 수 있습니다. 아래에서 가이드북이나 전자책의 제작 사례를 들어보겠습니다.

　우선 쓰고 싶은 주제의 제목을 AI로 추천받아서 본인이 정한 제목과 대조해 봅니다. 이후 제목에 따른 목차를 추천받습니다. 목차까지 AI의 추천으로 반영했다면 각 본문을 AI로 작성해 봅니다. 이때 본문을 AI로 쓰는 방법은 목차 전체를 먼저 AI에 입력하고 첫 번째 목차를 쓰게 하고 '다음'이라고 프롬프트를 내립니다. 그렇게 하면 굳이 소제목을 일일이 입력하지 않아도 최초 프롬프트에 입력한 목차를 따라서 '다음'이라는 단어만으로 다음 순서의 목차 내용을 화면에 출력해 줍니다. 이때 유의할 것은 최초에 프롬프트에서 책의 본문으로 사용하기 좋은 '서술형'으로 작성해 달라고 하여도 계속 진행하다 보면 AI가 그것을 잊고 마크다운 형태로 작성하는 경우도 있기 때문에 중간에 AI가 글의 문체나 서술 방식을 잊은 것 같다면 리마인드 시키기 위하여 서술형으로 작성하라는 프롬프트를 다시 입력합니다. '다음 목차를 서술하되 마크다운이 아닌 서술형으로 써 줘.' 이렇게 입력하면 됩니다. 그러면 크게 작성 방식을 벗어나지 않고 작업을 하게 됩니다. 예를 들어 제가 정식으로 서점에 입고될 책이 아니라 소책자 형태의 50페이지 분량의 읽기 쉬운 가이드 북의 작업을 한다면 아래와 같은 프롬프트로 제목, 목차, 본문을 작성하는 것을 가정해 볼 수 있습니다.

제목 프롬프트: '한국 여성을 위한 가슴 확대 성형수술'에 대한 의사가 쓴 가이드북의 제목을 추천해 줘. → 추천된 제복 중에 하나를 고릅니다.

목차 프롬프트: [가슴 성형수술을 전문적으로 하는 성형외과 전문의가 일반 여성을 대상으로 '한국 여성을 위한 안전한 가슴 확대 성형수술 가이드'라는 제목의 책을 쓰려고 해. 목차는 15개로 구성되어 있도록 하고 책의 내용 속에 식염수와 코젤의 보형물에 대한 비교 내용이 있으며 여러 수술 방식 중에 식염수를 이용하여 배꼽을 통한 가슴

성형이 상대적으로 더 안전하고 우수하다는 논지로 책을 쓸 경우에 필요한 15개의 목차를 뽑아 줘.]

본문 프롬프트: [가슴 성형수술을 전문적으로 하는 성형외과 전문의가 일반 여성을 대상으로 한국 여성을 위한 안전한 가슴 확대 성형수술이라는 제목의 책을 쓰려고 해. 목차는 아래 15개의 목차로 구성되어 있도록 하고 그 목차 속에 식염수와 코젤의 비교에 대한 내용이 있으며 식염수 방식이 더 우수하며 배꼽을 통한 가슴 성형이 더 우수하다는 논지로 쓰려고 해. 총 분량은 50페이지 정도로 정리해 줘. 아래가 그 목차와 제목인데 그중에 '1. 가슴 확대 성형수술의 이해 수술의 정의와 목적'에 대해서 마크다운과 넘버링이 아닌 서술형으로 써 줘.]
→ 첫 번째 목차의 본문을 AI가 출력해 줍니다.

대 제목 15개에 소제목 2~3개로 잡혔는데 AI를 이용하여 소제목 당 1페이지로 출력하면 50페이지 정도 되는 전자책이 1~2시간이면 만들어집니다. 그러나 의료인의 입장에서 보면 분명히 부족한 부분이 있기에 부족한 부분을 채우는데 매일 일정 시간 투자한다고 해도 1주일이면 PDF 판의 50페이지 분량의 가이드북은 나오고 인쇄본이나 전자책으로 활용할 수 있습니다. 인쇄본은 환자에게 수술 후 가이드 북으로도 활용 가능합니다. 여기에 본인이 작성한 세계관과 관점, 철학, 경험이 있는 에세이가 20페이지 분량을 추가한다면 AI를 이용해서 전체를 수정하는 방향으로 150페이지 분량의 정도의 서점에 입고될 정규적인 책으로 출간할 수 있습니다. 일상적인 진료를 하며 가이드북이 정규적인 책이 되려면 집필과 편집에 최소 6개월 정도의 기간이 걸릴 것입니다.

분량 관계상 본문은 출력하지 않고 제목과 목차만 아래와 같이 출력해 보겠습니다.

제목: 한국 여성을 위한 안전한 가슴 확대 성형수술 가이드

목차

1. 가슴 확대 성형수술의 이해
    - 수술의 정의와 목적
    - 한국 여성의 체형적 특징과 고려 사항
2. 가슴 성형 전 필수 상담 가이드
    - 수술 전 고려해야 할 의학적 조건
    - 개인별 맞춤 상담의 중요성
3. 보형물의 종류와 특성
    - 식염수 보형물의 장단점, 코헤시브 젤(코젤) 보형물의 특징
    - 보형물 선택 시 고려 사항
4. 수술 접근법의 이해
    - 유륜 절개법, 겨드랑이 절개법, 배꼽 접근법(TUBA)의 특징과 장단점
5. 보형물 삽입 면의 선택
    - 근육 하 삽입, 이중평면 삽입, 유선 하 삽입
6. 마취 방법과 안전 관리
    - 전신마취와 부분마취의 차이
    - 마취 관련 주의 사항
7. 수술 전후 검사와 준비 사항
    - 필수 검사 항목, 생활 습관 조절
8. 수술 후 관리와 회복 과정
    - 단계별 회복 과정, 일상생활 복귀 가이드
9. 발생할 수 있는 합병증과 예방
    - 구형 구축, 감염, 출혈, 예방법
10. 장기적 관리와 정기검진

- 보형물 수명, 정기검진 주기와 중요성
    11. 운동과 일상생활 가이드
            - 단계별 운동 프로그램, 일상생활 주의 사항
    12. 임신과 수유 관련 정보
            - 임신 시 고려 사항, 수유 가능 여부
    13. 재수술과 교체 수술
            - 재수술이 필요한 경우, 교체 시기와 방법
    14. 가슴확대성형의 최신 트렌드와 기술
            - 최신 수술 기법, 새로운 보형물 개발 동향
    15. Q&A로 알아보는 궁금증 해결
            - 자주 묻는 질문, 실제 사례 분석

AI를 이용한 책 쓰기의 한계

많은 사람이 글쓰기에 이용하고 있는 챗지피티, 클로드, 퍼블렉시티, 딥시크와 같은 AI는 거대 언어 모델, 즉 LLM(large language model)으로 분류됩니다. 이러한 서비스는 대부분 사전학습 단계에서 인터넷, 책, 뉴스 등의 방대한 소스를 학습한 후에 튜닝을 거쳐서 사람처럼 대화를 나누거나 글을 쓰는 활동을 지원해 줍니다. 그러나 대체로 아래의 한계를 가지고 있으니 이를 분명히 알고 사용하시는 것이 필요합니다.

먼저 LLM은 학습된 데이터를 기반으로 응답을 생성하기 때문에 동일한 주제에 대해 유사한 패턴의 내용을 반복적으로 생성하는 경향이 있습니다. 이러한 중복성은 전체 원고의 50~60%에 달하는 경우도 있으며 작가가 이를 정제하고 재구성하는 데 상당한 시간과 노력이 필요합니다.

　다음으로 품질과 깊이, 독창성의 문제를 마주하게 되는 경우가 많은데 LLM은 표면적으로는 매우 그럴듯한 문장을 생성할 수 있습니다. 문법적으로 완벽하고 논리적 흐름도 자연스러워 보입니다. 하지만 잘 짜인 템플릿처럼 느껴지는 경우가 많습니다. 실제 전문가나 작가가 자기 경험과 통찰을 바탕으로 작성한 원고와 비교하면 LLM이 생성한 내용은 깊이 있는 분석이나 독창적인 시각이 현저히 부족합니다. 예를 들어 경영 관련 서적을 쓸 때 LLM은 일반적인 경영 이론과 사례만을 나열하지만 실제 경영자는 자신만의 실패와 성공 경험을 통해 얻은 깊이 있는 통찰을 제공할 수 있습니다.

　제가 회사에서 직원들에게 특정 업무를 주고 피드백을 받을 때도 직원들이 AI를 사용하고 후보정하지 않은 보고서나 자료는 쉽게 찾아내고 있습니다. LLM이 생성하는 문장들은 일정한 패턴과 톤을 가지고 있습니다. 이는 마치 공장에서 찍어낸 제품처럼 획일적이며 개성이나 감성이 결여되어 있습니다. 책은 작가의 사고와 관점이 들어가야 하는데 천편일률적인 결과가 나온다면 그것은 글이 아니라 글자에 불과합니다. 또한 책을 AI로 100% 쓴다고 해도 AI에 모든 원고를 맡기면 수정 작업의 비효율성에 마주치게 됩니다. LLM이 생성한 원고를 출판할 수 있는 수준으로 만들기 위해서는 많은 수정 작업이 필요합니다. 중복된 내용을 제거하고 깊이를 더하고 저자의 관점을 추가하는 수정 작업은 대부분 처음부터 직접 원고를 작성하는 것보다 오히려 더 많은 시간과 에너지가 필요하므로 추천하지 않습니다.

AI 글쓰기가
몰입력이 높은 이유

AI 글쓰기가 주는 몰입감과 글쓰기의 능률은 검색엔진을 켜두고 정보 수집을 하며 글을 쓰는 것과는 상당히 큰 차이가 있습니다. 기본적으로 네이버, 구글과 같은 검색엔진은 사용자가 필요한 정보만 검색하고 나가도록 그냥 두지 않습니다. 우리는 검색을 사용하며 끊임없이 집중력과 주의가 분산되는 상황에 직면해 있습니다. 특히 네이버, 구글과 같은 검색 플랫폼들은 사용자의 시간을 최대한 길게 붙잡아두기 위해 매우 정교한 광고노출 알고리즘을 활용합니다.

이는 단순히 시간 낭비의 문제를 넘어서 책을 쓸 때 깊이 있는 사고와 창작을 방해하는 심각한 걸림돌이 되고 있습니다. 사용자가 관심 있는 특정 주제를 미리 파악해 두고 계속 따라다니며 노출하는 온갖 리타게팅 광고 기법은 사용자의 관심사, 연령, 소득수준과 취향을 추론하여 검색엔진 내에서 검색 결과의 상하좌우와 주변에 노출하여 사용자가 정보탐색을 하는 도중에 다른 길로 빠져서 시간을 보내도록 검색엔진들의 알고리즘은 설계되어 있습니다. 검색엔진에서 한 주제에서 시작해서 전혀 관계없는 콘텐츠로 빠져드는 것은 너무나 쉽습니다. 이러한 환경에서는 진정한 창작이 이루어지기 어렵습니다.

저는 광고대행사를 운영하며 이런 광고를 사람들이 많이 보게 하는 것이 저의 직업이라 이것이 얼마나 집중된 업무를 하는데 유혹이 되는지 잘 알고 있습니다. 또한 우리가 정보를 유튜브에서 찾는 것은 어떨까요? 유튜브 역시 알고리즘이 취향을 따라 노출되기에 유튜브에서 정보를 찾다가 한참의 시간을 나의 목적과 다른 동영상을 시청하며 소비하는 경우가 다수입니다.

책을 쓸 때 핸드폰을 곁에 두고 MS 워드 파일을 열고 정보를 찾기 위해서 웹 브라우저에서 네이버나 구글을 열어두고 작업을 하는 경우가 많습니다. 이러한 경우 대부분 두 가지 문제에 봉착하게 됩니다. 먼저, 책을 쓰는데 몰입감이 상당히 떨어집니다. 정보검색을 하다가 쇼핑하거나 여행 계획을 세우는 등의 일을 하는 경우는 정말 흔합니다. 유튜브로 정보를 검색해도 마찬가지입니다. 정작 봐야 할 영상은 보지 않고 취미와 관련된 가십성 유튜브를 시청하고 있는 상황에 쉽게 직면합니다.

저는 AI를 이용한 책 쓰기를 할 때 네이버와 구글 등의 검색엔진은 켜지 않고 MS 워드 파일과 웹 브라우저에 챗지피티, 클로드, 퍼블렉시티, 딥시크만 열어두고 집필 작업을 합니다. 검색엔진을 쓰면 링크를 타고 나가서 외부 정보를 보게 되므로 외부 링크로 나갈 수 있는 채널은 막아두고 작업을 합니다. 이렇게 AI를 통한 책 쓰기를 하면 몰입감이 높고 더 빠른 작업이 가능한 이유는 AI를 통해 정보를 얻으면 기본적으로 자료 출처 표기 외에는 외부로 나가는 링크가 차단되어 있기에 글을 쓰다가 엉뚱한 방향으로 이탈하지 않고 집중하는 것이 가능합니다.

AI와의 대화는 본질적으로 목적 지향적이며 불필요한 방해 요소가 없는 환경을 제공합니다. 사용자는 글을 쓰며 조언을 받을 수 있고 자료조사를 할 때 자신의 궁금증을 직접적으로 해소할 수 있습니다. 이 과정에서 자연스러운 학습이 이루어집니다. 특히 중요한 점은 이 과정이 단순한 정보 수집이 아니라 능동적인 이해와 재구성의 과정이라는 것입니다. 검색엔진을 이용하는 것처럼 단순히 글을 긁어와서 붙이거나 재편집하는 것이 아니라 AI와 함께하면 모르는 부분을 계속 AI에 질문하고 이해하기를 반복하여 원고를 쓰게 되므로 실제 공부가 되고 내가 의미를 해석한 이후에 소화를 시켜서 글을 쓰게 되어 나만의 개선된 콘텐츠를 제작하는 것이 가능합니다. 즉, AI 글쓰기가 단순히 시간을 절약하는 데 그치지 않고 글의 완성도까지 높여주는 이유는 학습과 글쓰기가 동시에 이루어지기 때문입니다.

AI를 이용하여 책을 쓰면 작가는 스스로 정보를 탐구하고 이해하는 과정을 통해 지식을 내재화시키게 됩니다. AI를 통해 정보를 얻는 과정은 바로 이러한 학습 과정을 지원합니다. 예를 들어 특정 주제에 대해 AI에 질문을 던지고 그 답변을 바탕으로 추가 질문을 만들어가는 방식은 단순하게 검색엔진에서 찾은 정보를 복사하여 워드 파일에 붙이는 방식의 책 쓰기와 다릅니다. 사용자는 AI의 답변을 자신의 이해 수준에 맞게 재구성하고 이를 글로 풀어내는 과정을 통해 해당 주제에 대한 깊은 이해를 얻게 됩니다.

여러분이 검색을 통해서 정보를 모아서 글을 쓰시면 글은 여러분에게 내재화되는 확률이 높지 않습니다. 실제 검색을 통해서 자료를 찾아서 강의하는 것과 AI를 통해서 자료를 만들어 강의하는 것을 비교해 보면 AI를 통해서 자료를 만든 경우가 타인에게 훨씬 더 설명이 잘 되는 것을 저는 느껴왔습니다. 이렇게 구성된 지식은 훨씬 더 견고하며 실제 활용도도 높습니다. 또한 AI를 활용한 글쓰기는 단순히 몰입감과 효율성을 높이는 도구일 뿐 아니라, 콘텐츠의 깊이와 질을 개선하는 데도 매우 유용한 방법입니다. 이는 AI가 단순히 정보를 나열하는 검색엔진과 달리 사용자가 정보의 흐름을 제어하고 필요에 따라 정보를 심화시킬 수 있는 대화형 학습 환경을 제공하기 때문입니다.

글을 쓰는 과정에서 AI를 활용하면 정보탐색과 글쓰기라는 두 가지 과제를 하나의 통합된 작업으로 수행할 수 있습니다. 이 과정은 글을 쓰는 사람에게 더 큰 집중과 더 나은 학습경험을 제공합니다. AI를 활용한 글쓰기는 단순히 시간을 절약하거나 효율성을 높이는 도구가 아니며 글쓰기를 학습과 창작의 과정으로 전환하며 사용자가 자신의 콘텐츠를 깊이 이해하고 이를 기반으로 독창적인 글을 만들어낼 수 있도록 도와줍니다. 몰입감, 집중력, 그리고 학습효과를 모두 제공하는 AI 글쓰기는 단순한 정보 수집에 머물지 않으며 단절과 집중, 이해를 포함하고 있습니다. 검색엔진을 끄고 AI 서비스만을 켜두고 책 쓰기를 해보시기를 바랍니다. 분명히 여러분에게 가장 빠른 출판이라는 선물을 줄 것입니다.

AI를 이용한 제목, 목차 정하기

출간된 책이 독자들에게 선택받는 것은 여러 요인이 있겠지만 먼저 제목과 목차 그리고 후기가 기여할 가능성이 가장 높습니다. 서점의 매대에 진열된 경우에 표지와 제목을 보고 손이 가게 되며 목차까지 한번 넘겨보고 구매할지 말지를 결정하게 됩니다. 이러한 흐름은 온라인에서도 마찬가지입니다. 온라인 서점에서도 제목과 목차를 볼 수 있고 미리 읽기나 내용 요약을 보고 책을 구매하게 됩니다. 목차는 책의 내용을 간략하게 보여주는 지도와 같습니다. 독자들은 목차를 통해 책의 전체적인 구조와 흐름을 미리 파악하고 책이 자신의 관심사와 일치하는지를 판단합니다. 특히 온라인 시점에서는 '미리 보기' 기능을 통해 목차와 일부 내용을 볼 수 있어 목차의 중요성이 더욱 커지고 있습니다.

 제가 우선 목차와 제목을 생각하지 말고 쓸 수 있는 분량까지 써보라고 말씀을 드렸고 생각날 때마다 소제목을 만들고 그 아래에 원고를 작성하라고 말씀드렸습니다. 이러한 방법을 말씀드린 이유는 초보 작가에게는 가장 어려운 것이 분량 확보이기 때문입니다. 우리가 쓰려는 것이 시집이 아니기 때문에 일단 각 소제목이 정해지면 소제목의 주제를 가장 효과적으로 작성하는 방법을 AI와 함께 고민할 수 있습니다. 마침내 책이 100페이지 이상의 원고가 완성되었고 제목과 목차가 최종 확정되지는 않은 상태로 원고가 앞뒤 순서는 바뀔 가능성이 크게 있지만 어느 정도 완성되었다면 원고를 다듬지 말고 각 소제목만 좀 더 매력적으로 한번 교체하시기를 바랍니다. 이때 매력을 높이는 것에 집중한 나머지 소제목이 본문의 내용과 너무 동떨어지면 안 됩니다. 그리고 소제목이 떠오르지 않으면 해당 원고를 AI에 입력 후 '아래 원고에 가장 적합한 소제목을 사람들의 시선을 끌 수 있는 내용으로 3개를 추천해 줘.'라고 프롬프트를 사용할 수 있을 것입니다. 그렇게 하여 소제목을 일단 완성한 이후에 전체 원고에서 각 소제목만 발췌하여 새로운 워드 파일에 옮긴 후 그것을 본인이 볼 때 어떤 그룹으로 모아서 중간 제목으로 묶을지 결정하시기를 바랍니다. 통상적으로 대제목은 7~8개 내외가 눈에 잘 들어오는 중간 제목입니다. 이때 본인이 해보시고 잘되지 않으면 소제목을 AI에 입력하시기 바랍니다. 소제목을 본인이 완성한 만큼만 나열한 후에 AI의 조언을 받아 보시기 바랍니다. '아래의 소제목을 주제별로 묶어서 중간 제목으로 만들어 줘.' 또는 '아래의 소제목을 주제별로 묶어서 중간 제목으로 만들어 주고 최종적인 책의 제목을 추천해 줘.'라고 프롬프트를 입력하여 책의 제목까지 추천을 받을 수 있습니다. AI는 수많은 데이터를 학습했기 때문에 어떤 표현이나 단어가 독자들의 시선을 사로잡는지 잘 알고 있습니다. 또한 AI는 전체 원고의 맥락을 고려하여 각 소제목들이 서로 어떻게 연결되고 상호작용하는지도 분석할 수 있습니다.

이후 AI와 지인들의 추천, 그리고 출판사의 담당 편집자의 추천, 본인의 최종 결정으로 책 제목을 결정하시면 됩니다. 책 제목은 단순히 내용에 대한 설명을 넘어서 독자의 관심을 끌 수 있는 강렬하고 직관적인 메시지를 담아야 합니다. 좋은 제목은 책의 내용을 함축적으로 표현하면서도 독자의 호기심을 자극해야 하는데 때로는 직관적인 제목이 효과적일 수 있고 때로는 약간의 의문이나 반어적인 표현을 담은 제목이 더 매력적일 수 있으며 시기에 따라 유행하는 단어와 표현을 이용할 수도 있습니다. 중요한 것은 제목이 책의 내용을 잘 대변해야 하며 한국의 정서와 한국적 특수성을 반영해야 한다는 것입니다. AI는 번역체의 어색한 제목을 권장할 확률이 높습니다. 만일 한국에서는 그러한 표현을 잘 쓰지 않는다면 AI의 추천을 무조건 받아들이지 마시고 최종 선택은 본인이 수정하여 반영하시면 됩니다.

 서점에서 책을 고를 때 사람들은 대체로 제목을 보고 먼저 관심을 가지며 표지와 제목이 눈에 띄면 그다음으로 목차를 넘겨봅니다. 목차는 그 책의 전반적인 구조를 즉 어떤 내용이 어떤 순서로 다뤄질지 그리고 그 내용이 자신에게 유용할지 여부를 판단하는 중요한 기준이 됩니다. 써야 한다는 의무감 보다 내가 쓸 수 있는 내용이 무엇인지가 초보 작가에게 더 중요하기에 처음 책을 쓰시는 분들에게 일단 목차와 제목을 고민하지 말고 써 보시라고 추천해 드리고 있습니다. 이러한 방식으로 어느 정도 내용이 먼저 완성되면 과연 내가 잘 쓸 수 있는 것이 무엇인지, 그 주제로 완성되는 책의 흐름이 어떻게 될지, 독자에게 어떤 메시지를 전달할지, 내 스스로 더 명확하게 정의할 수 있습니다. 시중의 대부분의 책 쓰기 강좌에서 초반부에 등장하는 '목차와 제목 정하기'가 큰 의미를 지니지 못하는 이유는 실제로는 작성을 완료하지 못할 제목과 목차를 나열해 두고 완성을 도전하는 것이라면 아무런 의미가 없습니다. 그것은 마치 달성이 불가능한데 작성 당시에 자기만족이 될 방학 생활 계획표와 같아서 보기에만 좋은 문서가 될 가능성이 높습니다.

 목차는 보통 경영, 경제, 건강, 자기 계발 쪽의 도서를 보면 5~7개의

대 제목 아래에 8~10개의 소제목으로 이루어지는 경우가 많습니다. 예를 들어 part1~ part7까지의 대제목, 그리고 part1 아래에 1) ~7)의 소제목으로 이루어지는 것인데 part1이 과일이라는 대제목이면 그 아래 소제목으로 1) 사과 2) 배 3) 감...... 7) 참외 이런 식의 구성입니다. 이론적으로는 출판에 있어서 목차의 구성은 권 > 편 > 장 > 절 > 관 > 조 > 항 > 호 > 목으로 구성되고 간소화하면 장 > 절 > 항 > 목으로 구성된다고 하나 실용서에는 이런 세부적인 구분까지는 필요 없는 경우가 대부분입니다.

AI 시대의 책 쓰기에서는 내가 쓸 수 있는 역량에 맞추어 적절한 제목과 목차를 선택해야 하며 이는 내가 처한 환경과 나의 역량 내에서 AI의 도움을 받아 책의 완성도를 높이는 데 중요한 역할을 합니다. 저의 초등학교 저학년 시절 미술 시간에 나무젓가락으로 만드는 공예 시간이 있었습니다. 본드와 나무젓가락으로 만들어야 하는데 미술 시간이 끝날 때까지 선생님께 제출해야 하는 과제였습니다. 이 과제를 수업 시간의 초반에 선생님께서 설계부터 해서 완성하는 것을 설명하셨고 저는 에펠탑을 노트에 먼저 그려보고 나무젓가락으로 조립하기 시작했습니다. 결론은 저는 미술 시간이 끝날 때까지 완성하지 못했고 과제를 제출하지 못했습니다. 반면에 다보탑이든 석가탑이든 머리에 떠오르는 것을 작은 모형으로 바로 만들기 시작한 친구들은 수업 시간이 끝날 때 제출을 완료하였습니다. 일단 떠오르는 것을 먼저 작성하시기를 바랍니다. 이론과 현실은 다릅니다. 바쁜 일상에서 내가 쓸 수 있는 원고를 먼저 쓰고 AI를 이용하여 완성도와 분량과 제목 그리고 목차의 매력도까지 챙겨 완성하는 것이 우리의 목표입니다. 이러한 과정을 통해 독자들에게 더 많은 관심을 받고 책이 성공적으로 출간될 가능성을 높일 수 있습니다.

AI의 함정, 할루시네이션

할루시네이션(hallucination)은 생성형 인공지능이 실제로 존재하지 않는 허구의 정보를 사실인 것처럼 생성하거나 잘못된 정보를 제공하는 현상을 말합니다. 이는 마치 인공지능이 현실에 없는 것을 '환각'처럼 보는 것과 유사하다고 해서 붙여진 이름입니다. 의료인의 책은 건강과 관련된 정보를 제공하기에 신뢰성과 정확성이 매우 중요한데 이러한 할루시네이션은 AI를 이용한 책 쓰기에 아주 큰 리스크로 다가오게 됩니다.

초기의 생성형 AI의 경우에는 예를 들어 '세종대왕이 한글 창조에 맥북에어를 어떻게 활용했는지 알려 줘.'와 같이 조선시대에 존재하지 않은 맥북을 세종대왕과 결합하여 프롬프트를 입력하면 잘못된 질문이라고 출력하지 않고 실제 있었던 일처럼 답변하는 경우가 많았습니다. 실제 사례를 더 보면 법률 자문에 AI를 활용할 경우 존재하지 않는 판례를 인용하거나 AI를 의료 상담에 활용할 경우, 검증되지 않은 치료법을 추천하는 경우도 있으며 실존하지 않는 논문을 인용하며 새로운 연구 결과를 설명하는 사례도 있었습니다.

이러한 할루시네이션은 사용자들에게 잘못된 정보를 제공하여 논문이나 출간에 AI 활용할 경우, 심각한 문제를 야기할 수 있습니다. 할루시네이션의 주요 원인 중 하나는 AI가 학습하는 훈련 데이터의 품질입니다. AI는 주어진 데이터를 학습하여 정보를 출력합니다. 이 데이터에 오류가 있거나 편향된 정보가 포함되어 있다면 AI는 이를 학습하고 잘못된 답변을 생성할 가능성이 커집니다. 또 다른 원인은 모델의 추론 방식입니다. 생성형 인공지능은 학습한 데이터를 기반으로 가장 확률이 높은 단어, 문장, 혹은 답변을 생성하는데 이 과정에서 답변의 논리적 일관성이나 정확성이 왜곡될 수 있습니다. 특히, 명확한 답이 없는 질문에 대해서는 AI가 정답처럼 보이는 문장을 창작하는 경향이 있습니다. 이러한 할루시네이션을 극복하기 위해 RAG(검색증강생성)를 활용하는 방법도 있으나 이것은 본 도서에서 다룰 범위를 넘어서기에 다루지 않겠습니다.

AI 서비스 제공 업체들은 할루시네이션을 해결하기 위한 노력을 여러 방면에서 진행하고 있습니다. AI 모델의 학습 데이터 품질을 개선하고 더욱 정확한 검증 시스템을 도입하고 있습니다. 그리고 AI가 자기 지식의 한계를 인정하고 불확실한 정보에 대해서는 명확히 표현할 수 있도록 하는 '불확실성 인지' 기능을 강화하고 있습니다. 최근에는 외부 데이터베이스나 검색엔진과 연동하여 실시간으로 정보를 검증하는 방식도 도입되고 있습니다. 실제로 퍼블렉시티와 같은 AI를 사용하면 정보의 출처까지 표기해 주는데 이런 AI의 경우는 많이 유용합니다.

여러 생성형 AI를 써보면 답변이 투박하지만 정확한 정보를 주는 AI가 있고 답변의 정확성이 떨어지는데 문체가 거의 사람이 쓴 것과 차이가 나지 않는 AI가 있습니다. 그래서 AI의 사용을 일상화하고 최대한 자주 사용해 보시라고 말씀드리고 있습니다. AI의 도움을 받아 책을 쓰다 보면 사람처럼 글을 써주는 AI에 더 이끌릴 수밖에 없는데 이를 꼭 조심하고 검증해야 합니다.

할루시네이션을 예방하기 위해서 제가 쓰는 검증 방법은 여러 개의 생성형 AI를 써보고 불확실한 내용은 검색엔진을 통해 재검증해 보는 것입니다. 그리고 최종적으로 출판사의 편집자와 다시 한번 원고의 오류를 재검증합니다. 저는 챗지피티, 클로드, 퍼블렉시티를 유료로 사용하고 있어서 동일한 질문을 최소 3개의 AI에 동시에 하고 있습니다. 실시간 웹검색 기능이 반영된 AI의 경우는 출처의 URL을 제공하니 어느

성도 검증이 됩니다. 불확실한 내용이라 추정되면 네이버와 구글을 통하여 검증하고 있습니다.

 이 글을 작성 중인 2025년 2월 현재, AI에 할루시네이션은 없을까요? 제가 사용해 보면 현재도 있습니다. 제가 가장 많이 발견하고 있는 사항은 예를 들어 유명인의 프로필을 물어보면 출신학교가 틀리거나 특정 기업의 지분구조를 물어보면 엉터리로 말하며 유명한 관광지의 유래 등 모르는 내용에 대하여 사실대로 말하지 않고 엉터리로 서술하는 일이 현시점에도 있습니다. AI가 생성하는 허구의 정보를 조심하시기를 바랍니다. AI를 글쓰기에 활용할 때 작가는 AI의 한계를 인정하고 검증에 주의를 기울이는 것이 반드시 필요합니다.

책 쓰기에
어떤 생성형 AI를 사용할 것인가?

책 쓰기에 어떤 생성형 AI를 사용할 것인지에 대한 질문에 정답은 없습니다. 제가 이 책을 집필하는 6개월 동안 여러 글로벌 생성형 AI 기업 간의 치열한 고지 쟁탈전이 있었습니다. 한 달에도 몇 번의 엎치락, 뒤칠락 책 쓰기와 글쓰기에 최적화된 AI 서비스의 순위의 결과가 바뀌고 있습니다. 2025년 1월 말은 중국의 AI인 Deepseek가 저비용으로 성능 좋은 서비스 개발에 성공하여 전 세계에 큰 충격을 던져주고 있습니다만 앞으로 글쓰기에 도움을 주는 AI 서비스에 어떤 기업이 앞서간다는 정답은 없습니다. AI 자체가 책 쓰기의 답은 아닙니다. 그렇기에 어떤 AI가 출현하느냐는 크게 중요하지 않습니다. 나의 고유한 세계관과 관점에 AI의 관점을 더하여 새로움을 창출하는 방법이 가장 중요합니다.

전문직은 AI를 그렇게 써야 한다고 생각합니다. AI를 퍼포먼스 차원에서 활용한다기보다 관점의 다양화, 전문직 1인이 본인과 관련된 여러 도메인에서 평균 이상의 수준을 가질 수 있는 활용만 해내면 AI 자체를 연구하는 연구직이 아니라면 상당 기간은 이런 활용만으로 남들보다 앞서 나갈 수 있다고 생각합니다.

제가 책 쓰기 AI에 있어서 드리는 정답은 책을 쓰는 기간에는 적어도 복수의 AI를 쓰라는 것입니다. 그리고 AI를 절대 책이나 강의로 배우시지 말고 여러 AI를 쓰면서 체득하시라는 말씀을 드리고 싶습니다. 그리고 책을 쓰는 기간에는 반드시 AI의 유료 버전을 쓰시기를 바랍니다. 높은 버전을 쓰실 필요는 없고 유료 중에 가장 낮은 버전을 쓰시면 됩니다. 유료 버전 중에 가장 낮은 버전을 쓰셔도 기능적으로 글쓰기에 도움을 받기에는 충분합니다.

예전에 학생일 때 아래아한글, 윈도, 포토샵 등을 책을 사서 배운 기억이 있으신가요? 저는 그런 적이 있었고 컴퓨터 학원도 방학 때 다닌 기억이 있습니다. 집에 책꽂이에 지금도 방치되어 있는 윈도 7, 아래아한글 3.5, 오피스 2007 일주일 완성, 포토샵 무작정 따라 하기 등의 책을 사서 배우고 나면 2~3년만 지나면 '참 오래된 책이구나!'라는 생각이 들 뿐만 아니라 다시 보지도 않습니다. 지금의 AI 강의와 도서 시장이 그렇습니다. 가장 빠른 AI 학습의 장은 유튜브입니다. 실시간으로 직접 써 본 사람들의 증언이 가장 빠르고 확실합니다. 그런데 유튜브를 보는 것만으로는 나에게 체득되지 않습니다. 다만 나와 비슷한 고민과 경험을 했던 사람들의 과정은 들어볼 수 있어 시행착오를 줄이는 길잡이가 되기에 유용합니다.

직접 써봐야 합니다. 고전문학은 오래될수록 빛이 나지만 AI 학습은 그렇지 않습니다. AI는 밀가루 반죽과 같다고 생각합니다. 수제비도 만들 수 있고 짬뽕도 짜장면도 파스타도 호떡도 될 수 있습니다. 또한 수영을 배우는 것과 같습니다. 수영을 책으로 공부할 수 있을까요? 실제로 물에 들어가 봐야 수영을 배울 수 있습니다. 결과가 아니라 과정이며 나에 맞게 써본 사람이 정답을 가진 자이며 계속 써본 사람만이 답을 찾을 가능성이 높은 사람입니다. 스마트폰이 여러분의 일상에 이미 아주 자연스럽게 있듯이 글쓰기와 관련된 AI를 여러분의 일상에서 익숙하게 사용하시기를 바랍니다.

여러 AI 서비스를 병행하여 사용하는 것은 책 쓰기의 성과를 위하여 매우 효과적인 전략입니다. 각 AI는 고유한 강점과 특성을 가지고 있어 다양한 AI를 활용하면 더욱 풍부하고 다각적인 아이디어를 얻을 수 있습니다. 예를 들어 어떤 AI는 창의적인 아이디어 제시에 뛰어날 수 있고 다른 AI는 문장 구조 개선에 특화되어 있을 수 있습니다. 이러한 다양한 기능을 조합하여 사용하면 글의 질을 전반적으로 향상할 수 있습니다. 유료 AI를 3개 정도 쓰면 책 쓰기에 충분하다고 생각됩니다. 같은 프롬프트를 3개의 AI에 동시에 입력해 보시고 가장 적합하다고 생각하는 내용을 내 원고에 추가해 보시기 바랍니다. 같은 주제, 같은 내용에 대해 여러 AI의 답변을 받아보면 우리는 더 풍부한 관점과 표현을 얻을 수 있어서 마치 여러 전문가의 의견을 동시에 듣는 것과 같은 효과를 줍니다. 다만 비판적으로 접근하면서 자신의 고유한 창작물을 만들어가야 합니다.

책 쓰기와 번역 AI의 혁명

아마존 서점에서 해외 의사들의 책을 참고 자료로 적극적으로 활용하라고 말씀드렸습니다. 해외 논문, 해외 서적을 참고 자료로 활용할 때 번역 AI를 적극 활용하시기를 바랍니다. 책 쓰기는 결국 문장을 찾아 나가는 과정인데 참고할 문장과 자료가 국내만 아니라 해외에 더 많습니다. 구글 번역, 파파고, 딥엘, 챗지피티 등의 번역 AI를 사용하면 되는데 저는 요즘 전문 번역 AI가 상당히 발전했기에 비교적 최신에 나온 전문 번역 AI를 쓰시기를 권장해 드립니다. 해외여행 시에 사용하는 대화용 번역기를 출판과 관련 번역에 사용하는 것은 권장하지 않습니다. 그리고 번역 수준에 차이가 있습니다. 의료에 관한 용어를 제대로 번역해 주는 AI를 사용하시기를 바랍니다. 예를 들어 '유착'이라는 단어는 경제, 사회 분야에서 쓰이는 것과 의료에 쓰이는 것이 다르게 해석되는 경우가 많습니다. 경제에서 쓰는 '정경유착'과 의료에서 쓰는 '장기 유착'은 같은 유착이라는 단어라도 해석을 다르게 해야 할 것입니다. 이런 것을 정확하게 번역해 내는 AI가 요즘에 많이 있습니다. 빅 테크의 번역기이지만 이것을 못 해내는 번역기가 있는가 하면 번역에만 집중해 온 AI는 다른 결과를 보여 줍니다.

요즘 AI의 유료 버전을 사용하면 해외의 PDF 자료가 책 1권의 분량이라도 2~3분이면 그대로 파일 전체를 번역해 주는 유료 서비스가 많이 있습니다. 의료 용어를 잘 번역하면서 파일을 통째로 번역할 수 있는 서비스를 유료로 사용하시기를 바랍니다. 무료 번역기는 기본적인 용도로 충분히 유용할 수 있지만 의료 용어처럼 정확도가 중요한 영역에서는 유료 번역기가 더 적합합니다. 예를 들어 해외에서 발간된 의료 서적의

PDF를 빠르게 번역해야 하는 상황이라면 문서를 통째로 번역할 수 있는 유료 서비스는 시간과 노력을 크게 절약해 줍니다. 그리고 파일 전체를 번역하는 서비스는 유료가 많습니다. 번역 AI는 단순히 단어를 바꾸는 것이 아니라 텍스트 전체의 맥락을 유지하며 자연스럽게 번역할 수 있으므로 이를 활용하면 고품질의 자료를 손쉽게 얻을 수 있습니다.

책 1권을 통째로 번역하지 않고 특정 부분만 번역하려면 OCR (Optical Character Recognition, 광학문자인식) 서비스를 이용해 보시기 바랍니다. 일일이 타이핑할 필요도 번역할 필요도 없습니다. 핸드폰 카메라로 찍어서 구글 렌즈와 같은 서비스를 이용하면 사진을 텍스트로 치환하고 번역까지 해주므로 매우 도움이 됩니다. 아마도 해외여행을 가실 때도 사진을 찍어서 사진의 단어를 화면에서 바로 번역하기 위해서 구글 렌즈와 같은 OCR은 사용해 보신 적이 있으실 것입니다. OCR은 번역에 사용해도 되고 여기저기서 수집한 문장을 텍스트로 정리할 때도 유용하기에 OCR은 번역 외에도 집필 과정에서 다양한 용도로 활용될 수 있습니다. 예를 들어 각종 세미나 자료, 강의 노트, 또는 손으로 작성한 메모들을 디지털화하여 체계적으로 정리할 수 있습니다. 또한 다양한 소스에서 수집한 정보를 하나의 문서로 통합하고 분석하기 전에 저장하는 용도로도 매우 유용합니다. 예를 들어 병원에서 사용하는 교육 자료나 환자 상담에 필요한 문서들을 OCR로 텍스트화하여 집필 자료로 활용하면 풍부한 소스로 책의 완성도를 높일 수 있습니다.

번역 AI와 OCR 기술을 활용하면서도 자신만의 목소리와 관점을 유지하는 것이 중요합니다. AI가 제공하는 번역은 자료를 이해하고 참고하기 위한 수단일 뿐 그대로 복사하여 사용하는 것은 피해야 합니다. 번역된 내용을 읽고 자신의 언어로 다시 풀어내는 과정에서 저자의 독창성과 전문성을 드러낼 수 있습니다. 번역된 내용을 바탕으로 자신만의 언어로 재구성하고 해외의 자료를 한국의 의료 현실과 독자들의 이해도를 고려하여 적절히 수정하는 과정이 필요합니다.

AI를 이용한 작가의 블록 극복

작가 블록(writer's block)이란 글을 쓰는 작가가 창작 과정에서 경험하는 일종의 정신적 장애나 막힘을 의미합니다. 흔히 말하는 슬럼프와 유사한 단계입니다. 이는 창의성이 마비되거나 아이디어가 떠오르지 않는 상태로 글을 쓰고 싶어도 생각이 정리되지 않거나 손이 움직이지 않는 현상을 말합니다. 이러한 작가 블록은 문학에서만 있는 것이 아니라 작곡, 미술 등 다른 창작의 영역에도 있으며 스포츠 분야에서도 유사한 현상이 있습니다. 아래는 흔히 알려진 작가 블록의 원인입니다.

완벽주의 성향: 작가가 완벽주의 성향이 강한 경우, 첫 문장부터 완벽하게 작성해야 한다는 부담감이 작용하여 글을 시작하기가 어려울 수 있습니다. 그래서 저는 일단 쓰고 보라는 말씀을 평소에 많이 드립니다. 또한 문장을 작성하는 도중에도 지나치게 세부적인 부분을 수정하려는 경향이 있어 글을 완성하기까지 오랜 시간이 걸리거나 중도에 포기하는 경우가 많습니다.

자기 검열과 지나친 비판: 자신의 글을 지나치게 검열하고 스스로 비판하는 것도 작가 블록을 유발하는 주요 원인 중 하나입니다. '이 문장이 너무 진부한 것은 아닐까?', '독자들이 실망하면 어쩌지?', '다른 작가들은 훨씬 더 잘 쓰지 않을까?' 등의 생각이 들면 글을 자유롭게 써 내려가기 어려워집니다. 이러한 자기 검열은 창작의 흐름을 방해하고 결국 글을 완성하는 데 걸림돌이 될 수 있습니다.

신체적·정신적 피로와 스트레스: 신체적 피로와 정신적 스트레스는 창작력에 직접적인 영향을 미칩니다. 과중한 업무, 마감 기한에 대한 압박, 수면 부족 등으로 인해 피로가 누적되면 뇌가 새로운 아이디어를 떠올리기 어려워집니다. 또한 스트레스가 심할 경우 창의적 사고가 제한되며 글쓰기에 대한 의욕이 저하될 수 있습니다. 저는 개인적으로 글이 잘 써지지 않는 상태의 가장 큰 원인 중의 하나가 수면 부족과 관련이 있다고 생각합니다. 잠을 많이 자고 맑은 정신에서 좋은 글이 나오는 것 같습니다.

동기 부족 및 목표의 불명확성: 글을 쓰는 목적이나 목표가 명확하지 않을 경우, 작가 블록이 발생할 가능성이 커집니다. 처음에는 뚜렷한 목표를 가지고 시작했지만 시간이 지나면서 동기가 희미해지거나 타인의 평가와 같은 외부적인 요인에 의해 흔들리면 글을 쓰는 일이 부담스럽게 느껴질 수 있습니다. 예를 들어 이 시간에 돈을 벌거나 여행을 가는 것이 더 좋다는 판단도 동기가 불명확하면 발생합니다.

AI 발전은 이러한 원인에 의해서 생기는 작가 블록을 상당 부분 해결해 주고 있고 이에 따라 생산성 역시 향상되고 있습니다. AI가 단순히 글을 자동으로 생성하는 기능만 가지고 있을까요? AI는 작가가 창작을 지속할 수 있도록 도와주는 강력한 도구로 활용될 수 있습니다. AI에는 컨디션 난조가 서버의 다운타임인 시간밖에 없고 작가의 컨디션에 따라 AI에게 단순 작업을 시킬지 작가와 협업하는 시간을 가질지만 정하면 됩니다. AI를 이용하면 작가 블록에 빠질 가능성이 적은 이유는 다음과 같으니 이를 실제 활용해 보시기 바랍니다.

작가 블록이 발생하는 가장 큰 원인은 뇌의 사고 과정이 반복적인 패턴에 갇히는 것입니다. 인간의 두뇌는 익숙한 정보와 경험을 바탕으로 아이디어를 생성하는 경향이 있는데 이는 창작의 흐름을 방해할 수 있습니다. 반면 AI는 방대한 데이터베이스를 기반으로 다양한 문장을 생성하며 인간이 예상하지 못한 방향으로 전개되는 문장을 제안할 수 있습니다. 이를 통해 작가는 고정된 사고에서 벗어나 새로운 시각을 얻을 수 있으며 창의적인 글쓰기를 지속할 수 있습니다. 또한 AI는 작가가 원하는 주제나 키워드를 입력하면 다양한 스타일의 문장과 아이디어를 즉각적으로 제공할 수 있습니다. 이러한 기능은 작가가 초고를 빠르게 작성하도록 도와주며 초고가 완성된 후에는 이를 바탕으로 보다 정교한 문장을 다듬는 작업을 진행할 수 있습니다. 따라서 작가 블록의 시간이 들어올 틈이 별로 없는 것입니다.

글을 쓰는 과정은 많은 인지 자원을 필요로 합니다. 특히 단어를 선택하고 문장을 구성하는 과정은 뇌의 전두엽을 집중적으로 활용하는 활동입니다. 그러나 AI를 활용하면 이러한 과정의 일부를 자동화할 수 있어 작가는 보다 창의적인 측면에 집중할 수 있습니다. 과학적으로도 반복적인 사고에서 벗어나기 위해서는 두뇌가 새로운 자극을 받아야 한다는 것이 입증되었습니다. AI가 생성한 문장이나 아이디어는 인간이 생각하지 못한 방향으로 사고를 확장하는 역할을 하며 이러한 과정에서 뇌는 보다 유연한 창작 활동을 수행할 수 있습니다.

글을 쓰는 과정에서 자신이 쓴 문장이 부족하다고 느껴질 경우, 다음 문장을 이어 나가는 것이 점점 더 어려워질 수 있습니다. AI는 이러한 문제를 해결하기 위해 즉각적인 피드백을 제공할 수 있습니다. 문장의 개선, 스타일 조정, 새로운 시선 제공과 제안이 가능합니다. 이러한 기능은 작가가 자기 검열에 빠지지 않고 자연스럽게 글을 이어 나가도록 도와주는 역할을 합니다. 또한 작가 블록에 빠지지 않기 위해서는 루틴이 중요한데 AI는 정해진 시간에 글을 작성하도록 큰 어려움 없이 지속해서 아이디어를 제공함으로써 글쓰기 습관을 유지하는 데 도움을 줍니다.

의료인에게 있어서 글을 쓴다는 것은 진료 시간이 일반 직장인에 비해서 길기 때문에 대부분 시간적인 부담이 가장 큽니다. 따라서 작가 블록에 빠지는 것을 최대한 회피해야 하며 글은 초고를 작성한 후 여러 차례 수정과 보완을 거쳐 완성되는 과정이므로 처음부터 완벽한 문장을 만들겠다는 생각을 버리시고 생각을 자유롭게 펼치시기를 바랍니다. 그리고 컨디션이 좋을 때 AI와 협업해서 새로운 아이디어를 내시고 컨디션이 좋지 않아 창의적으로 AI와 협의하기 어려울 때는 AI에 편집, 퇴고, 목차 정리와 같은 단순 작업을 시키시면 됩니다. AI가 도와주지 못하는 것은 '내 책이 충분히 흥미로울까?', '사람들이 좋아할까?', '출판사의 요구를 만족시킬 수 있을까?' 등의 고민입니다. 이런 걱정이 많아지면 글을 쓰는 과정 자체가 스트레스가 될 수 있습니다. 이럴 때 마음가짐만 바꾸는 마인드 컨트롤 하시기를 바랍니다. 모든 독자를 만족시킬 필요는 없으며 가장 중요한 것은 의료에 대한 나의 세계관과 관점을 진정성 있게 전달하는 것입니다.

퇴고 단계에서 활용할 AI 프롬프트

생성형 AI가 내가 쓴 글을 검토하도록 유도하는 초안의 퇴고 단계에서 활용할 프롬프트는 다음과 같습니다. 여러분의 상황에 맞게 사용해 보시기 바랍니다. 책 1권을 모두 AI에 맡기면 대부분 토큰값의 한계로 되지 않는 경우도 많으니 나누어서 해보시기를 바랍니다.

1. 톤, 콘텐츠, 형식 및 구성이 타깃 독자에게 적합한가?
2. 논거가 타당한가?
3. 중요한 정보가 누락되어 있지 않은가?
4. 정보가 논리적으로 전개되고 있는가?
5. 글의 목적이 명확하게 전달되었는가?
6. 각 단락이 일관성이 있는가?
7. 각 단락의 목적이 명확한가?
8. 소제목이 내용과 일치하는가?
9. 초반 주제 문장이 명확한가?
10. 단락 사이의 전환이 단락 간의 연결을 명확하게 하고 있는가?
11. 결론이 명확하게 끝나는가?
12. 달성할 수 있는 내용을 말하고 있는가?
13. 제거가 필요한, 불필요한 목차가 있는가?
14. 동기를 부여하고 영감을 주고 있는가?
15. 예시가 공감할 수 있고 현실적인가?
16. 전략이 실용적이고 실행 가능한가?
17. 제시 사례가 흥미롭고 유익한가?
18. 비유와 은유가 적절한가?
19. 제시한 수치는 출처가 확실하고 검증 가능한가?
20. 제거해야 할 불필요한 섹션이 있는가?
21. 내러티브가 흥미롭고 매력적인가?
22. 주장이 체계적이고 설득력이 있는가?

23. 요점을 뒷받침할 만한 충분한 사례가 있는가?
24. 진부한 표현과 흔한 비유를 피하고 있는가?

PART 5

초보 작가를 위한
출판 상식

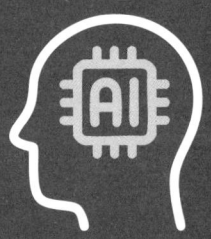

출판의 형태 비교

지금 책을 이미 쓰고 계시지만 원고를 쓰는 것 이외에는 실제로 출판을 어떻게 하는지는 모르고 준비하시는 분들이 많을 것입니다. 상식적으로 출판의 유형은 알고 계셔야 출판사와 편하게 협의가 가능할 것입니다.

- **자비출판**: 저자가 출판 비용을 부담하지만 출판사와 협력하여 출판 과정을 진행하며 출판 후 저작권과 소유권을 저자가 유지하는 방식입니다.
- **독립출판**: 모든 과정을 저자가 스스로 처리하는 방식으로 가장 큰 창작의 자유를 가지지만 유통과 마케팅에서 어려움이 있을 수 있습니다.
- **기획출판**: 출판사가 대부분을 담당하여 전문적인 출판이 가능하지만 저자는 창작의 자유와 수익에서 제약이 있을 수 있습니다. 여러분이 보시는 서점에 파는 책들의 가장 보편적인 출판 방식입니다.

자비출판, 독립출판, 기획출판의 차이점을 다양한 관점에서 표로 정리하면 다음과 같으니 참고하시기를 바랍니다.

구분	자비출판	독립출판	기획출판
정의	저자가 출판 비용을 부담하고 출판사와 협력하여 책을 출판하는 방식	저자가 모든 과정을 스스로 진행하여 출판하는 방식	출판사가 책의 기획부터 마케팅까지 주도하여 출판하는 방식
비용 부담	저자가 전액 부담	저자가 전액 부담	출판사가 대부분 부담
출판 과정	저자가 원고를 작성하고 출판사와 협력하여 제작, 디자인, 편집	저자가 기획, 제작, 편집, 디자인, 인쇄, 유통까지 모두 담당	출판사가 기획, 제작, 편집, 마케팅 등 모든 과정을 담당하고 저자와 협의
마케팅	저자가 직접 하거나 출판사의 일부 지원을 받음	저자가 직접 마케팅을 담당	출판사가 전체적으로 마케팅을 담당
유통	저자가 직접 유통하거나 출판사의 유통망을 이용	저자가 직접 유통 채널 확보 (온라인 서점, 독립 서점 등)	출판사가 대형 서점 및 온라인 유통망을 통해 유통
저작권	저자가 저작권을 소유	저자가 저작권을 소유	저작권은 출판사와 계약에 따라 나뉨 (보통 출판사가 일정 기간 소유)
인세	저자가 책 판매 수익 대부분을 가져감	저자가 책 판매 수익 전액을 가져감	인세는 보통 8~10%로 저자와 출판사가 계약
소유권	출판 후 책의 소유권과 판권은 저자에게 있음	출판 후 책의 모든 소유권과 판권은 저자에게 있음	출판사와의 계약에 따라 책의 소유권과 판권 일부를 출판사가 가질 수 있음
장점	출판 과정에서 출판사의 지원을 받을 수 있음	완전한 창작 자유와 소유권을 가짐	전문적인 출판 및 마케팅 지원, 유통이 원활
단점	비용 부담이 크고 마케팅과 유통에 한계가 있을 수 있음	모든 과정을 저자가 혼자 책임져야 하고 유통 및 마케팅이 어려움	인세가 낮고 저작권이나 소유권을 일부 출판사에 양도해야 할 수 있음
창작의 자유	창작 자유는 있으나 출판사와 협의가 필요할 수 있음	100% 서사에게 상삭의 자유가 있음	출판사와의 기획 및 편집 과정에서 제약이 있을 수 있음

판권(출판권): 저작권자가 특정 조건(기간·지역·형태 등)으로 출판사를 통해 책을 출판할 수 있도록 허락하는 권리

저작권: 창작물 완성 시 창작자가 자동으로 가지는 지식재산권. 복제·배포·공연·전시권 포함

출판에 필요한 최소 원고는?

독서는 지식 습득과 자기 계발의 중요한 수단으로 여겨져 왔지만 현대인들의 바쁜 일상과 스마트폰, 유튜브가 콘텐츠 소비의 큰 축이 되면서 책 한 권을 완독하는 것은 쉽지 않은 일이 되었습니다. 독자들의 책 읽기 패턴과 선호도는 시대 흐름에 따라 지속해서 변화하고 있습니다. 일반 독자들이 가장 부담 없이 읽을 수 있는 책의 분량은 200~250페이지로, 이는 3~4시간 내외로 완독할 수 있는 분량으로 독자들이 바쁜 일상에서도 충분히 소화할 수 있는 적절한 양이라고 볼 수 있습니다.

하지만 책의 장르에 따라 선호되는 분량에는 차이가 있습니다. 자기계발서의 경우 150에서 180페이지 정도가 선호되는데 이는 독자들의 핵심석인 조언과 실천 방법을 빠르게 습득하고자 하는 욕구를 반영합니다. 건강이나 의학 관련 서적은 조금 더 긴 250페이지 내외가 적당한 것으로 알려져 있습니다. 이는 의학 정보의 복잡성과 중요성을 고려할 때 더 자세한 설명과 근거가 필요하기 때문입니다. 반면 에세이와 같은 가벼운 읽을거리는 120에서 150페이지 정도로 짧고 간결한 분량이 선호됩니다. 이러한 독자들의 선호도를 고려할 때 마케팅 목적으로 의사가 환자를 대상으로 건강 도서를 출간할 경우 250페이지 내외의 분

량이 가장 이상적이라고 할 수 있습니다. 이 정도의 분량이면 독자들의 욕구를 자극하면서도 완독률을 높일 수 있는 분량이라 볼 수 있습니다. 실제로 최근 몇 년간 베스트셀러 책의 평균 페이지 수가 감소하고 있는데 이는 독자들의 시간 제약과 집중력 감소를 반영한 결과로 보입니다.

책으로 출간되었을 때 250페이지 내외의 분량은 여러 가지 측면에서 적합합니다. 우선 독자들의 집중도와 가독성 측면에서 부담이 적습니다. 너무 긴 책은 정보의 과부하로 인해 독자들이 중간에 포기할 수 있고 반대로 너무 짧은 책은 충분한 정보를 전달하기 어려울 수 있습니다. 또한 이 정도의 분량이면 의사가 전달하고자 하는 핵심 메시지와 유용한 정보를 효과적으로 담아낼 수 있습니다. 각 장에서 중요한 내용을 간결하고 명확하게 설명할 수 있는 여유가 있습니다. 더불어 이러한 분량의 책은 독자들에게 적절한 신뢰감을 줄 수 있습니다. 너무 얇은 책은 내용이 가볍게 느껴질 수 있고 반대로 너무 두꺼운 책은 지나치게 전문적이거나 어렵게 느껴져 독자들에게 부담을 줄 수 있습니다. 250페이지 내외의 책은 저자의 전문성을 보여주면서도 독자 친화적인 분량으로 생각해 볼 수 있습니다.

컴퓨터에서 책을 쓸 때 MS 워드로 글자 크기 11로 100~150페이지 정도를 그림 없이 글로만 쓰는 것을 1차 목표로 하시기를 바랍니다. 출판사를 운영하는 입장에서 한 가지 드릴 수 있는 꼼수는 최종 출판 단계에서는 더 이상 짜낼 것이 없어서 원고가 모자라더라도 책의 두께나 그립감은 두꺼운 용지 선택을 하거나 책 사이즈를 다르게 해서 두께가 풍성한 느낌을 연출할 수는 있습니다. 그러나 이것은 최종단계에서 결정할 문제입니다.

출판사와 접촉, 이렇게 하라

예비 저자가 출판사와 연락하는 첫 번째 방법은 작가가 스스로 출판사를 찾아 나서는 방법으로 책의 주제를 기획하여 글자 크기 11로 10페이지 이상의 원고를 작성하여 출판사에 이메일로 투고하고 인연과 기회가 닿는 출판사와 계약하는 방법입니다. 대부분의 출판사는 출간하는 책의 전문 분야가 있습니다. 경제, 예술, 경영, 교육, 여행, 기술, 마케팅, 건강, 상식, IT 등등의 카테고리에서 본인들의 전문 분야가 있습니다. 서점에서 내가 출간하고자 하는 건강과 의료 영역의 책을 보면 뒤에 출판사 연락처와 이메일이 있을 것입니다. 온라인 서점에서 책을 찾아보고 해당 출판사의 홈페이지를 찾은 후에 이메일을 보내도 됩니다. 한 곳의 출판사 외에 여러 곳의 출판사로 투고하는 방법도 있습니다. 하지만 이 방법이 성공하려면 여러분의 원고가 매력과 시류성, 상업성이 있어야 할 것입니다. 기획출판의 경우, 영화나 게임처럼 출판사가 편집, 디자인, 교정, 인쇄를 선 투자하는 방식이라 출판사의 편집자에게 여러분의 원고가 매력과 시장성이 있어야 출판사가 저자로 여러분과 계약할 것입니다. 작가 자신만 좋아하는 내용이며 대중성이 없다면 출판사가 여러분의 책을 선택하지 않을 것입니다.

두 번째 방법은 출판사에서 먼저 연락이 오도록 평소에도 차별화된 주제로 퍼스널 브랜딩을 계속하는 것입니다. 특정 주제에 대한 블로그를 꾸준하게 쓰거나 유튜브 활동을 하거나 외부 강연을 꾸준히 하는 경우입니다. 그리고 잡지나 온라인 매체에 기고를 꾸준히 하는 것도 좋은 방법입니다. 온라인 매체에는 브런치와 같은 글을 쓰는 플랫폼에 투고하는 것도 좋습니다. 대부분 출판사의 편집자나 대표들은 저자를 발굴

하는 활동을 계속하고 있습니다. 저의 경우도 첫 직장이 IT 기업이라 최초에 IT와 관련된 책과 교재를 주로 집필하였습니다. 그 후 광고대행사를 창업하고 모 신문사의 교육센터에서 마케팅에 대한 공개 강의를 하는데 출판사의 편집자께서 저의 강의를 들으러 찾아오셨고 첫 번째 마케팅 도서에 대해 출판계약을 하였습니다. 이러한 형태는 평소에 본인의 퍼스널 브랜딩이나 고유한 콘텐츠와 관련된 대외 활동을 하시는 경우에 제안받을 가능성이 높습니다.

세 번째 방법은 자비출판을 진행하는 출판사에 연락하는 방법입니다. 대필 작가를 섭외하여 도움을 주기도 합니다. 원고를 다 썼지만 상업성이 없다고 판단되어 출판사를 찾지 못할 경우 자비출판으로 방향을 바꾸는 경우도 있습니다. 의료의 경우라면 헬스 지면을 가진 일간지의 출판국에서도 의사의 자비출판을 대행하는 경우가 있고 네이버를 검색해도 자비출판 업체들이 많이 있습니다. 이 경우는 비용이나 예산이 다소 발생합니다. 먼저 견적에 대해 여러 업체에서 알아보고 논의하고 진행해야 할 것입니다. 실제 오프라인에 책이 나오게 할 수 있고 경우에 따라 교보문고, YES24, 알라딘과 같은 온오프라인 서점에도 입점이 가능한데 이 조건은 자비 출판사와 협의하기에 따라 달라지며 비용에도 영향이 있습니다.

네 번째 방법은 기존 출판사가 아닌 POD(Publish on Demand, 주문형 출판) 업체를 찾아 계약하는 것입니다. POD 출판의 세부적인 내용은 뒤에서 별도의 목차에서 다시 다루도록 하겠습니다

책의 목차에 대한 상식

책의 목차는 상식 차원에서 단계별 분류체계에 대해 알아 둘 필요가 있습니다. 국문, 영문, 한문으로 함께 구분해 보면 더 이해가 쉽습니다. 책의 체계에서 구성을 위한 기본 구조는 가장 큰 단위인 '권(卷)'에서 시작하여 가장 작은 단위인 '목(目)'까지 단계적으로 구성됩니다. 이러한 구조는 내용을 논리적으로 분류하고 독자가 쉽게 찾아볼 수 있도록 도움을 줍니다. '권'은 책의 전체 분권을 의미하며 '편'은 큰 주제별 구분을 '장'은 세부 주제를 '절'은 구체적인 내용 단위를 나타냅니다. '관'과 '조'는 보다 세부적인 내용을 '항'과 '호', '목'은 가장 구체적인 내용을 담는 단위로 활용됩니다. 목차의 체계는 책과 문서의 성격과 분량에 따라 필요한 단계만 선택적으로 사용할 수 있으며 일반적으로 논문이 아닌 도서에서는 권, 장, 절 정도까지만 사용하는 경우가 많습니다. 나의 책은 어떤 단계로 구성할지 미리 구상해 보시기 바랍니다.

단계	한자 표기	영문 표기	설명
1단계	권(卷)	Book	책의 전체 분권 단위
2단계	편(篇)	Part, Volume	큰 주제별 구분
3단계	장(章)	Chapter	주요 세부 주제 구분
4단계	절(節)	Section	장 내의 세부 내용 구분
5단계	관(款)	Subsection	절 내의 세부 내용
6단계	조(條)	Article	관 내의 구체적 내용
7단계	항(項)	Paragraph	조 내의 세부 사항
8단계	호(號)	Subparagraph	항 내의 구체적 내용
9단계	목(目)	Clause, Item	가장 세부적인 내용 단위

그림을 넣으면 책 쓰기가 쉬울 거라는 착각

첫 번째 책을 쓴다면 그림이 많이 들어간 책, 사진이 많이 들어간 책보다는 글로 된 책을 추천합니다. 초보 작가들이 쉽게 착각하는 것이 그림이 많이 들어간 책은 글로 된 책보다 페이지 수를 늘리기 쉽다고 생각해서 구상하는 경우가 많은데 오히려 그렇지 않습니다. 텍스트만으로 된 책이 첫 번째 책으로 더 쉽습니다. 그림이나 사진을 많이 넣을 것을 기획 단계에서 구상하는 경우 글의 분량에 대한 부담 때문에 분량을 삽화나 사진으로 채우면 책을 쓰기가 더 쉬울 것이라는 심리적 요인이 초보 작가에게 이런 구상을 하게 만드는 경우가 많습니다. 그러나 실제는 삽화 작가의 인건비도 저렴하지 않고 내 책에 적합한 삽화 작가를 구하기도 쉽지 않습니다.

책을 글로 채우면 저작권 문제에서도 리스크가 적고 삽화 작가를 따로 섭외하지 않아도 됩니다. 대부분의 출판사에서 작가가 첫 번째 책에 삽화를 넣는다고 하면 복잡성이나 원가 문제로 편집자가 반대할 것입니다. 건강 관련 도서 중에 요리책이나 스트레칭, 요가 등과 관련된 책이라면 자세나 요리 과정을 표현하기 위해 삽화나 사진이 들어가는 책도 많이 있지만 대체로 이러한 종류의 책이 아니라면 첫 번째 책을 그림이 많이 들어간 책을 출간하는 것은 제작비용과 복잡성 때문에 대체로 권장하지 않습니다. 삽화를 대신한 사진의 경우도 대부분 직접 찍지 않는다면 사진별로 라이선스를 구매해서 쓰는데 가격이 상당히 비쌉니다. 상업적 사진의 라이선스는 출판, 인쇄, 웹, 소셜미디어 등의 용도로 따로 나누어져 있는데 무료라고 하는 사진의 경우도 실제 약관을 잘 읽어보면 비상업적 사용의 경우에 무료이고 상업적 사용은 유료인 경우가 대부분입니다. 사진을 직접 찍어서 저작권을 확보하는 경우에도 촬영의 난이도가 제법 있습니다. 책에 들어갈 사진을 저도 업무상 촬영감독들과 많이 찍는데 가장 많은 경우는 요리책입니다. 이런 사물에 대한 사진 작업을 경험이 없이 처음 하시기에는 현장에서 많은 변수가 있습니다. 만약 의대 교과서처럼 해부학적인 사진이나 신체의 일부를 표현하는 사진을 찾는다면 그런 사진들은 실제 상업적인 클립아트에도 그리 많지 않아서 구하기 쉽지 않습니다. 한 가지 이러한 문제를 해결해 주는 것이 미드저니 등의 그림을 그려주는 AI로 인체를 표현하는 일러스트를 그릴 수 있고 저도 광고 소재에 일부 사용하고 있습니다만 아직 표현에 한계가 있어서 출판에 적용하기가 쉽지 않습니다.

이외에 텍스트로만 된 책은 출판사와의 협상에서도 유리한 위치를 점하실 수 있습니다. 제작비용이 적게 들기 때문에 출판사를 설득하시기가 훨씬 수월하며 수익성 예측이 쉬워 계약 협상도 원활하게 진행하실 수 있습니다. 첫 책의 저자가 일러스트나 이미지 중심의 책을 고집한다면 협상이 쉽지는 않으실 수 있을 것입니다. 저 역시 첫 책이 그러하였습니다. 제가 그림을 많이 삽입할 것을 출판사와 이야기하였으나 출판사 편집자의 강한 반대로 배제하게 되었습니다. 기술적인 측면에서도 훨씬 수월합니다. 1쇄 이상을 찍게 되면 2쇄나 개정판에서 텍스트로 이루어진 책은 레이아웃 작업이 단순하고 그림의 해상도나 인쇄 품질을 고려하실 필요가 없습니다. 판형을 변경하시거나 재편집하시기도 쉬우며 오탈자를 수정하는 것도 간단하게 처리할 수 있습니다. 시간 관리의 효율성도 큰 장점입니다. 원고 작성에만 집중할 수 있으며 그림 작업을 기다리시는 시간이 필요하지 않습니다. 교정과 교열 과정도 단순화되며 출간 일정을 예측하시기도 훨씬 수월합니다.

표지의 매력도 높이기

표지는 독자가 시각적으로 가장 먼저 접하는 요소입니다. 표지가 책의 성격과 주제를 얼마나 잘 반영하는지에 따라 독자가 책에 관심을 갖는 정도가 달라질 수 있습니다. 의료와 건강 관련 책이라면 깔끔하고 전문적인 이미지를 유지하는 것이 중요합니다. 과장되거나 지나치게 화려한 표지는 책의 신뢰도를 떨어뜨릴 수 있습니다. 또한 표지가 책의 타깃 독자층에 어울리는지 확인해야 합니다. 예를 들어 중장년층을 대상으로 한 건강 도서라면 안정적이고 차분한 색조를 젊은 독자를 타깃으로 한 책이라면 밝고 재미있는 디자인 요소를 사용할 수 있습니다.

책의 표지와 관련하여 원장님들과 이야기를 나누어 보면 병원의 홈페이지를 제작할 때처럼 원장님들의 의견이 다양한 것이 사실입니다. 제목, 표지, 목차 중에 책의 표지가 출판사와 원장님 사이의 의견이 차이가 있는 경우가 가장 많습니다. 출판사에 표지 디자인을 모두 일임하는 경우, 출판사에서 알아서 하거나 원장님께서 직접 표지 디자인을 지정해 주시는 경우, 실사 촬영을 하는 경우 등 여러 가지 케이스가 있습니다. 원장님께서 표지에 아주 신경을 많이 쓰는 경우가 있는데 저 역시 제가 저자의 입장이 되어 보기도 하고 출판사의 편집자 역할이 되어 보기도 하였는데 제가 저자인 경우에도 표지 문제로 출판사와 여러 차례 수정하고 의견 충돌이 있었기도 하였습니다.

의료인 책의 표지 디자인을 가장 빠르게 확정할 수 있는 것은 원장님이 표지에 나오는 것입니다. 퍼스널 브랜딩이 목적이기 때문에 의료인은 대부분의 경우 이러한 선택을 하는 경우가 적합하며 가장 많은 선택이기도 합니다. 한 가지 명심하셔야 할 사항은 표지를 그냥 알아서 해달라고 하고 방치하시면 안 됩니다. 저자의 주관은 분명히 표지에 들어가야 하며 직접 원고를 쓴 사람만이 그러한 통찰을 가져갈 수 있습니다. 건강과 의료와 관련된 서적의 경우 출판사의 편집자에게 모든 것을 일임해서는 안 되는 것이, 의료와 건강과 관련하여 적절하지 않은 표현으로 편집하지 않았는지 점검하는 것이 필요합니다. 과장된 표현을 쓰는 경우에 책의 품격이 떨어져 보이는 경우도 많기에 반드시 유의해야 합니다. 첫 책이라면 책 표지 관련하여 온라인 서점에서 유사한 주제 책의 표지를 검색해 보시고 오프라인 서점에 가서 책 표지들의 트렌드를 한번 보시고 감을 익히시는 것이 좋습니다. 남들이 쓴 책들은 책의 기획 의도와 표지가 어울리는지 보시고 책을 기획할 때 정의한 타깃 집단에 맞는 디자인인지 살펴보시기를 바랍니다. 표지와 제목에서 오는 이질감은 책을 선택하지 않게 합니다.

의료인의 책과
독자의 유형

의료인이 집필하는 건강에 대한 책의 독자 유형은 크게 세 가지로 나눌 수 있습니다. 이들은 크게 필요 형 독자, 지식 습득형 독자, 그리고 유희 형 독자로 나누어집니다. 각각의 독자는 책을 선택하고 읽는 동기가 다르며 선호하는 책의 내용과 형식 또한 차이가 있습니다.

 필요 형 독자는 당장 해결해야 할 문제나 특정한 정보가 필요한 경우 책을 구매합니다. 이들은 주로 실용적인 정보나 지침서를 선호하며 특정 목표를 달성하기 위해 책을 활용합니다. 취업, 학업, 자격증 준비와 같은 실질적인 목적을 가진 경우가 많으며 예로는 시험 준비서나 문제 해결을 위한 가이드북, 직무와 관련된 실용 서적 등이 있습니다. 이 독자들의 구매동기는 문제가 발생했거나 특정 필요성이 생겼을 때 신속하게 해결책을 찾기 위한 것입니다. 따라서 이들을 위한 책은 실용적이고 즉각적인 도움을 줄 수 있는 구체적이고 명확한 내용을 포함해야 합니다.

지식 습득형 독자는 자신의 지적 호기심을 충족시키거나 깊이 있는 지식을 얻기 위해 책을 구매합니다. 이들은 단순한 정보 제공에 그치지 않고 통찰력 있는 내용을 원하며 깊이 있는 이론서나 학술 서적, 철학, 과학, 역사 등 폭넓고 심도 있는 주제의 책을 선호합니다. 전문 분야의 내용을 탐구하거나 학문적 성취를 위해 꾸준히 책을 구매하는 경우가 많습니다. 예로는 철학서, 과학 서적, 심층 인터뷰집, 역사책, 논문집 등이 있습니다. 이 독자들은 학문적 호기심을 충족하거나 자기 발전을 위해 지속적인 학습을 추구하기 때문에 이들을 대상으로 한 책은 깊이 있는 내용과 구조적인 논리성을 갖춰야 합니다.

유희형 독자는 책을 문화생활의 일환으로 즐기고 오락적 목적이나 감성적 욕구를 충족하기 위해 책을 구매합니다. 이들은 소설, 에세이, 시집, 여행기 등 감성적이고 오락적인 요소를 가진 책을 선호합니다. 독서를 여가와 연결하며 새로운 문학적 경험이나 감동, 즐거움을 추구합니다. 문학, 예술, 여행, 엔터테인먼트 등 다양한 문화적 경험을 즐기며 일상에서 휴식과 즐거움을 얻기 위해 독서를 선택합니다. 이들 독자가 선호하는 책으로는 베스트셀러 소설, 자기 계발 에세이, 여행 에세이, 시집 등이 있습니다. 이들에게 어필하려면 감정적인 연결을 제공하거나 독창적인 이야기를 담아내는 것이 중요합니다.

의료인이 집필하는 책이 어떤 독자 유형을 대상으로 하는지에 따라 내용과 형식은 물론 메시지 전달 방식도 달라져야 합니다.

누구에게나 쉬운
POD 출판

POD(Publish on Demand) 출판은 '요구에 따라 출판한다'는 뜻으로 주문형 출판을 의미합니다. 기존의 전통적인 출판 방식이 대량 인쇄를 통해 재고를 쌓아두고 유통하는 것이었다면 POD는 독자가 책을 주문할 때 필요한 만큼만 제작하는 출판 방식을 말합니다. 이는 마치 주문과 동시에 요리가 시작되어 따뜻하고 갓 지은 음식을 내어놓는 것을 차별화로 강조하는 레스토랑처럼 책을 필요한 시점에 필요한 만큼만 제작하는 출판 방식이라고 할 수 있습니다. 전통적인 출판 방식과 달리 미리 대량으로 책을 인쇄하여 재고를 쌓아두지 않는다는 점에서 다릅니다.

POD 출판은 초기 비용을 최소화하면서도 소량 출판이 가능한 시스템으로 초보 작가들에게 주목받고 있습니다. POD는 작가가 자신의 콘텐츠를 더 쉽게 세상에 선보일 수 있는 길을 열어줍니다. 특히 처음 책을 쓰는 사람이나 독립 출판을 원하는 이들에게 매우 매력적인 옵션으로 자리 잡고 있습니다.

POD 출판의 가장 큰 장점은 필요한 만큼만 인쇄하므로 재고 부담과 초기 투자 비용이 저자와 출판사 모두에게 큰 부담이 없습니다. POD 시스템에서는 한 권의 주문에도 즉시 대응할 수 있기 때문입니다. 틈새시장을 겨냥한 전문 서적이나 소량 출판이 필요한 경우에 매우 효과적인 방식입니다. 필요한 만큼 인쇄하므로 경제적인 이점이 있습니다. 전통적인 출판 방식은 대량 인쇄를 기본으로 하여 초기 비용이 많이 드는 반면 POD는 최소 비용으로 출판을 시작할 수 있습니다. 인쇄 및 보관 비용이 들지 않기 때문에 판매량의 예측이 불확실한 책이라도 부담 없이 출판할 수 있습니다.

편집의 유연성 또한 큰 장점입니다. 작가나 출판사는 필요에 따라 언제든지 책의 내용을 수정하거나 보완할 수 있습니다. 기존 출판 방식에서는 오탈자나 내용의 수정이 필요할 경우 이미 인쇄된 재고가 모두 소진되어 다음 인쇄가 진행될 때까지 기다려야 합니다. 그러나 POD 시스템에서는 디지털 파일만 수정하면 즉시 다음 주문부터 수정된 내용이 반영됩니다. 특히 빠르게 변화하는 정보를 다루는 전문 서적이나 교재의 경우 매우 큰 장점이 됩니다. 작가가 직접 책의 내용, 디자인, 유통 방식을 결정할 수 있는 자유도가 높아 창작자가 자신의 책을 독립적으로 컨트롤할 수 있습니다. 출판 속도도 빠르기 때문에 시의성을 중요시하는 콘텐츠라면 특히 유리합니다.

환경적인 이점도 있습니다. 대량 인쇄 방식은 많은 종이를 사용하고 팔리지 않은 책이 폐기물로 처리되는 경우가 많습니다. POD는 필요한 만큼만 인쇄하므로 낭비를 줄이고 자원을 효율적으로 사용할 수 있습니다. 파주의 출판사 창고의 재고 정리 할 때 가보면 수많은 책이 버려지는 것을 매년 볼 수 있습니다.

반면 POD의 단점은 소량 생산에 따른 비용 상승입니다. 대량 생산에 비해 한 권당 제작 비용이 커질 수밖에 없으며 이는 결과적으로 책의 판매 가격 상승으로 이어질 수 있습니다. 이는 대량 생산으로 비용을 절감할 수 있는 전통적인 출판 방식과 비교했을 때 가격 경쟁력에서 불리할 수 있습니다. 대량 인쇄는 개당 인쇄 비용이 적어지는 규모의 경제를 실현할 수 있지만 POD는 주문량에 따라 소량으로 제작되기 때문에 한 권당 인쇄비가 비교적 비쌉니다. 이에 따라 책의 판매 가격이 높아지며 이는 구매자의 가격 저항을 받는 요인이 될 수 있습니다.

유통의 측면에서도 POD 출판은 일정한 한계를 가지고 있습니다. 통상적으로 기존의 대형 서점에 입점할 수 있으나 쉽지 않으며 주로 온라인 판매에 의존해야 한다는 점은 도서의 노출과 홍보에 있어 제한 요소가 될 수 있습니다. 또한 전통적인 출판사를 통한 마케팅 지원을 받기 어렵기 때문에 저자가 직접 마케팅을 해야 하는 부담이 있습니다. 마케팅과 브랜딩 측면에서 기존 출판 방식에 비해 어려울 수 있습니다. 전통적인 출판사는 서점과의 강력한 유통 네트워크를 통해 책을 널리 알리고 판매할 수 있지만 POD는 주로 온라인 플랫폼을 통해 판매되는 경우가 많아 오프라인 서점에서의 접근성이 떨어질 수 있습니다. 이에 따라 독자와의 접점이 제한될 가능성이 있습니다. 마케팅 역시 작가 개인의 노력에 크게 의존하므로 충분한 홍보가 이루어지지 않으면 책이 독자의 눈에 띄지 않을 위험이 있습니다.

그러나 POD 출판은 전문직 종사자들의 지식 공유에 매우 적합합니다. 자신의 전문 지식과 경험을 체계화하여 책으로 출간하고자 할 때 POD 방식은 위험부담을 최소화하면서도 효과적으로 저작물을 세상에 내놓을 수 있는 수단이 됩니다. 시장의 반응을 보면서 점진적으로 마케팅을 확대해 나갈 수 있고 필요한 경우 내용을 지속해서 업데이트할 수 있다는 점은 전문 서적 출판에 있어 큰 장점이 됩니다. 많은 유명 작가도 POD를 통해 데뷔한 경우가 많습니다.

POD 방식은 주문이 들어온 후에 책이 제작되므로 독자가 실제로 책을 받아 보기까지 시간이 걸릴 수 있다는 단점도 있습니다. 이러한 점은 즉각적인 구매와 소비를 원하는 독자들에게는 불편함으로 작용할 수 있습니다. POD 방식의 출간은 품질 관리의 이슈가 있을 수 있습니다. POD는 대량 생산에 최적화된 전통 인쇄에 비해 제작 과정이 간소화되어 있으나 때로는 인쇄 품질이나 제본 상태가 일관되지 않을 가능성이 있습니다. 책의 품질에 영향을 미칠 수 있으므로 신뢰성 있는 플랫폼을 선택하는 것이 중요합니다. 또한 인쇄 품질 면에서도 전통적인 오프셋 인쇄에 비해 다소 떨어질 수 있습니다.

　반면에 기존의 전통적인 책의 인쇄 방식인 오프셋 인쇄(offset printing)가 있습니다. "Offset"이라는 단어는 '벗어난' 또는 '옮겨진'이라는 의미를 가지고 있습니다. 이런 단어가 사용된 이유는 인쇄 과정에서 잉크가 직접 종이 위로 전사되지 않고 중간 매개체를 거쳐 옮겨지기 때문입니다. 인쇄판의 이미지가 고무 블랭킷(rubber blanket)으로 먼저 전사된 후 그 이미지가 다시 종이나 다른 인쇄 표면으로 옮겨지는 인쇄 방식입니다. 최소 1,000부 이상의 대량 인쇄에 경제적이며 인쇄 품질이 우수하고 안정적인 편입니다. 초기 세팅 비용(인쇄판 제작 등)이 많이 들며 색상 구현과 해상도가 뛰어납니다. 1천 부 이상 인쇄하다 보니 재고 관리가 필요하며 보관 비용이 발생합니다. 수정이나 재인쇄 시 큰 비용과 시간이 소요됩니다. 주로 1천 권 이상 팔릴 것이 예상되거나 베스트셀러 예상 도서, 교과서나 학습서 등 대량 수요가 예상되는 도서에 사용됩니다. 여러분께서 출판사를 통해 출간한다면 대부분 오프셋 인쇄를 하게 될 것입니다. 간단하게 비교하면 아래의 표와 같습니다.

오프셋 인쇄와 POD의 비교

구분	오프셋 인쇄	POD(주문형 인쇄)
인쇄 방식	잉크를 사용하는 판 인쇄	디지털 인쇄 (잉크젯, 레이저 등)
주요 특징	초기 비용이 높지만 대량 생산 시 효율적	초기 비용이 낮고 소량 인쇄에 적합
제작 부수	최소 500~1,000부 이상의 대량 제작에 적합	1부부터 소량 제작 가능
품질	고품질 인쇄, 색상 표현이 뛰어남	기본적으로 좋은 품질, 그러나 색상 정밀도는 오프셋보다 떨어짐

비용 구조	초기 비용이 높지만 대량 인쇄 시 단가 절감	초기 비용이 거의 없으나, 부수당 단가가 높음
속도	초기 준비 시간이 길지만 대량 인쇄는 빠름	준비 시간 없이 주문 즉시 제작 가능
적합한 용도	대량 출판물, 고품질 사진집, 광고물	소량 도서, 자비출판, 테스트용 출판물

대표적인
POD 출판 플랫폼 소개

국내에서 대표적으로 POD 출판을 지원하는 플랫폼을 두 곳 소개해 보겠습니다. 첫 번째는 부크크(www.bookk.co.kr)입니다. 부크크는 2014년에 기존 출판 방식을 탈피한 주문형 플랫폼으로 시작이 되었습니다. 2023년 기준으로 약 3,000종의 책을 출간했고 출간 저자는 28,000명이 넘었습니다. 책 유통 및 판매를 위한 ISBN의 발급을 대신해 주는 서비스를 가지고 있습니다. 교보문고, YES24, 영풍문고, 알라딘, 카카오, 브런치, 북센, 리디북스, 밀리의 서재 등 온라인 유통망도 확보하고 있습니다.

부크크 홈페이지에 가입 후 책 만들기 메뉴를 순서대로 따라 하면 책을 만들 수 있습니다. 과정을 크게 요약하면 등록 → 표지 디자인 → 가격 책정 → 최종 확인 이렇게 진행이 됩니다. 사이트에 자세하게 안내가 되어 있어서 교정을 마친 원고만 준비되어 있다면 바로 출판 등록이 가능합니다. 어려워하시는 표지 디자인도 무료 표지를 선택할 수도 있습니다. 욕심을 내면 더 멋진 표지 디자인 템플릿 구매도 가능합니다. 모든 과정을 완료하면 부크크 원고 심사가 시작되고 심사가 통과되면 책 판매가 가능합니다.

부크크의 가장 큰 장점은 출판 과정을 단순화했다는 점입니다. 예비 작가는 온라인을 통해 간편하게 원고를 업로드하고 표지 디자인과 내지 레이아웃을 설정하여 책을 제작할 수 있습니다. 책의 형태는 전자책, 소프트 커버, 하드커버 등으로 선택할 수 있으며 원하는 형태로 제작된 책은 독자의 주문이 들어올 때마다 인쇄됩니다. 부크크는 개인 작가뿐만 아니라 소규모 출판사, 기업, 교육기관 등이 개별 출판이 필요할 때도 활용할 수 있습니다. 따라서 출판 경험이 없는 초보 작가부터 전문 출판에 관심 있는 개인이나 단체에 이르기까지 다양한 고객층을 위한 플랫폼으로 서비스되고 있습니다.

부크크의 인세 정책은 책의 종류와 판매 채널에 따라 다릅니다. 흑백 도서의 경우는 부크크에서 직접 판매할 경우 35% 인세, 외부 유통망을 통한 판매는 15% 인세를 지급합니다. 컬러 도서의 경우는 부크크에서 직접 판매할 경우 15% 인세를 지급합니다. 외부 유통망을 통한 판매의 경우 10% 인세를 지급합니다. 이러한 차이는 컬러 도서의 제작 비용이 더 많이 들기 때문입니다.

두 번째로 대표적인 POD 플랫폼으로 교보문고 바로출판 서비스가 있습니다. 2023년 8월 기준으로 약 3만 종이 출판되었고 1만 명이 넘는 이용 고객이 있습니다. 교보문고 바로출판도 부크크와 콘셉트는 동일합니다. 원고만 있으면 제작과 유통 판매 ISBN 발급, 출판 유통 등을 모두 진행해 줍니다. 온라인 페이지를 통해 회원 가입을 하고 안내 절차에 따라 원고 등록, 표지 디자인 판매가 설정 등을 해주면 됩니다. 내지, 제본 방식, 양장 제본 등 다양한 책 옵션을 제공합니다.

국내에서 가장 큰 유통사인 만큼 타사 대비 빠른 제작과 출고가 장점입니다. 자체 운영하는 교보문고 온라인 서점에 책을 바로 전시해 홍보를 도와주며 인세는 정가의 20%로 아주 높은 편입니다. 바로출판의 특징은 간단한 출판 절차와 접근성 높은 가격 정책입니다. 작가는 원고와 표지 디자인을 업로드하고 기본적인 설정만 완료하면 손쉽게 출판 과정을 마칠 수 있습니다. 이 과정에서 전문 편집이나 디자인 서비스가 필요한 경우 바로출판은 추가적인 유료 서비스를 제공하여 작가의 니즈를 충족시킵니다. 단순히 책을 출판하는 것에 그치지 않고 작가들에게 다양한 출판 후속 서비스를 제공합니다. 책이 출판된 이후에도 판매 데이터 분석, 독자 리뷰 관리, 마케팅 지원 등 작가가 책을 효과적으로 홍보하고 판매할 수 있도록 돕는 다양한 부가 서비스를 제공하여 경쟁력을 갖추고 있습니다.

부크크는 다양한 형태의 책(전자책, 소프트 커버, 하드커버 등)을 지원하며 플랫폼 자체에서 개인화된 서비스를 폭넓게 제공하고 바로출판은 신속한 출판과 유통 절차를 강조하며 추가적인 마케팅 및 출판 후속 지원에 초점을 맞추는 POD 서비스라 할 수 있습니다.

1,2,3,4도 인쇄의 차이점과 비용

출간을 위하여 출판사와 대화하다 보면 막바지에 인쇄 도수에 대해 논의하게 됩니다. 출간될 책의 컬러와 관련된 것인데 인쇄 비용과 많은 관련이 있습니다. 1도, 2도, 3도, 4도 인쇄는 사용되는 색상의 수에 따른 차이를 의미합니다. 인쇄 도수가 높아질수록 더 다양한 색상 표현이 가능하지만 비용도 증가합니다. 반면 인쇄 부수가 많아질수록 페이지당 단가는 낮아집니다. 그러나 대부분의 저자는 초판에서 1,000부를 인쇄할 것이므로 대량 인쇄에 따른 원가절감은 크게 기대하기는 어려울 것입니다. 간단히 요약해 드리면 표지는 일반적으로 4도 인쇄를 사용하며 내지는 도서의 성격에 따라 1도나 4도를 선택합니다.

　1도 인쇄: 한 가지 색상만 사용하여 인쇄합니다. 주로 검은색을 사용합니다. 가장 저렴하며 페이지당 비용이 적습니다. 홍보 목적의 단순한 책, 소설, 논문, 소책자에서 많이 쓰입니다.

　2도 인쇄: 두 가지 색상을 사용하여 인쇄합니다. 일반적으로 검은색과 다른 한 가지 색상을 조합합니다. 1도보다는 비싸지만 4도보다는 저렴한 중간 가격대입니다. 강조가 필요한 부분이나 목차 사이의 간지 디자인 등에 두 번째 색상을 활용합니다. 1도보다 약간 비싸지만 4도에 비해서 경제적입니다. 대부분 실용서는 2도를 많이 사용합니다. 제가 쓴 책들은 지금까지 출판한 모든 책이 2도 인쇄였습니다. 1도 인쇄에 비해 대략 1.5배의 인쇄 비용이 듭니다. 저희 회사가 출간해 드린 의사분들의 책도 대부분 2도로 인쇄되었습니다.

　3도 인쇄: 세 가지 색상을 사용하는 방식입니다. 실제 출판에서는 잘 사용되지 않는 방식입니다. 3도 인쇄는 4도 인쇄와 비용 차이가 크지 않아 잘 사용되지 않습니다

　4도 인쇄: CMYK(청록, 자홍, 노랑, 검정) 네 가지 색상을 모두 사용하는 풀 컬러 인쇄입니다. 사진이나 컬러 일러스트가 많은 도서에 사용됩니다. 가장 비용이 많이 드는 인쇄 방식입니다. 인쇄 과정이 복잡하기 때문입니다. 사진집, 그림책, 디자인 서적, 브로슈어, 화보, 잡지, 요리 레시피 도서 등에 사용됩니다. 저희 회사에서 출간한 도서 중 의사가 쓴 환자의 영양식, 식단 등과 관련된 책은 4도 인쇄로 출간되었습니다. 여행을 테마로 사진이 들어간 책도 4도로 출간되었습니다. 4도 인쇄는 1도 인쇄에 비하여 4~5배의 인쇄 원가가 들어갑니다.

　출판사와 대화할 때 몇 도로 인쇄되는 것인지 물어보는 것은 출간의

마지막 단계에서 필요합니다. 그러나 사진 등이 들어가는 특수한 케이스의 책이 아니면 기획출판의 경우 출판사에서 원가 상승의 이유로 4도 인쇄를 하자고 하면 응하지 않을 것입니다. 저자가 비용을 부담하는 경우라면 진행할 수도 있겠지만 1도 인쇄에 비하여 4~5배의 비용이 드는 4도 인쇄를 선택하기는 쉽지 않습니다.

팔리는 책
제목 짓기를 위한 TIP

책 쓰기의 마지막 단계에서 제목에 대해서 고민해 보시기 바랍니다. 80% 정도를 작성하였다면 지금까지 작성된 내용으로 책의 제목에 대하여 범위를 좁혀 보시기 바랍니다. 제목을 보면 어느 정도 내용 추정이 가능한 제목이어야 합니다. 그러나 최근에 자기 계발, 처세, 재테크 등의 도서에서는 제목이 너무 자극적인 경우가 있는데 너무 가벼워 보이고 근거 없이 자극적이면 의학 및 건강 분야의 도서에서는 소비자의 신뢰를 오히려 잃거나 같은 의료인들 사이에서도 논란의 도마 위에 오를 수 있습니다. 특히 의료인들 사이에서 소셜미디어에서 논란이 되는 것은 그 논란이 확산하여 여러 가지 변수가 생기는 상황까지 있을 수 있기 때문에 제목에서 너무 지나친 자극이나 과장을 하지 않도록 합니다. 아래는 책의 제목을 작성할 때 참고할 수 있는 대표적인 방법들입니다. 참고해 보시기 바랍니다.

반대로 말하기: 의대 절대로 가지 마라 (의대 보내고 싶은 부모 대상의 책)
공포심을 자극하기: 심장을 망치는 생활 습관 10가지

의외성으로 궁금하게 하기: 칭찬은 고래도 춤추게 한다
빠른 속성을 강조하기: 포토샵 일주일 완성
질문형으로 강조하기: 걸그룹 다리 만들고 싶죠? 그럼 이 책 봐요
비교형으로 강조하기: 화성에서 온 남자, 금성에서 온 여자
구체적인 숫자의 사용: 15년간, 15,000명, 1.5톤의 다이어트 기록
독자층을 한 번 더 리마인드: 고도비만 환자를 위한 위절제술

추천사는 누구에게 받는 것이 효과적일까?

대부분의 마케팅을 목적으로 한 책에는 뒷면 표지나 프롤로그 앞뒤에 추천사를 넣습니다. 추천사는 책에 권위와 신뢰를 더 해주는 도구입니다. 추천사를 어떤 분께 부탁해야 할지 많이들 물어보시는데 가끔 마케팅 목적의 책에서 추천사를 볼 때 과하거나 어울리지 않아 불편하다고 느껴지는 경우가 종종 있습니다. 이는 책을 읽는 독자들도 마찬가지일 것이기 때문에 간단하게 정리해 보겠습니다.

먼저, 추천사를 누구에게 부탁하는 것이 좋을까요? 책의 추천사가 가지는 역할은 신뢰가 담보된 사람이 책을 추천함으로써 독자들이 책에 신뢰를 가지고 구매를 유도하기 위함입니다. 그렇다면 의사가 책을 쓴다면 어떤 사람이 추천하는 것이 좋을까요? 의료분야에서 책의 필자인 나보다 더 신뢰를 줄 수 있는 사람이 추천해 주는 것이 좋겠습니다. 나보다 경력이 많은 의사, 나보다 유명한 의료인, 교수, 해당 분야 전문가이거나 언론인 또는 대중적인 인지도가 있는 사람이 내가 쓴 건강도서에 추천사를 써주면 좋을 것입니다. 건강도서라면 타 업종에 있는 사람

보다 의료계에 있는 사람이 추천사를 써주면 그것이 더 신뢰도가 있을 것입니다. 의사가 쓴 책에 추천사를 사업가, 변호사, 정치인처럼 의료에 있어서 비전문가가 쓴다면 크게 신뢰가 올라가지는 않을 것입니다. 실제 제가 출판을 코칭 하면서 건강도서의 추천사 작성에서 여러 차례 겪은 일인데 의료분야와 너무 동떨어진 비전문가가 추천하는 추천사를 쓰는 경우를 여러 차례 접하여서 저자인 원장님께 추천사를 작성해 주시는 분을 교체할 것을 권장해 드렸습니다. 건강도서의 경우는 의료에 있어서는 비전문가이면서 사회적 인지도만 높은 인물이 추천하는 것은 그리 신뢰성이 있어 보이지 않습니다. 한 가지 더 추천사에 있어서 고려할 것은 추천인이 너무 많으면 책의 내용에 집중이 잘되지 않습니다. 가끔 마케팅 목적의 비문학 도서에 있어서 추천사를 초반 2~3페이지 이상 할애한 책을 보게 되는데 대부분 과하다는 느낌을 책의 초반부터 받게 되어 좋은 인상을 주지는 못하는 경우가 많습니다.

　추천사는 필수 항목은 아니기 때문에 편성을 한다면 3~5건 정도가 적절합니다. 그리고 추천사를 써 달라고 부탁할 분께 논문처럼 책의 전체를 공유하고 읽어 보시고 추천사를 의뢰 드릴 것이 아니기 때문에 책표지 디자인이 나올 때쯤 책의 표지 디자인과 함께 전반적인 내용을 알려드리고 추천사 의뢰를 드리는 것이 추천해 주시는 분들도 추천사의 스타일에 대한 이해가 쉽습니다. 실제 추천사는 저자가 대충 윤곽을 잡아서 작성하여 이렇게 써도 될지 부탁하는 것이 일반적입니다. 예를 들어 5명의 인지도 있으신 분이 나의 책을 추천한다고 하였을 때 각자 다른 각도에서 책의 좋은 점을 강조할 수 있을 것입니다. 동일한 관점의 추천사가 여러 개 있는 것은 별다른 실효성이 없습니다. 그래서 추천인께 대략적인 서로 다른 추천사 가이드를 나누어 드리는 것이 좋습니다. 추천사는 영향력 있는 분들이 짧고 간결하고 임팩트 있게 추천하는 것이 가장 좋습니다. 추천사가 너무 길면 집중이 되지 않고 오히려 산만한 느낌이 들게 됩니다.

문장을 어색하게 만드는 나쁜 습관들

본인은 잘 인식하지 못하지만 작가의 책 전반에 반복적으로 등장하며 문장을 어색하게 만드는 관용구나 표현이 많습니다. 책을 20% 정도 쓴 후에 본인의 글을 다시 한번 읽어 보시면 눈에 보입니다. 또는 가까운 가족이나 지인에게 한번 보여주시기를 바랍니다. 그동안 제가 경험한 초보 작가들의 불필요한 습관들은 조사, 형용사, 관용구의 반복이 많습니다. 예를 들어 '~것으로 보인다', '~ 하는 것 같다' '~으로 볼 수 있다' 등의 표현을 반복적으로 쓰는 경우가 많습니다.

조사와 접속사의 과다 사용으로 글을 어색하게 만드는 경우가 대부분입니다. '그리고', '그러나', '또한' 같은 단어가 지나치게 반복되면 문장이 불필요하게 길어지고 글의 명료함이 사라집니다. 접속사는 문장의 연결을 돕는 중요한 요소이지만 너무 많이 사용되면 독자에게 글이 산만하게 느껴질 수 있습니다. 예를 들어 '이 건축 방법은 단열에 효과적이며, 또한 비용도 적게 들며, 그리고 공사 기간도 단축된다.' 같은 문장은 단순히 '이 건축 방법은 단열에 효과적이고 비용이 적게 들며 공사 기간이 단축된다.'로 줄일 수 있습니다. 접속사를 덜어내면 문장이 더 간결하고 힘 있게 전달됩니다.

형용사와 부사의 남용 역시 자주 등장하는 문제입니다. 초보 작가들은 글을 더 풍부하고 세련되게 보이게 하려고 지나치게 많은 형용사와 부사를 사용하는 경향이 있습니다. 예를 들어 '아주 아름답고 완벽히 정리된' 같은 표현은 글의 본래 의도를 약화시키고 독자에게 과장된 느낌을 받게 만듭니다. '아름답게 정리된'이라는 간결한 표현으로도 동일한 메시지를 전달할 수 있습니다. 형용사와 부사를 적절히 사용하는 연습을 통해 글이 더 간결하고 직관적으로 전달될 수 있도록 노력해야 합니다.

또 다른 흔한 실수는 필요 이상의 관용구 사용입니다. 관용구는 글에 친근감을 더할 수 있는 도구이지만 적절하지 않거나 지나치게 사용되면 글을 지루하고 진부하게 만듭니다. 예를 들어 '시간은 금이다.', '백문이 불여일견이다.' 같은 익숙한 표현을 반복하면 독자는 글에서 새로움을 느끼지 못하게 됩니다. 관용구를 사용할 때는 그것이 글의 맥락에 맞는지 독자에게 새로운 관점을 제공할 수 있는지 점검해야 합니다. 필자의 은사 중에 모 교수님은 항상 글을 쓸 때 '자본주의가 고도화될수록'이라는 관용구를 쓰셨는데 아직도 기억에 남습니다. 여러분도 그런 반복적 사용이 있는지 스스로 체크해 보시기 바랍니다. 상당히 어색한 느낌을 독자들에게 주기 때문입니다. 속담이나 유명한 인물이 쓴 표현을 찾거나 관용구의 반복을 피하고 싶을 때는 AI의 도움을 받아 보시기 바랍니다. 매우 자연스러운 글을 만들어 줍니다.

문장의 길이 조절 실패도 흔한 문제입니다. 너무 길거나 짧은 문장이 반복되면 글의 리듬감이 떨어집니다. 특히 하나의 문장에 여러 생각을 담으려다 보니 불필요하게 긴 문장이 되는 경우가 많습니다. 콤마로 이어진 긴 문장보다는 적절한 길이로 나누어진 문장들이 읽기에도 편하고 이해하기도 쉽습니다.

불필요한 피동형 표현의 사용도 문제가 될 수 있습니다. '~되어 진다', '~되어져 있다' 등의 이중 피동 표현은 문장을 부자연스럽게 만듭니다. 능동형으로 바꿀 수 있는 문장은 가급적 능동형으로 쓰는 것이 좋습니다. 또한 '~에 의해서'와 같은 표현도 필요한 경우가 아니라면 피하는 것이 좋습니다.

의사처럼 전문직이며 타 문화권에서 발전한 학문을 전공한 경우 전문용어의 사용도 주의해야 할 점입니다. 독자의 수준과 글의 성격을 고려하지 않은 채 어려운 용어를 남발하는 것은 소통의 장애가 됩니다. 꼭 필요한 경우가 아니라면 쉽고 친숙한 우리말로 표현하는 것이 독자와의 거리를 좁히는 방법입니다. 전문용어를 사용해야 할 경우에는 적절한 설명이나 예시를 덧붙이는 것이 좋습니다. 책을 출간한 여러 의사분에게 언론 칼럼이나 기업체에 건강 강의를 소개해 드리는 경우가 많은데 원장님이 강의를 어렵게 하고 어려운 단어를 많이 쓰신다는 피드백이 돌아오는 경우가 많습니다. 외래어를 줄이고 쉽게 설명하는 연습을 해보시기를 바랍니다.

또한 문장의 길이와 리듬을 점검해야 합니다. 한 문장이 지나치게 길면 독자는 중간에 의미를 놓치기 쉽고 반대로 너무 짧은 문장이 연달아 이어지면 글이 단조롭게 느껴질 수 있습니다. 글을 읽으면서 자연스럽게 문장이 이어지도록 문장의 길이를 다양화하고 중요한 메시지는 짧고 강하게 전달하며 부연 설명이 필요한 부분에서는 조금 더 긴 문장 구조를 사용하는 것이 좋습니다.

글을 쓰는 과정에서 이런 어색한 표현이나 습관을 개선하기 위해 가장 좋은 방법은 시간을 두고 본인의 글을 다시 읽어보는 것입니다. 그리고 AI에 최종적으로 한번 어색한 부분을 찾아달라고 해 봅니다. 챗지피티의 캔버스 기능처럼 수정하기 전에 AI에 미리 어색한 부분을 체크해 달라고 하면 어색한 부분만을 쓴 글 위에 체크해 주는 기능도 있기 때문에 나의 글의 어색한 부분을 체크해서 수정하면 퇴고에 들어가는 시간을 많이 단축할 수 있습니다.

출간하면 어떤 서점에서 주로 팔릴까?

저 역시 작가로 10여 권의 책을 출간해 보았지만 제가 직접 출판사를 운영하기 전에는 서점별 도서 판매량에 대해서 제대로 알지 못하였고 그에 따른 마케팅 계획도 제대로 없었습니다. 막연하게 출판사에서 1쇄가 다 팔리고 나면 2쇄를 찍기 전에 수정 사항이 있냐고 물어보니, 1천 권이 팔렸다고 생각하였고 어떤 서점에서 얼마나 책이 팔리는지 모르고 있었습니다. 실제 출판사를 운영하며 각 서점에서 의료인들의 책이 팔리는 비중을 보면 가장 큰 비율은 역시 교보문고입니다. 현재의 3대 서점은 교보문고, YES24, 알라딘입니다. 현재 대형 서점들의 상황을 요약하면 YES24는 온라인 시장에서 가장 높은 점유율을 보유하고 있으며 교보문고는 오프라인과 온라인 모두에서 강력한 입지를 유지하고 있습니다. 알라딘은 중고 서적 시장에서의 강점을 바탕으로 경쟁하고 있습니다.

여러 전언에 따르면 교보문고는 오프라인 매장을 운영하기 때문에 영업이익은 낮습니다만 매출액 기준으로 볼 때 2023년 기준 교보문고, 9천억 원대, YES24 6천억 원대, 알라딘은 4천억 원대입니다. 그런데 실제로 집계되는 서점에서 판매 비중을 보면 대략 이러한 매출 비중보다 훨씬 더 교보문고에 몰리는 비중으로 판매가 이루어집니다. 교보문고의 경우 오프라인 서점도 있기 때문에 출간된 책의 전시효과도 있습니다. 만약 개인적으로 출간 이후에 마케팅을 할 때 어떤 서점에 집중해야 할지가 고민된다면 참고하시기를 바랍니다.

PART 6

출판 후 마케팅은 이렇게!

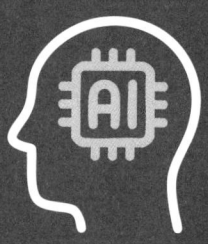

출판 마케팅에
기존 마케팅을 결합하는 비법

출판 마케팅과 기존의 병의원 마케팅을 결합하면 단순한 온라인 광고 이상의 강력한 브랜딩 효과를 얻을 수 있습니다. 기존 마케팅은 주로 클릭 기반의 즉각적인 결과를 추구하지만 이는 휘발성이 강하고 장기적인 브랜드 가치를 만들기 어렵습니다. 반면 책은 그 자체로 지속적인 신뢰와 권위를 구축할 수 있는 자산입니다. 이러한 자산을 기존의 마케팅 활동에 전략적으로 통합하면 마케팅 효과를 극대화할 수 있습니다. 도서 출간을 통하여 기존의 차별화가 부족하고 불안감 때문에 진행하는 구색 갖추기식의 온라인 마케팅 일변도의 병의원 마케팅에서 탈피하시기를 바랍니다. 클릭하면 비용이 차감되는 비용 소진식의 휘발성 마케팅을 그만하시기를 바랍니다. 책의 출간을 통하여 마케팅 고정비를 절감하시기를 바랍니다. 종국적으로 마케팅 전쟁의 필드를 유리한 곳으로 바꾸시기를 바랍니다.

　모든 의료인이 책을 출간할 수는 없기 때문에 출판 마케팅은 가치 있습니다. 개원 전이라면 개인 블로그와 소셜미디어를 통하여 책을 마케팅하시기를 바랍니다. 기존에 병의원을 개원한 상태라면 출판 후 온라인 홍보전략과 오프라인 홍보전략을 나누어서 하시기를 바랍니다. 온라인 홍보전략은 이미 병의원에 공식 마케팅 채널이 있을 것입니다. 원장이 책을 출간하였다면 병의원의 공식 유튜브, 인스타, 페이스북, 블로그 채널에도 홍보하시고 특히 원장의 개인 채널에 홍보하시기를 바랍니다. 개인 채널에 큰 비중을 두는 이유는 병의원의 공식 채널은 병원의 홍보 채널이기에 의료법에 모니터링될 수 있습니다. 개인 채널은 다릅니다. 주 캐릭터가 자연인이며 부캐릭터가 의사로 홍보하시기를 바랍니다. 다른 의료인들에게 공격당할 만한 과격한 의료와 건강에 대한 주장이 아니라면 별문제가 없을 것입니다.

오프라인에서는 병의원 대기실에 책을 비치하시기를 바랍니다. 환자들이 원장의 책을 자유롭게 읽을 수 있도록 하는 것은 단순한 기다림의 시간을 가치를 제공하는 시간으로 바꿉니다. 환자들은 책을 통해 원장의 전문성과 신뢰를 느낄 수 있고 이는 자연스럽게 병원에 대한 신뢰로 이어질 것입니다. 방송, 언론 기자와 관계자들에게 증정할 도서 물량을 따로 책정하여 홍보에 활용합니다. 그 외 전통적인 오프라인 매체인 지하철 광고, 신문광고도 가능합니다. 이때 책이기에 의료법의 제약을 받지 않습니다. 지하철 신사역에 가보시면 의사들의 책 광고가 역사 내에 많은 것을 볼 수 있습니다. 강남, 신사, 압구정역을 오가는 버스 외부에 의사의 책 광고가 있고 일간신문에도 의료인의 책 광고를 볼 수 있습니다. 교보문고의 오프라인 서점의 메인 매대에도 책 광고를 할 수 있습니다. 책이 서점의 책꽂이 꽂혀 있지 않고 눈에 잘 보이는 곳에 눕혀져 쌓여 있는 경우 그것은 유료 광고인 경우가 많습니다. 그리고 서평단을 모집해서 블로그에 책 후기를 올리는 바이럴 마케팅도 할 수 있습니다.

기존 마케팅에 도서 마케팅을 결합하여 홍보 효과를 극대화할 수 있습니다. 책 출간을 통한 마케팅은 단순한 광고비 지출이 아닌 퍼스널 브랜드를 만드는 투자라는 면에서 기존 마케팅과 차별화됩니다.

책의 마케팅 효력은 몇 년일까?

저는 베스트셀러의 작가가 되어 본 적이 없습니다만 저의 책을 써보고 또한 남의 책을 출간하면서 느낀 마케팅 목적의 도서 유효기간은 대략 2년 정도인 것 같습니다. 소설이나 시와 같은 순수문학의 영역은 고전처럼 아주 오래갈 수 있지만 그렇지 않은 경영, 경제, 마케팅, 건강 등의 도서의 경우는 2년 정도인 것 같습니다. 시와 소설과 같은 순수문학은 좀 더 사람들이 찾는 기간이 길 것이라 추정합니다. 제가 그렇게 체감하는 이유는 책의 판매 추세, 책을 통해 연락이 오는 강의 요청, 제휴 요청, 책을 읽은 사람들의 블로그 포스팅 등을 종합해 보면서 여러 권의 책을 통하여 그런 추세를 다수 경험하였습니다. 책이 출간되면 출간 초기에 마케팅을 강하게 하고 초기에 제휴와 강의, 방송 등을 많이 나가면 좋습니다. 제휴, 방송, 기업 강의는 따로 마케팅 계획을 세우시는 것이 필요합니다.

　대부분의 경우, 두 번째 출간할 책의 주제는 첫 책을 쓰면서 자연스럽게 떠오르게 마련입니다. 첫 책을 쓰면서 고민을 많이 하게 되고 인사이트도 많이 얻게 되기 때문에 이번 책의 내용으로 적합하지는 않지만 나에게 이런 주제가 추가로 있다는 것을 인지하게 되는 경우가 많습니다. 또한 출판사와 좋은 관계를 맺게 되면 출판사 측에서 여러분의 원고와 해당 분야에 대한 전문성을 보고 두 번째 책에 대한 제안을 먼저 하게 될 것입니다. 출판사 입장에서 특정 주제의 책을 출간하고 싶은데 작가를 찾을 때 여러분이 적합하다고 생각하면 이런 주제로 책을 써보라고 권유하기도 합니다. 출판사는 항상 작가를 찾고 있습니다. 저도 그렇게 출판사의 제의로 출간한 책들이 있습니다. 문제는 이렇게 두 번째 책으로 결정된 주제로 얼마나 원고가 잘 풀려서 실제 출간이 될 것이냐는 것인데 주제는 떠올랐지만 원고가 쉽사리 끌어내어지지 않는 경우도 많이 있습니다.

책의 수명을 2년으로 본다면 이 기간을 효과적으로 활용하기 위한 단계별 전략이 필요합니다. 만약 책 출간을 계속할 것이며 2년 주기로 1권의 책을 낼 것이라 기획한다면 출간 후 첫 1년은 출간된 책을 통한 마케팅에 집중하고 첫 6개월은 집중적인 홍보 기간으로 다양한 매체를 통한 노출과 독자와의 직접적인 소통에 주력합니다. 출간 초기의 6개월은 가장 중요한 시기로 이 기간에 다양한 온오프라인 채널을 통한 적극적인 홍보 활동이 필요합니다. 방송 출연, 강연, 인터뷰 등의 오프라인 활동과 함께 소셜미디어, 블로그 등 온라인 채널을 통한 홍보도 병행해야 합니다. 책의 내용을 다양한 형태로 재가공하는 것도 중요한 전략입니다. 한 챕터의 내용을 여러 개의 샘플 블로그 포스팅으로 나누어 작성하거나 주요 내용을 인포그래픽이나 이미지로 제작하여 소셜미디어에 공유하는 등 다양한 방식으로 콘텐츠를 활용할 수 있습니다. 이는 책의 수명을 연장하고 지속적인 관심을 유지하는 데 도움이 됩니다.

두 번째 책의 기획은 첫 번째 책의 성과를 바탕으로 이루어져야 합니다. 독자들의 반응, 서평, 질문 등을 통해 얻은 피드백은 다음 책의 방향을 결정하는 중요한 지표가 됩니다. 또한 첫 책을 쓰면서 발견한 새로운 주제나 더 깊이 다루고 싶었던 내용들을 체계적으로 정리해 두면 이는 다음 책의 소중한 자료가 됩니다. 그다음 6개월은 책의 내용을 다양한 형태로 재가공하여 지속적인 관심을 유지하는 데 집중합니다.

두 번째 해에는 새로운 책의 기획과 집필에 집중하면서 동시에 첫 책의 내용을 블로그나 소셜미디어 콘텐츠로 더욱 적극적으로 재활용하는 전략을 펼칩니다. 이때 중요한 것은 단순한 재활용이 아닌 시의성과 독자의 니즈를 고려한 재구성입니다. 예를 들어 책의 내용을 현재의 의료 트렌드나 사회적 이슈와 연결 지어 새로운 관점에서 재해석할 수 있습니다.

또한 책의 마케팅 효과를 극대화하기 위해서는 오프라인과 온라인 채널의 균형 잡힌 활용이 필요합니다. 강연이나 세미나 등의 오프라인 활동은 직접적인 독자와의 만남을 통해 신뢰를 구축하는 기회가 되며 이러한 활동을 다시 영상이나 보도자료 등의 온라인 콘텐츠로 제작하여 활용할 수 있습니다. 책의 저자가 되셨다면 그리고 앞으로 출간을 계속하실 것이라면 기존의 마케팅 방향과 다른 계획을 세워야 합니다. 그 길은 나의 책을 가지게 되었으니 지금까지 마케팅 비용으로 지출한 고정 비용을 상당히 절감하고 효율적인 길이 될 것입니다.

출간 이후에
꼭 해야 할 일들

책을 출간하고 난 뒤의 할 일들은 원장이 직접 챙겨도 되고 광고대행사를 시켜도 되며 원내 직원들이 해도 됩니다. 우선 유료 판매가 아닌 홍보 목적의 증정 용도의 책을 배본해야 합니다. 몇 권의 책을 어떻게 사용할 것인지 우선 계획을 세워 보시기 바랍니다. 대부분의 경우 저자는 정가의 65%의 가격으로 출판사로부터 나의 책을 구매할 수 있습니다. 도서정가제로 인해 인터넷 서점에서 책의 할인율은 책값의 10% 쿠폰은 5%로 지정되어 있기에 할인과 관련된 이벤트를 마음대로 할 수는 없습니다. 그러나 저자는 책을 서점으로부터 구매하지 않고 출판사에서 할인 가격으로 구매할 수 있습니다. 몇 권이든 필요한 만큼 구매하면 됩니다. 대략 얼마나 홍보 목적으로 도서를 사용할 것인지에 따라 다른데 저희 회사가 최근에 출간된 책으로 홍보한 원장님의 사례를 말씀드리겠습니다.

- **방송, 언론, 유튜브 증정용 100권**: 본 업무는 광고대행사나 출판사에서 해 줄 수 있는 홍보영역입니다. 건강, 의학, 출판 관련한 중앙신문과 지방신문 기자, 방송국 PD, 전문잡지, 대형 유튜브 채널에 홍보용으로 인사말과 함께 택배 증정할 분량입니다. 기본적으로 광고대행사에서 언론종사자들의 택배 주소를 보유하고 있습니다. 이렇게 보내면 언론이나 방송에서 소개되는 경우가 많습니다.
- **원내 비치 및 판매용 100~200권**: 본 물량은 원내에서 방문 환자들에게 판매할 물량입니다. 직원이 카드 단말기나 입금 형태로 판매하면 됩니다. 이때 주의할 점은 진료 전에 환자들에게 무료 증정하면 안 됩니다. 그것은 유인행위로 의료법 위반으로 해석될 여지가 많습니다.
- **원장님 보관용 및 증정용 50권 이상**: 원장님 자택 보관 및 차 트렁크에 보관하실 물량입니다. 대외 활동을 하면 꼭 책을 전달할 일이 생기고 책의 증정은 오프라인에서 만났을 때 전달하는 것이 가장 좋기 때문에 책을 자택과 차에 가지고 다니시는 것이 좋습니다. 생각보다 증정할 일이 많고 책 선물을 꺼리는 사람은 없습니다.

- 서점 판매용 나머지 600 ~ 700권: 이 부문은 출판사에서 알아서 해줄 업무입니다. 현재 국내에서는 교보문고, 알라딘, YES24에서 주로 책이 판매되므로 나머지 물량은 온오프라인 판매용이라고 볼 수 있습니다. 교보문고는 온오프라인 판매가 함께 됩니다. YES24와 알라딘은 온라인판매입니다. 이 외에 지방 서점과 소규모 서점에 들어가기 위해서는 출판사가 웅진북센, 북플러스, 한국도서 협동조합 등과 계약하면 전국의 서점으로 배포됩니다.
- 서평단 홍보용 30권: 이 업무는 광고대행사에서 하게 될 것인데 블로거 중에 책을 전문적으로 리뷰하는 블로거들이 있고 서평단들이 모이는 카페도 있습니다. 이들 블로거나 카페회원들은 실제 독서에 관심이 있는 사람들입니다. 이런 사람 중에 파워블로거나 인플루언서들을 광고대행사에서 섭외하여 책을 서점에서 구매하여 본인의 블로그에 독후감을 올리게 하는 것을 서평단이라고 합니다. 일반 소비재를 리뷰하는 블로거들이 책을 잘 리뷰하기는 어렵습니다. 광고대행사에서 이들 서평단에게 원장님의 책을 리뷰하며 어떤 키워드에서 어떻게 노출하라고 지시하게 됩니다. 30명의 서평단이 시작된다면 서평단들이 교보문고, YES24, 알라딘에서 지급된 비용으로 책을 구매하고 인터넷 서점의 서평, 포토 서평을 남기고 그들의 네이버 블로거에 원장님께서 노출해야 하는 키워드로 포스팅을 진행하게 됩니다. 무료로 진료를 제공하고 블로그 후기를 남기라고 하면 의료법 위반입니다만 서평단은 그에 해당하지 않으니 홍보에 매우 유리합니다. 최소 30명의 규모로 진행합니다만 더 큰 규모로 진행할 수도 있습니다.

과연 환자들이
논문을 좋아할까?

오랫동안 병의원 마케팅의 한 축으로 '권위'를 중심으로 한 마케팅 전략이 꾸준히 강조되어 왔고 지금도 진행되고 있습니다. 명문대 출신의 의사 학력, 대학병원 및 대형 병원 근무 경력, 논문 실적, 학회 발표 사례 등을 전면에 내세우며 전문성을 강조하는 방식이 그동안 대표적인 병의원 마케팅의 한 축이었습니다. 병의원은 신환에게 신뢰를 주기 위해서 능력과 경험이 있는 병의원이며 원장이라고 인식시키기 위해서 큰 노력을 합니다. 저는 광고대행사와 홈페이지 제작을 하는 웹 에이전시를 운영하며 특히 홈페이지 제작 업무에서 고객들이 그런 노력이 정말 많이 한다는 것을 경험하였습니다. 홈페이지에 병의원 소개, 의료진 소개를 보면 원장 프로필에 주로 적는 게 이전 근무 병원, 그리고 주로 OO 학회 정회원을 여러 개 적습니다. 그리고 환자는 잘 이해하지 못하는 논문 표지를 홈페이지에 디자인해서 넣고 방송 출연한 것을 캡처해서 넣습니다.

　이러한 접근은 의료인의 실력과 신뢰도를 입증하는 데는 효과적일 수 있으나 실제 의료 서비스의 수요자인 환자들과의 소통에는 오히려 한계가 있습니다. 제가 고객 병원들의 홈페이지 방문자 유입 분석을 해보면 실제 홈페이지의 메뉴 부분에서 이러한 권위를 서술한 메뉴의 클릭률이 지극히 낮다는 것을 계속 경험해 왔고 줄일 것을 강조해 왔지만 원장님들의 불안감으로 이 메뉴를 계속 강화해 달라는 주문을 받아왔습니다.

　유념하실 것은 의료인들이 자주 언급하는 유명 학회 논문 게재 실적이나 국제 학회 발표 경험은 일반 환자들에게는 매우 추상적인 개념이며 피부에 와닿지 않는 개념들입니다. 가망 신규 환자들은 이러한 전문적 성과의 실질적 의미를 이해하기 어려우며 오히려 종종 의사와 환자 사이를 어려운 용어와 설명으로 심리적 거리감을 형성하는 요인이 되어왔습니다. 마케팅에서 가장 중요한 것은 결국 공감인데 이것이 결여된 것입니다.

그런데 사실 가망 신환들이 이것들을 얼마나 볼까요? 실제로 많이 볼까요? 홈페이지에 이런 소개 코너는 거의 차별화를 가져가지 못합니다. 이렇게 차별화에 대한 고민의 관점에서 본다면 책의 역할이 훨씬 더 설득력이 있습니다. 논문과 학회는 실제 환자들에게 피부로 와닿는 설득의 포인트라고 느껴지지 않습니다. 실제 각 병의원 홈페이지 유입 분석을 해보아도 논문 참석과 학회 쪽 메뉴는 거의 보는 사람이 없습니다. 논문 발표나 학회 활동은 대부분의 병의원에서 공통으로 사용되는 권위 중심의 홍보 방식입니다. 이런 방식은 대부분의 병의원에서 비슷한 정보로 나열되어 반복되기 때문에 환자들에게 큰 인상을 남기지 못합니다.

병의원이 환자에게 신뢰를 심어주는 것은 단순히 정보의 나열로 이루어지지 않습니다. 환자들에게 신뢰를 주는 핵심은 의사의 전문성과 인간적 면모를 어떻게 동시에 효과적으로 전달하느냐에 달려 있습니다. 의사가 직접 쓴 책은 단순한 정보의 나열이 아니라 환자와의 소통을 위해 정리된 정보와 감정, 철학이 집약된 결과물이기 때문입니다. 논문이 학술적 영역에서 권위를 가지는 자료라면 책은 환자들에게 의사의 신념과 진료 철학을 전달하는 매개체로 작용합니다.

이러한 책이 병원의 홈페이지나 병원의 대기실에 비치되면 환자들에게 단순히 읽을거리를 제공하는 것을 넘어 의사의 전문성을 간접적으로 홍보하고 병원의 분위기를 신뢰감 있는 공간으로 조성하는 데 기여합니다. 환자들이 대기실에서 책을 접하게 되어 그 책은 병원 서비스와 의사에 대한 긍정적인 이미지를 강화하는 역할을 합니다. 이는 단순히 홈페이지나 전단지로는 얻을 수 없는 효과입니다.

저는 권위 중심의 마케팅에서 한 계단만 내려올 것을 권장해 드립니다. 그 대안으로 의사의 건강도서 출간을 권장해 드립니다. 의료진이 집필하는 건강 관련 도서는 여러 측면에서 권위 중심의 마케팅보다 효과적인 공감 마케팅 도구가 될 수 있습니다. 우선 건강도서는 의학 전문 용어를 일반인의 눈높이에 맞춰 설명하고 실생활에서 적용할 수 있는 구체적인 사례를 제시하며 환자들이 궁금해하는 내용을 체계적으로 정리할 수 있습니다. 또한 일방적인 전문성 과시가 아닌 의료진의 철학과 진료 방식에 대한 자연스러운 이해를 도모할 수 있습니다. 건강도서는 환자들이 반복적으로 참고할 수 있는 실용적인 건강 가이드를 제공하고 의료인의 진료 철학과 경험을 공유하며 성공적인 치료 사례를 통한 희망 메시지를 전달하는 스토리텔링 요소를 담을 수 있기에 논문을 과시하는 것보다 OO 학회의 정회원을 강조하는 것보다 가치 있습니다. 논문은 난해하고 유튜브는 가볍습니다. 의료인의 퍼스널 브랜딩은 그 중간에 있어야 한다고 생각합니다.

현재 대부분의 병원이 활용하고 있는 온라인 마케팅 도구들은 매우 유사한 양상을 보입니다. 키워드 광고, 유튜브 광고, 소셜미디어 광고, 바이럴 마케팅 등 거의 모든 병원이 동일한 채널과 방식으로 마케팅을 진행하고 있어 차별화가 쉽지 않은 상황입니다. 이러한 상황에서 건강도서 출간은 기존 온라인 마케팅과의 시너지를 극대화할 수 있는 차별화 전략이 될 수 있습니다. 의사의 도서 출간을 통한 마케팅은 단순한 광고성 콘텐츠와는 차별화되고 논문보다는 친밀하며 친근한 방식으로 의료 정보를 제공함으로써 병원과 의료진의 전문성과 신뢰도를 효과적으로 전달할 수 있는 강력한 마케팅 수단으로 앞으로 계속 선택받게 될 것입니다.

입구에서 돈을 받지 말라

책 쓰기에 도전하기로 결심하지 못하고 책을 쓸지 말지 여부를 고민할 때 가장 먼저 스스로 하는 질문이 있습니다. '이 일이 경제적으로 가치가 있을까?'라는 질문입니다. 이런 고민은 당연하고 합리적입니다. 분명히 말씀드리고 싶은 것은 책 출간에서 얻을 수 있는 직접적인 수익, 즉 인세는 생각보다 매우 적습니다. 일반적인 도서의 인세는 도서 정가의 7~9% 정도입니다. 예를 들어 2만 원짜리 책이 팔릴 때마다 저자에게 돌아오는 금액은 1,400원에서 1,800원 정도라는 뜻입니다. 책을 쓰는 데 들어가는 시간과 노력을 생각하면 이는 결코 매력적인 수익 수준이라고 할 수 없습니다. 의사라는 전문직의 시간 가치를 고려하면 더욱 그렇습니다. 의사의 근로 소득을 시급으로 계산한다면 책 쓰는 시간은 오히려 손해로 계산될 수 있습니다. 하지만 여기서 시야를 넓혀 보아야 합니다. 책은 단순한 1차 수익 창출 수단이 아닙니다. 오히려 책은 여러분의 전문성과 브랜드를 알리는 강력한 도구로 생각해야 합니다.

마케팅에서 회자하는 말 중에 "입구에서 돈을 받지 말라."는 말이 있습니다. 이는 초기에는 수익에 집착하지 말고 먼저 신뢰와 팬층을 구축하라는 의미입니다. 의료인의 책은 바로 이런 '입구'의 역할을 완벽하게 수행할 수 있습니다. 독자들은 책을 통해 여러분의 전문성, 경험, 관점을 만나게 됩니다. 이들은 단순한 독자를 넘어 잠재적인 환자가 될 수 있습니다. 실제로 많은 의사 저자들이 책 출간 이후 진료실에서 "선생님의 책을 읽고 찾아왔습니다."라는 말을 듣게 됩니다.

더 나아가 책은 여러분을 다양한 기회의 장으로 이끌어 줄 수 있습니다. 출간된 책은 방송 출연이나 인터뷰 요청으로 이어질 기회를 줄 수 있습니다. 건강 관련 프로그램의 전문가 패널로 초청받을 수도 있고 각종 강연이나 세미나의 연사로 초청받을 수도 있습니다. 이러한 활동들은 다시 여러분의 퍼스널 브랜드의 가치를 높이는 선순환을 만들어냅니다. 의료 시장이 점점 경쟁적으로 변화하는 현시점에서 차별화된 브랜드의 구축은 선택이 아닌 필수가 되어가고 있습니다. 책은 이러한 브랜드 구축의 단단한 기초가 됩니다. 일반 대중들에게 '책을 쓴 의사'라는 타이틀은 그 자체로 높은 신뢰도를 가집니다.

따라서 책 출간을 고민하실 때는 직접적인 수익보다는 장기적인 투자의 관점으로 접근하시기를 바랍니다. 출간을 통해 얻을 수 있는 장기적인 개인의 브랜드 가치는 그 어떤 광고나 마케팅 수단보다도 클 수 있습니다. 결국 책은 여러분과 여러분의 병원 브랜드를 만들어가는 여정의 새로운 시작점이 될 수 있습니다. 그리고 이 여정은 분명 경제적으로도 전문가로서의 성장 측면에서도 충분히 가치 있는 투자가 될 것이니 책 자체를 수익 수단으로 바로 생각하지 마시기를 바랍니다.

의료인이
출판 마케팅을 하기에
유리한 이유

의료인은 다른 직업군보다 출판을 통한 마케팅을 하기 유리하기 때문에 출판과 온라인 마케팅을 결합하여 본인의 의료기관을 홍보할 것을 적극 권장합니다. 의료인이 유튜브를 잘하기보다 의료인이 책을 잘 쓰기가 훨씬 쉽습니다. 의료인은 인구 집단 중에서 교육과정 중에 가장 책을 많이 읽은 집단이기 때문에 책을 쓰는 것, 자료를 만드는 것 역시 타 집단에 비해 익숙한 집단입니다. 다른 직업군에서는 전문적 자료를 읽고 이를 일반 대중이 이해할 수 있는 형태로 변환하는 데 상당한 시간이 소요될 수 있지만 의료인은 일상의 외래 진료 대화에서부터 이미 이러한 작업에 익숙하고 훈련되어 있습니다. 이러한 직업적 특성과 능력은 책 집필의 과정에서 큰 장점으로 작용합니다.

　의료인의 또 다른 강점은 전문가로서의 신뢰도입니다. 의료인이라는 직업적 특성은 건강과 관련된 도서 저자로서의 신뢰도를 자연스럽게 높여주며 이는 책의 마케팅에서도 큰 장점이 됩니다. 독자들은 의료 전문가가 쓴 책에 더 큰 신뢰를 보내는 경향이 있습니다.

　의료인은 출판물의 대중성이라는 측면에서도 다른 직업군에 비해 유리합니다. 의료인의 전문성은 실용적인 정보로 직접 연결될 수 있기 때문에 출판물의 시장성과 영향력이 높습니다. 예를 들어 회계사나 변호사가 자신의 전문성을 기반으로 책을 쓸 경우 그 독자층은 비교적 제한적일 수 있습니다. 반면 의료인이 쓴 건강 관리나 예방 의학 관련 책은 남녀노소 누구에게나 관심을 끌 수 있으며 이는 더 넓은 독자층과 연결될 가능성을 제공합니다.

　출판은 의료인의 브랜딩 측면에서도 매우 유리합니다. 의료인이 출판한 책은 그 자체로 하나의 브랜드가 될 수 있습니다. 책의 주제가 건강 관리, 예방 의학, 특정 질환에 대한 치료법 등 환자들이 실제로 필요로 하는 정보라면 독자들에게 의료기관에 대한 인식을 높이는 데 효과적입니다. 출판물이 의료기관의 로비에 놓여 있거나 환자 대기실에 비치

되어 있을 때 이는 단순한 인테리어 소품이 아니라 병원 자체의 이미지와 전문성을 대변하는 역할을 하게 됩니다.

더불어 의료인의 책은 독자들에게 단순히 정보를 제공하는 것을 넘어 관계를 형성하는 도구가 됩니다. 책의 독자는 저자에게 친밀감을 느끼고 해당 저자가 운영하는 의료기관에 신뢰를 가지게 됩니다. 이는 단순한 광고보다 훨씬 자연스럽고 진정성 있는 방식으로 환자와의 관계를 형성하는 방법입니다. 이러한 점에서 출판은 의료기관의 환자 유치 전략으로서 매우 효과적입니다.

또한 출판은 온라인 마케팅과 결합했을 때 더욱 큰 시너지를 발휘합니다. 책의 내용을 바탕으로 블로그 글이나 소셜미디어 콘텐츠를 제작하고 이를 통해 독자들과 지속해서 소통할 수 있습니다. 예를 들어 책에 포함된 내용을 짧은 영상으로 제작하여 유튜브에 업로드하거나 책 발간 기념 라이브 방송을 통해 독자들과 직접 대화할 수도 있습니다. 이러한 활동은 단순히 책을 판매하는 것을 넘어서 의료인의 전문성을 홍보하고 더 많은 사람에게 의료기관의 존재를 알릴 수 있는 기회를 제공합니다.

유튜브나 다른 소셜 미디어 플랫폼과 비교했을 때 책은 의료인의 전문성을 더욱 효과적으로 전달할 수 있는 매체입니다. 책은 깊이 있는 내용을 체계적으로 전달할 수 있으며 의료인의 철학과 가치관을 충분히 담아낼 수 있습니다. 반면 유튜브부터 제작하게 되면 짧은 시간 안에 핵심 내용을 전달해야 하는 제약이 있고 지속적인 콘텐츠 제작에 많은 시간과 노력이 필요합니다. 저의 경험으로 의료인과 함께 찍은 동영상은 본인이 찍고 보니 마음에 들지 않는 등의 여러 가지 이유로 사용하지 않은 적이 많이 있지만 책의 원고는 결국 사용하게 되는 경우가 대부분이었습니다.

블로그? 유튜브?
책을 쓰면 자동 해결된다

의료인이 제작하는 책, 블로그, 유튜브는 결국 콘텐츠를 최종에는 의료인이 검수해야 합니다. 의료분야의 전문지식이 오류 없이 원고에 반영되어야 하기 때문입니다. 대표적인 전문직인 의사와 변호사를 위하여 병원과 법무법인의 마케팅을 하다 보면 의사와 변호사분들은 광고대행사나 프리랜서가 작성하는 블로그 콘텐츠가 내용이 전문적이지 않다는 말을 많이 합니다. 왜 그럴까요? 면허가 있어야 할 수 있는 직업군이기 때문에 일반 산업군처럼 면허가 없는 사람이 경험할 수 없는 콘텐츠를 겪어보지 않고 간접적인 지식으로 콘텐츠를 제작하기 어렵습니다. 전문직의 콘텐츠는 먹어 보고, 입어 보고, 여행 가보고 쓰는 블로그 포스팅과 다르기 때문에 이러한 차이를 느끼게 되는 것입니다. 병원 직원이나 광고대행사의 직원이 글을 작성해서는 공감 가는 콘텐츠가 나오기 어렵고 특히 실제 사례에 대한 이야기는 더 작성하기 어렵습니다. 그렇다고 AI가 이러한 전문 분야를 100% 콘텐츠 작성을 독립적으로 할 수도 없습니다. 결국 병의원은 돌고 돌아내리는 결론이 블로그를 제대로 할 것이면 원장이 직접 해야 한다는 결론에 다다르게 됩니다. 블로그를 하나하나 차곡차곡 모아서 책을 쓰는 것도 좋은 전략입니다. 그러나 블로그가 책을 쓰는 것보다 시간이 많이 들고 온라인 도구의 사용에 익숙하지 않은 경우에 더 어려운 것은, 텍스트와 이미지와 동영상을 적절히 배치하고 꾸며야 검색에서 노출된다는 점입니다.

 블로그 포스팅이 아니라 원장님이 글만 쓰면 오히려 진도는 훨씬 빠르게 나갈 수 있습니다. 이것은 책을 안 써 보고 블로그만 포스팅해 보신 분들이 실제 책을 써보면 바로 알 수 있습니다. 책은 멀티미디어 소재에 신경 쓸 필요가 없고 작성의 연속성이 있으며 포스팅마다 다른 주제에 대한 고민이 필요 없으므로 블로그에 비하여 실제로 주제만 잘 잡으면 책이 훨씬 더 술술 잘 써집니다. 대부분의 블로그는 하나의 포스팅 내에서 결론까지 나와야 하며 책과 다르게 질환, 수술, 시술 키워드와 지역 키워드 노출을 위하여 인위적으로 섞어야 한다는 것이 원장이 직접 포스팅 하는 것을 힘들게 합니다. 예를 들어 '강동구 무릎 인공관절'처럼 강동구에 있는 정형외과 블로그는 이 단어를 인위적으로 계속 콘텐츠 속에 반복해야 합니다. 이렇게 세부적으로 지켜야 할 주의 사항들이 원장이 쭉 일필휘지로 써 나가는 책의 글쓰기 흐름에 비하여 블로그가 더 어렵게 느껴지는 이유입니다.

반면에 책을 먼저 쓰고 블로그를 후에 쓴다면 어떤 장점이 있을까요? 원장님은 책만 쓰고 책의 원고를 블로그 담당자에게 넘기면 끝납니다. 온라인 글쓰기에 익숙한 블로그를 쓰는 대행사 직원이나 원내 담당자가 지역 키워드나 노출 키워드만 잘 잡아서 그림과 영상을 더하여 블로그 포스팅을 완성할 수 있습니다. 책을 먼저 써 두었기에 원장님이 원고 검수를 할 필요가 없습니다. 원내 직원이나 광고 대행사 직원이 검색엔진 노출을 위한 기술적 포인트만 추가하기에 의료 콘텐츠의 본질은 건드리지 않을 수 있습니다. 책의 원고와 100% 같지 않게 하기 위해서 변형하는 것만 AI의 도움을 받을 수 있고 책과 조금 다르게 쓰기는 쉽습니다. AI에서 '상기의 내용을 블로그에 어울리는 문체로 작성해 줘.' 정도의 프롬프트면 책의 특정 목차를 블로그 포스팅 문체로 바꾸기 쉽습니다. 책의 원고는 아무래도 훨씬 더 문어체로 써야 하기에 문어체로 쓰인 책의 원고를 구어체로 변경하는 블로그 형식의 글쓰기는 쉽습니다. 이러한 이유로 책을 먼저 쓰고 블로그를 쓰기가 훨씬 더 쉽습니다.

블로그는 원장님이 직접 쓰지 않아도 됩니다. 네이버 블로그의 편집기가 아무리 간편해졌다 하더라도 편집기로 이미지와 영상을 다루는 것보다 책 쓰기의 도구인 MS 워드보다는 복잡하고 익숙하게 사용하기 위해서는 시간이 걸립니다. 저도 책을 먼저 쓰고 블로그를 회사 홍보용으로 책의 원고를 이용하여 작성하는 것은 저는 전혀 관여하지 않고 저희 회사의 직원을 시키고 있습니다. 사실 책을 매년 쓸 수 있다면 한 권의 책으로 100건 이상의 포스팅이 가능하므로 블로그는 크게 신경 쓰지 않아도 됩니다. 또한 직원이 책을 기반으로 블로그를 담당하더라도 생성형 AI에서 책의 원고를 입력하고 '이 글을 블로그 형태로 바꾸어 줘.'라고 프롬프트를 입력하는 것은 그리 어려운 일이 아닙니다.

누구나 책을 매년 출간할 수 있는 시대가 왔습니다. 이 책에서 다루는 생성형 AI를 이용한 글쓰기 때문입니다. 저 역시 지금 여러분이 읽고 계신 이 책을 6개월 만에 출간하게 되었습니다. AI의 등장 이전에 제가 1권의 책을 기획과 자료조사부터 출간까지 평균적으로 소요된 기간은 2년이었습니다. AI의 등장으로 기간이 1/4로 단축되고 블로그나 유튜브의 원천 콘텐츠까지 확보하게 된 것입니다.

PART 7

평생 작가로 살기 위한 꿀팁

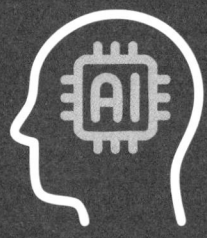

시리즈 출간 전략

책의 진도가 어느 정도 나갔으면 혹시 이 책이 시리즈 형태로 진화될 가능성에 대해 생각해 보시기 바랍니다. 사실 이런 가능성은 책을 써보면 중간중간에 시리즈가 될 수 있겠다는 영감을 받게 됩니다. 그러나 그 실현 가능성을 두고 도전하느냐 포기하느냐 보다 소재의 확장성이 더 중요합니다. 우리는 현재 첫 책을 계획하는 단계라 시리즈보다 첫 책의 성공이 중요합니다. 그러나 내가 가진 주제가 시리즈가 될 수 있는 소재라면 다른 경쟁자에 비해 여러분의 퍼스널 브랜딩을 지속해서 진행하기에 효과적입니다.

시리즈 출간을 계획할 때는 먼저 자신의 콘텐츠가 시리즈로 확장될 수 있는 잠재력을 가졌는지 살펴보아야 합니다. 시리즈 도서의 확장 가능성을 평가하는 주요 기준으로는 시간의 흐름에 따른 내용의 변화 가능성과 다양한 독자층으로의 확장성을 들 수 있습니다. 시리즈 출간 작가의 퍼스널 브랜딩에 기여하는 장점은 독자들에게 작가의 콘텐츠의 예측 가능성과 신뢰성을 제공한다는 것입니다. 첫 번째 책에서 만족을 느끽 독자들은 같은 시리즈의 다른 책들도 자연스럽게 찾게 됩니다. 또한 작가 입장에서는 이미 검증된 구조와 포맷을 활용할 수 있어 후속 도서 집필이 상대적으로 수월해지는 이점이 있습니다. 저의 경우도 제가 쓴 책을 한 번 읽으신 분들은 다음 책도 구매하신 경우가 많았습니다.

여러분이 생각할 때 마케팅이나 건강도서 중에 시리즈화된 책이 떠오르는 것이 어떤 것이 있나요? 저는 대표적인 책이 김난도 교수의 "트렌드 코리아"라는 책이라고 생각합니다. 트렌드 코리아 시리즈는 2008년 말에 트렌드코리아 2009로 시작해서, 현재 "트렌드 코리아 2025"까지 출간되었습니다. 트렌드 코리아는 시간의 흐름에 따른 확장성을 가지고 있습니다. 또 다른 예로 제가 아는 의사분께서는 암 요양병원을 운영하시면서 식단과 관련한 책을 출간하셨는데 위암, 유방암 등등 암 종별 식단 추천에 대한 책을 시리즈로 출간하고 계십니다. 이 경우는 독자층의 확장성에 해당합니다. 이외에도 시리즈로 된 책을 출간하는 작가들이 많이 있습니다. 실제 검색으로 한번 시리즈 도서를 찾아보시기를 바랍니다.

여러분들은 어떠실까요? 현재 쓰는 책의 시리즈화를 생각해 보신다면 떠오르는 아이디어가 있으실까요? 저는 마케팅 파트에서 독자층을 변경하여 '이기는 전략'이라는 시리즈의 책을 출간하였습니다. "페이스북 광고 이기는 전략", "B2B 마케팅 이기는 전략", "병원 개원 마케팅 이기는 전략" 등의 시리즈를 출간하였습니다. 그리고 저는 이 AI를 이용한 책 쓰기를 의료인을 위한 책을 출간한 이후에 CEO, 변호사, 직장인의 순서로 타깃을 나누어 내용을 바꾸어 AI 책쓰기 시리즈를 타깃 독자의 계층을 바꾸어 출간하는 계획을 현재 가지고 있습니다. 책은 저에게 있어서 단순히 인세를 벌기 위한 것이 아니라 컨설팅하기 위한 수단이기도 하기에 타깃 독자층을 나누어 확장하는 것은 저와 같은 목적을 가지신 저자분들에게 유리합니다. 여러분도 책을 빨리 완성하시고 현재의 주제가 시리즈화 되어서 첫 번째 책 이후의 책을 더 쉽게 쓰고 지속적인 퍼스널 브랜딩을 강화하는 데 지름길을 찾아보시기 바랍니다. '이 주제가 매년 바뀌는 주제일까?' '이 주제가 다른 계층의 사람들에게도 적용될 수 있을까?'를 생각해 보시면 시리즈화에 대해서 아이디어가 떠오를 수 있습니다.

시리즈 출간 전략은 단순히 여러 권의 책을 출간하는 것을 넘어서 독자들에게 일관된 가치를 제공하고 작가의 전문성을 강화하는 전략적 접근이기도 합니다. 또한 독자들에게 친숙함과 신뢰를 줄 수 있습니다. 독자들은 이전 시리즈에서 얻은 가치를 바탕으로 새로운 책에 대한 기대감을 갖게 되며 이는 안정적인 도서 판매로 이어질 수 있습니다. 또한 작가 입장에서는 이미 구축된 프레임워크를 활용하여 시리즈 도서를 쉽고 효율적으로 출간할 수 있습니다.

도서 대필 시장에 대한 정보

어떤 영역에서나 그렇듯이 출판시장에서도 대행 시장이 있습니다. 대필 작가들도 있고 프리랜서들 그리고 수요 일산시의 헬스 지먼을 담당하는 부서에 출판국이 있습니다. 특히 신문사에서는 의료 특별 지면 광고와 함께 출판 대행을 하고 있습니다.

저는 건강 의료영역에서 의료인이 아닌 작가가 처음부터 끝까지 대신 써주는 대필은 권장하지 않습니다. 이러한 대필 서비스의 가장 큰 단점은 역시 의료인의 고유한 세계관과 관점을 가지기 어렵다는 것입니다. 대필 작가가 작성한 글은 실제 의료, 건강과 관련된 직무의 현장감과 저자의 진료 철학에 대한 고유의 시각을 반영하기 어렵습니다. 설령 기술적으로 잘 정리된 글이라 히더라도 독자는 종종 그 글에서 감동하지 못합니다. 이는 환자들이 병원을 선택할 때 단순히 진료만이 아니라 인간적인 공감과 신뢰를 중시하는 것과 동일한 맥락입니다. 이러한 대필은 브랜드 형성에도 기여되기 어렵습니다. 의료 전문 서적이나 건강 관련 도서의 경우 저자의 실제 경험과 전문성이 매우 중요합니다. 환자들과 직접적인 소통, 진료 과정에서 얻은 통찰, 그리고 의료현장에서 축적된 노하우는 다른 어떤 방식으로도 대체할 수 없는 가치를 지닙니다. 대필 작가가 아무리 뛰어난 글쓰기 실력을 갖추고 있다 하더라도 의료인의 실제 경험에서 우러나오는 깊이 있는 이야기를 전달하기는 어렵습니다. 이들 대필 업체의 견적을 받아 보시면 작가 비용, 편집 비용, 디자인 비용, 홍보비용 등으로 구성되어 있을 것입니다. 대부분 상당히 비싼 비용입니다. 이러한 대필 시장의 경우, 실제 저자가 글을 처음부터 쓰지 않고 여러 차례 육성 인터뷰만 해서 책이 만들어지는 경우도 있는데 이 방식 역시 깊이 있는 콘텐츠는 나오기 어렵습니다.

저의 주장은 일단 20페이지 이상을 어떤 내용이든 아무리 우스운 내용이 될 것 같더라도 한번 직접 써 보시기 바랍니다. 그 과정에서 반드시 인사이트가 나올 것입니다. 그리고 이후에 AI의 도움을 받아 보시기 바랍니다. 특히 AI는 의료인의 고유한 전문성과 경험을 해치지 않으면서도 더욱 읽기 쉽고 이해하기 쉬운 형태로 내용을 재구성하고 예시를 제시하고 분량을 자연스럽게 늘리는데 탁월합니다. 이는 전문성을 유지하면서도 독자와의 소통을 원활하게 만드는 균형 잡힌 접근법이 될 수 있습니다.

맞춤법에 자신 없다면
맞춤법 검사기를 써라

책을 집필하면서 맞춤법에 대해서는 크게 걱정하지 않아도 됩니다. 몇 가지 많이 사용하는 도구들이 있습니다. 네이버 맞춤법 검사기, 국립국어원 맞춤법 검사기, 그리고 잡코리아, 인크루트, 사람인 등 취업사이트에서도 맞춤법 관련 오류 검출 서비스를 제공합니다. 구인 구직 사이트의 경우 자기소개서를 첨부하는 경우가 많으니 이때 쓰라고 준비한 맞춤법 검사기들이 있습니다.

그러나 퇴고 시에 이 맞춤법 검사기를 100% 신뢰하면 안 됩니다. 맞춤법 검사기는 그야말로 맞춤법, 오탈자, 띄어쓰기 정도를 체크합니다. 특수문자의 사용, 마침표, 쉼표 등의 바른 사용은 대부분 잡아내지 못합니다. 그리고 문법을 체크해 주지는 못합니다.

맞춤법 검사기는 여러분이 글을 쓰는 습관도 잡아내지 못하는데 대부분의 아마추어 작가의 글 속에는 저자의 글 쓰는 습관이 스며 있어서 글이 편하지 못한 경우가 많습니다. 이러한 습관들을 수정하는 것은 출판사의 편집자나 제삼자에게 부탁하는 것이 좋습니다. 인터넷 기반의 맞춤법 검사기들은 책의 전체 맞춤법은 검사하지 못합니다. 대부분 1~2페이지 정도를 검사할 수 있는 것이 대부분입니다. 따라서 분량을 나누어 검사해야 합니다. 편집 작업의 경우에는 중복되는 문단이나 목차가 있을 수 있기에 책 쓰기를 도와주는 사람이 있다면 처음부터 끝까지 한 사람이 다 리뷰해야 오류와 중복을 수정할 수 있습니다. 책을 빨리 출간하기 위해서 책을 여러 파트로 잘라서 여러 사람이 꼼꼼히 분할해서 본다고 해서 완벽한 편집이 되지 않습니다. 부분들이 완전하다고 하여 전체가 완전하지 않습니다. 흐름과 중복은 반드시 1명이 전체를 읽어보고 검수해야 합니다.

반면 맞춤법의 경우는 여러 사람이 분리하여 리뷰하여도 무관합니다. 온라인에 공개된 맞춤법 검사기를 활용할 때는 한계와 특성을 정확히 이해하고 사용하는 것이 중요합니다. 특히 의학 서적의 경우 전문 용어나 의학 용어의 사용이 많기 때문에 맞춤법 검사기가 용어를 오류로 인식하는 경우가 많습니다. 한자어를 한글로 표기할 때의 기준, 외래어 표기법의 적용, 전문 용어의 일반인 대상 설명 방식 등은 맞춤법 검사기만으로는 완벽하게 처리할 수 없습니다. 이러한 부분은 반드시 작가가 따로 챙기는 것이 필요합니다. 일반 출판사의 교정, 교열 담당자나 편집자가 의료와 관련된 전문지식이 부족하여 놓칠 수도 있습니다. 따라서 맞춤법 검사 후에는 반드시 업계 전문가의 시각으로 재검토가 필요합니다.

글의 전체적인 흐름과 논리적 일관성은 맞춤법 검사기도 확인할 수 없습니다. 예를 들어 앞서 설명한 내용과 뒤의 내용이 서로 모순되는 경우나 같은 내용이 불필요하게 반복되는 경우 등은 오직 세심한 사람의 검토를 통해서만 발견할 수 있습니다. 책을 출간해 보지 않은 경우에는 초고 완성 후에 맞춤법 검사만 진행하면 실제 출간이 가능하리라 생각할 수 있지만 실제는 그렇지 않습니다. 맞춤법 검사는 아주 작은 요소입니다.

또한 책의 일관성 측면에서도 주의가 필요합니다. 같은 의학 용어나 전문 용어를 책 전체에서 동일한 방식으로 표기하는지, 약어의 사용이 일관되는지 등 세심한 검토가 필요한 부분입니다. 이를 위해서는 용어 사용에 대한 가이드라인을 미리 정하고 이를 책 전체에 걸쳐 일관되게 적용하는 것이 중요합니다.

문장 부호의 사용에 대해서도 맞춤법 검사기는 완벽한 해답을 주지 못합니다. 특히 쉼표의 사용은 글의 리듬과 의미 전달에 큰 영향을 미치지만 이는 작가의 문체와 의도에 따라 달라질 수 있습니다. 따라서 쉼표, 마침표, 따옴표 등의 문장 부호 사용은 작가가 직접 검토하고 조정해야 합니다. 많은 분이 맞춤법 검사기가 쉼표, 마침표, 따옴표의 표기까지 해결해 줄 것이라 생각하지만 이것은 직접 챙겨야 하는 부분입니다.

맞춤법 검사기로 실제 편집까지는 이루어지지 않고 메시지 일관성, 문맥과 어투, 콘텐츠 중복, 읽기 편한 글의 형식은 작가 스스로가 퇴고하고 AI를 이용한 퇴고 과정을 거치고 마지막에 출판사 편집자의 의견을 거친 후에 최종 편집본을 완성하면 됩니다. 이때 AI를 이용한 퇴고 과정을 통하여 시간을 많이 단축하시기 바랍니다.

브런치를 통해 출간하기

브런치는 글 좀 쓴다는 사람들이 모여 있는 곳으로 유명합니다. 브런치에서는 매년 브런치 북이라는 행사를 진행합니다. 브런치 사용자들이 자신이 써 왔던 원고를 모아 지원을 하며 여러 유명 출판사에서 직접 원고를 심사합니다. 그중에서 상을 받은 원고들은 심사에 참여한 출판사를 통해 실제 출판까지 이어지기도 합니다. 유명한 임홍택 작가의 "90년생이 온다"라는 책도 브런치북 수상작입니다.

이렇게 브런치 사이트를 통해 작가가 되기 위한 첫 단계는 작가 지원입니다. 브런치 웹사이트에 접속하여 '작가 신청하기' 버튼을 클릭하면 작가 지원 프로세스가 시작됩니다. 여기서는 자기소개, 브런치 활동 계획, 그리고 샘플 글 한 편 이상을 제출해야 합니다. 이 내용을 바탕으로 브런치 측에서 작가 심사를 진행하며 보통 수일 이내에 결과를 알려줍니다. 특히 작가 소개 글에는 본인의 전문 분야, 관심사, 이전의 글쓰기 경험 등을 포함하여 작성하는 것이 좋습니다. 작가 지원 시 가장 중요한 것은 샘플 글의 제출입니다. 보통 2~3편의 글을 제출해야 하며 이는 지원자의 글쓰기 역량을 평가하는 핵심 자료가 됩니다. 샘플 글은 자신의 전문성과 글쓰기 스타일을 잘 보여줄 수 있는 것으로 선정하는 것이 중요합니다. 이때 글의 주제 일관성, 문장력, 독창성 등이 중요한 평가 요소가 됩니다.

브런치로부터 작가로 승인받은 후에는 본격적인 브런치 활동을 시작할 수 있습니다. 초기에는 자신만의 매거진을 만들고 정기적으로 양질의 콘텐츠를 발행하는 것이 중요합니다. 글의 주제와 스타일에 일관성을 유지하면서 독자들의 관심을 끌 수 있는 콘텐츠를 제작해야 합니다. 브런치에서 인지도를 쌓은 후에는 자연스레 출간으로 이어질 수 있습니다. 출간을 위해서는 먼저 브런치에서 안정적인 독자층을 확보하는 것이 중요합니다. 꾸준한 글쓰기를 통해 많은 구독자를 확보하고 독자들과 활발한 소통을 유지하면서 자신만의 브랜드를 구축해야 합니다.

브런치에서 어느 정도 글을 쌓은 후에는 여러 가지 방법으로 출간의 기회를 얻을 수 있습니다. 브런치북 출판 프로젝트에 참여하거나 브런치에서 제공하는 POD(Print On Demand) 서비스를 이용할 수 있습니다. 또한 브런치에 연재한 글이 출판사의 눈에 띄어 직접 출간 제안을 받을 수도 있습니다. 브런치 북 출판 프로젝트는 정기적으로 진행되며 여러 편의 글을 묶어 브런치 북으로 발간한 후 프로젝트에 응모할 수 있습니다. 선정된 작품은 전자책으로 출판되고 상금도 받을 수 있습니다.

POD 서비스를 이용하면 30편 이상의 글을 발행한 매거진을 대상으로 책으로 출간할 수 있습니다. 이 경우 주문이 들어올 때마다 책을 인쇄하는 방식으로 출간이 이루어집니다. 출간을 위해서는 자신의 글 중에서 책으로 엮을 수 있는 일관된 주제나 시리즈물을 선정해야 합니다. 이미 발행한 글들을 체계적으로 정리하고 필요한 경우 추가 원고를 작성하여서 한 권의 책으로 구성할 수 있는 형태로 만들어야 합니다.

브런치에서의 활동이 출판사의 관심을 끌어 직접적인 출간 제안을 받을 경우 출판사와의 협업을 통해 정식 출간 과정을 거치게 됩니다. 이러한 다양한 방법을 통해 브런치는 작가들에게 데뷔와 출간의 기회를 제공하고 있으며 지속적인 글쓰기와 독자와의 소통이 중요한 역할을 합니다. 이때 출판사의 관심을 끌기 위해서는 시장성과 대중성도 고려해야 합니다. 출판사와의 계약이 성사되면 기존 브런치 콘텐츠를 보완하고 수정하는 작업이 필요합니다. 온라인 플랫폼의 글과 종이책은 형식과 구성이 다르므로 책의 형태에 맞게 내용을 재구성하고 보완하는 과정이 필요합니다. 이 과정에서 출판사의 편집자와 긴밀히 협력하여 더 나은 책을 만들어갈 수 있습니다.

브런치 작가로서의 활동과 출간은 단기간에 이루어지는 것이 아닌 장기적인 관점에서 접근해야 합니다. 브런치는 결코 노력이 적게 들어가는 채널이 아닙니다. 임홍택 작가는 브런치 플랫폼을 통한 연재로 시작하여 독자들의 반응을 즉각적으로 확인하고 피드백을 받을 수 있었습니다. 이는 디지털 시대의 새로운 글쓰기 방식을 보여주는 좋은 사례입니다. 연재를 통해 내용을 다듬고 발전시킬 수 있었고 이는 결과적으로 책의 품질 향상으로 이어졌습니다.

"90년 생이 온다"가
주는 교훈

"90년 생이 온다"의 작가 임홍택을 아시나요? 작가 이름은 몰라도 제목을 들어보지 않으신 분들은 없을 것입니다. 그는 CJ그룹에 입사하여 오랜 기간 다양한 직무를 경험했습니다. 신입사원 교육을 담당했고 소비자 팀에서 분석 업무와 브랜드 마케팅을 맡았습니다. 그는 새로운 세대인 90년대생 직원들과 함께 일하며 이들의 특징과 성향을 깊이 관찰했습니다. 단순히 겉으로 드러나는 현상만이 아닌 90년대생들의 사고방식과 행동 양식을 이해하기 위해 노력했으며 이들과 직접 소통하고 협업하면서 얻은 인사이트를 꾸준히 기록했습니다.

작가로서의 전환점은 그가 관찰한 90년대생들의 특징과 이들이 일으키는 변화에 대한 깊은 통찰이 담긴 기사를 브런치에 연재하면서 시작되었습니다. 그의 글은 기성세대와 젊은 세대 간의 갈등과 이해 부족을 해소하는 데 도움이 되는 새로운 시각을 제시했고 이는 많은 독자들의 공감을 얻었습니다. 임홍택은 2012년부터 "9급 공무원 세대"라는 제목으로 브런치에 글을 연재하기 시작했습니다. 이 연재물은 1990년대생의 특징을 '간단함, 병맛, 솔직함'이라는 3개의 키워드로 유쾌하게 풀어낸 내용이었습니다. 이 연재는 제5회 브런치북 프로젝트에서 은상을 수상하며 주목을 받았습니다.

그러나 이 원고가 책으로 출간되기까지는 상당한 시간이 걸렸습니다. 임홍택은 2014년에 이미 원고를 완성했지만 출판사들의 관심을 받지 못했습니다. 브런치에 기록이나 남겨볼 생각으로 업로드를 시작하고, 마침 5회 브런치북 프로젝트가 열려서 지원했고 은상을 수상하였습니다. 그 후에도 바로 출판은 되지 않았으며 출판사 웨일북에서 연락이

와서 결국 2018년에 이르러서야 "90년생이 온다"라는 제목으로 책이 출간되었고 이는 즉시 베스트셀러가 되었습니다. 이 책은 단순한 세대 분석서가 아닌 새로운 세대가 가져올 사회 변화와 기업문화의 혁신 필요성을 제시하는 통찰력 있는 저작으로 평가받았습니다. 이 책의 성공으로 임홍택은 전문 작가로 인정받게 되었고 이후 "2000년생이 온다" 등의 후속작을 발표하며 세대 연구 및 소통 전문가로서의 입지를 다졌습니다. 현재 임홍택은 작가이자 강연자로 활동하며 세대 간 이해와 소통을 돕는 다양한 활동을 이어가고 있습니다.

임홍택 작가의 사례를 통하여 매력적인 주제도 시의성이 있어야 한다는 것, 브런치와 같은 플랫폼을 통하여 작가로 데뷔하기도 쉽지만은 않다는 것, 비소설 분야에서 책의 소재를 일상에서 현업에서 찾아야 한다는 것을 저는 깨달을 수 있다고 생각됩니다.

여러분의 진료실 일상은 어떠한가요? 여러분의 일상의 패턴 속에서도 나올 수 있는 글감이 충분하지 않을까요? 이 책이 세대 분석서라는 익숙한 장르에서 독보적인 성공을 거둘 수 있었던 것은 저자만의 독특한 관찰자적 위치와 통찰력이 결정적 역할을 했기 때문입니다. 임홍택은 90년대생을 관찰하는 특별한 위치에 있었습니다. 그는 90년대생들과 직접 협업하고 소통하는 일상적 경험을 축적할 수 있었습니다. 이는 단순히 통계자료나 외부 관찰에 의존했던 기존의 세대 분석서들과는 근본적으로 다른 출발점이었습니다. 저는 평소에 현업의 중요성을 무척 강조하는 편인데 의료 현장에서 외래와 수술을 하는 의료인 역시 이러한 다른 출발점을 충분히 가질 수 있습니다. 임홍택 작가는 실제 직장 환경에서 90년대생들의 사고방식, 행동 패턴, 가치관을 생생하게 관찰하고 이해할 수 있었으며 이러한 직접적 경험은 책의 신뢰성과 현장감을 높이는 토대가 되었습니다. 저자는 90년대생의 특성을 '간단함,

병맛, 솔직함'이라는 세 가지 키워드로 정리하여 독자들이 쉽게 이해할 수 있도록 했습니다. 더불어 이들을 '문제적 세대'로 규정하거나 단순히 옹호하는 이분법적 시각에서 벗어나 새로운 시대의 변화를 이끄는 주체로 바라보는 균형 잡힌 시각을 제시했습니다. 신자유주의의 영향, 경쟁 심화, 비정규직 증가 등 90년대생이 자라온 환경을 설명함으로써 이들이 왜 그러한 특성을 갖게 되었는지 그리고 이러한 변화가 사회와 기업에 어떤 의미를 가지는지를 심층적으로 분석하였습니다.

"90년생이 온다"라는 제목 자체가 주는 강력한 메시지성, 각 장의 핵심을 관통하는 인상적인 문구들, 전문적인 내용을 일반 독자들도 쉽게 이해할 수 있도록 설명하는 그의 글쓰기 스타일은 책의 접근성을 크게 높였습니다. 독자의 접근성을 높이는 부분은 의료인이 건강 서적을 쓸 때도 반드시 고려해야 하는 부분입니다. 전문가 글의 대표적인 특징이 어려울 수 있다는 것인데 반드시 이러한 점에 유의해야 합니다.

시의적절한 주제 선정도 의료인의 건강도서에서 벤치마킹해야 할 포인트입니다. 90년대생이 사회의 주요 구성원으로 부상하는 시점에 출간되어 기업과 기관에서 이들을 이해하고 소통하는 데 필요한 정보를 제공하였습니다. 의료계에도 다국적 제약사의 신약 출시나 실손 보험 이슈, 건강보험의 이슈 등이 있을 때 도서를 출간하는 것은 도서의 인지도를 높이는 데 크게 기여할 수 있습니다.

저자는 90년대생들의 특성을 단순히 나열하는 데 그치지 않고 이를 기업과 조직의 변화 필요성과 연결 지어 실천적 함의를 도출하였습니다. 이는 세대 담론을 개인 차원이나 사회적 현상으로만 다루었던 기존의 접근과는 달리, 기업문화와 조직 혁신이라는 실질적인 과제로 확장한 것입니다. 저자는 자신의 관찰과 경험을 체계적으로 기록하고 분석하는 과정을 통해 개인적 통찰을 보편적 의미를 지닌 콘텐츠로 승화시

켰습니다. 이는 작가의 고유한 관점이 단순한 주관적 견해를 넘어 사회적 담론을 형성하고 변화를 이끄는 원동력이 될 수 있음을 보여주는 좋은 예시입니다.

의사를 대상으로 책을 쓸 때 주의할 점

병의원 마케팅을 하며 의사이면서 의료인을 대상으로 비즈니스를 하는 의사들을 여러 차례 미팅과 마케팅을 진행한 바 있습니다. 주로 네트워크 의원을 하는 경우가 대부분이었습니다. 그 외에는 치과의사가 임플란트, 교정, 기공과 관련된 사업체를 가진 경우, 의사가 건강식품, 환자 간편식 등의 식품과 화장품을 유통하는 비즈니스를 하는 경우, 의사가 부동산과 관련된 비즈니스를 하는 경우, 의사가 병원 인테리어와 관련된 비즈니스를 하는 경우, 의사가 본인이 가진 술기나 특허를 강의하는 경우입니다. 이런 경우는 의료인이 의료인을 대상으로 책을 쓰는 경우가 있습니다.

네트워크 의원의 지점 확장 비즈니스 관점에서는 B2C로 환자를 설득하는 것이 아닌 B2B로 의료기관의 경영자인 의료인을 설득하는 비즈니스입니다. 대부분 일반 환자나 보호자를 대상으로 책을 쓰지만 이러한 경우에서는 대중성을 확보하는 것이 목적이 아니기에 책을 좁은 주제로 어렵게 써도 됩니다. B2B 관점의 저술에서는 단순한 의학 지식이나 기술의 전달을 넘어서 실질적인 비즈니스 가치를 제시하는 것이 중요합니다. 전문성과 비즈니스적 가치를 균형 있게 담아내야 합니다.

단순한 지식의 전달을 넘어서 실질적인 비즈니스 성과로 이어질 수 있는 구체적인 방안을 제시해야 합니다. 이를 통해 독자들에게 실질적인 가치를 전달하고 의미 있는 영향력을 미칠 수 있을 것입니다. 이러한 경우에 책의 키 메시지는 무엇일까요? 내가 가진 의료기술이 치료에 뛰어나다? 편리하다? 적용하기 쉽다? 나의 진료 철학이 특별하다 일까요? 혹시 이러한 B2B 파트에서 책을 쓰신다면 '돈을 벌 수 있다.', '실패하지 않는다.'가 기저에 깔린 키 메시지가 되어야 합니다. 저는 외식, 교육, 의료 등의 여러 네트워크 비즈니스의 확장 마케팅을 해보았는데 확장이 빠른 네트워크 본부는 대부분 매력적인 스토리텔링이 있습니다. 그리고 업계를 잘 아는 리더가 중심에 있습니다. 그 리더를 부각하는 것도 마케팅 방안 중의 하나입니다. 네트워크의 대표원장이 될 것입니다.

본질에 초점을 잘 맞추지 못하는 네트워크 본부의 스토리텔링 사례를 예시로 들자면 치킨 가맹본부는 치킨이 많이 팔리고 매장별 매출이 높다고 자영업자들에게 광고해야 할 것인데 천연 기름으로 튀겼다, 맛이 있다, 이런 포인트로 사업자에게 소구하면 잘되지 않습니다. 그들이 추구하는 본질이 길게 보면 맛이지만 그들을 움직이게 하는 것은 돈입니다. 의료인의 B2B 도서도 비즈니스 확장의 차원이라면 매출에 포커스 하여 글을 써야 합니다.

의료인이 책을 쓰게 되면 분명히 다른 의료인에게도 영향력을 미치게 됩니다. 의료인 커뮤니티 내에서의 평판과 영향력도 고려해야 합니다. 의료계는 상대적으로 좁은 전문가 집단이기 때문에 한 번 형성된 평판은 장기적인 영향을 미칠 수 있습니다. 따라서 책의 내용이 전문가적 식견과 윤리적 기준을 모두 충족시켜야 합니다. 의사를 대상으로 책을 쓰지 않고 가망 환자를 대상으로 출간하여도 다른 의료인들이 볼 것이기 때문에 의료인들 사이에서 영향력이 생길 수 있습니다. 다른 의료인들도 원장님의 책을 보기 때문입니다.

첫 책 어렵게 쓸까?
쉽게? 넓게? 좁게?

책을 쓰게 된 이상 많은 사람이 읽게 되는 대중성을 목표로 해야 합니다. 엄청나게 비싼 비급여 진료가 있고 매월 그 비싼 비급여 상품이 우리 병의원의 매출에 대부분의 비중을 차지하며 지속적인 기여를 한다면 그에 대한 책을 써도 되겠지만 그러한 주제는 잘 없습니다. 지금 쓰려고 하는 책이 회고록이나 자서전이 아니기 때문에 절대 글을 쓰는 나의 자기만족이 되어서는 안 됩니다. 책을 쓰는 과정에서 가장 중요한 질문은 '누구를 위한 책인가?'입니다. 결국 책은 저자의 관점을 담아내는 도구이기도 하지만 동시에 독자와의 소통을 위해 존재합니다.

대중적인 주제를 선택한다고 해서 책의 깊이가 얕아야 한다는 뜻은 아닙니다. 책은 쉬운 입구를 통해 독자를 끌어들인 뒤 그 안에서 깊이 있는 통찰과 가치를 제공해야 합니다. 저는 대중적이지 않은 책을 주로 출간한 적이 많았는데 개인들에게 책 판매 자체가 목적이 아니라 기업을 대상으로 한 계약을 목적으로 한 기술서나 마케팅 도서라 그런 면이 있었습니다. 그러나 책은 대중적인 것이 더 좋습니다. 의료인도 책 판매 자체가 목적이 아닐 수 있습니다. 환자 유치가 목적일 텐데 대상이 기업이 아닌 개인들이므로 의료인이 매출을 목적으로 마케팅 도서를 출간한다면 되도록 쉽고 대중적인 주제를 선택해야 합니다. 소수의 사람을 위한 주제나 지식을 과시하거나 현학적인 문체로 책을 쓰는 것은 도움이 되지 않습니다.

영어학습 책 시장은 초보 시장이 가장 큽니다. 초보들은 도전과 실패를 반복하며 초보 시장에 계속 있는 경우가 많기 때문에 초보를 위한 도서가 많습니다. 다이어트 시장이 큰 이유가 뭘 까요? 다이어트 도서도 많은 이유가 무엇일까요? 다이어트는 영원한 졸업이 사실상 어렵고 그 안에 많은 인구가 왔다 갔다 하며 계속 머물러 있기 때문입니다. 영어학습 책이 스페인어 학습 책 보다 많은 이유 역시 영어를 배우려는 사람이 스페인어를 배우려는 사람보다 많기 때문입니다. 의료인이 책을 쓴다면 책을 입구라고 생각하시기를 바랍니다. 입구가 최대한 넓어야 출구로 나오는 사람도 많을 것입니다.

저는 병의원의 온라인 마케팅에서 차별화 포인트를 진료, 시술, 수술 면에서 찾으라고 말씀드릴 때는 좁은 주제로 차별화하시기를 말씀드립니다. 예를 들어 코 성형이라면 후발주자인 원장님께 코 성형 전체를 메인 진료로 홈페이지를 꾸미라고 말씀드리지 않을 것입니다. '무 보형물 코 성형'이나 '콧볼 축소' 등의 특정 영역을 마케팅하라고 할 것입니다. 그러나 책을 출간한다면 그렇지 않을 것입니다. 더 많은 사람이 고민하는 주제에 대하여 넓은 주제로 쓸 것입니다. 예를 들어 나에게 맞는 성형외과를 선택하는 법이나 코 성형의 트렌드에 대하여 넓게 주제를 잡고 그 속에서 강조할 내용에서 나의 차별화된 진료와 철학, 관점에 대하여 결론을 유도할 것입니다. 처음부터 어렵고 좁게 원고를 쓰고 절반 이상 원고를 썼다면 바꾸기가 쉽지 않습니다. 책을 쓸 때 가장 중요한 것은 독자의 눈높이에 맞추는 것입니다. 전문가의 입장에서는 깊이 있는 내용을 다루고 싶은 유혹이 있지만 오히려 독자의 폭을 좁히고 소통을 어렵게 만들 수 있습니다. 또한 의료 전문 서적이 아닌 일반 독자를 위한 책이라면 누구나 이해할 수 있는 쉬운 언어로 설명하는 것이 핵심입니다.

의학 정보를 일반인에게 전달할 때는 전문 용어를 최소화하고 일상적인 예시를 많이 활용하는 것이 효과적입니다. 예를 들어 특정 질환을 설명할 때 의학적 메커니즘을 자세히 설명하기보다는 일상생활에서 경험할 수 있는 증상과 연관 지어 설명하는 것이 독자의 이해를 쉽게 합니다. 요리 유튜브를 보면, 복잡한 요리 레시피를 초보자가 따라 할 수 있게 단계별로 쉽게 풀어서 설명하는 것을 참고해 보시기 바랍니다. 필요한 경우 전문 용어를 사용하더라도 바로 뒤에 쉬운 설명을 덧붙이는 것이 도움이 됩니다. 독자와의 상호작용을 고려하기 위하여 각 장 끝에 독자들이 스스로 체크해 볼 수 있는 질문이나 실천 과제를 넣으면 책의 내용을 일상생활에 적용하는 데 도움이 되니 고려해 보시기 바랍니다.

의료인의 정보의 보고
아마존 활용법

참고 자료를 찾는 방법은 검색부터 AI, 서점 방문, 도서관 방문 등 여러 가지가 있고 모두 해보면 좋지만 제가 추천하는 것 중의 하나는 미국의 아마존 웹사이트입니다. 아시다시피 아마존은 세계에서 가장 큰 서점이며 아마존에는 해외의 수많은 의사가 쓴 책들이 있습니다. 그중에는 의대생이 읽어야 할 교과서도 있지만 건강, 교양에 대한 주제의 책도 아주 많습니다. 특히 미국에는 대중들을 대상으로 건강에 대한 책을 쓴 의사가 아주 많습니다. 또한 아마존에는 영어로 된 책뿐만 아니라 다양한 국가의 의사들이 다양한 언어로 쓴 건강 관련 책들이 셀 수 없이 많습니다.

원장님의 전공을 영어로 아마존에서 옵션을 도서로 하시고 검색해 보시기 바랍니다. 도서로 하지 않으면 다른 물건들도 검색되니 도서로 하시기를 바랍니다. 수많은 책이 검색될 것입니다. 한국의 인터넷 서점을 검색해 보시고 아마존과 비교해 보신다면 의사들이 쓴 책이 그렇게 많다는 것에 놀라게 될 것입니다. 별점과 후기가 천 건 이상 달린 의료인이 쓴 베스트셀러 책들을 쉽게 볼 수 있습니다. 아마존에서 건강 서적을 검색해 보면 상당히 큰 인사이트를 얻을 수 있습니다.

그런데 아마존에서 참고 자료를 찾다 보면 제목, 목차, 처음에 몇 페이지 정도는 무료로 볼 수 있지만 전체를 다 볼 수는 없습니다. 어떻게 하는 것이 좋을까요? 한국의 서점과 다르게 이 문제를 일부 해결할 수 있는 방법이 있습니다. 아마존은 한국과 다르게 전자책의 활성화가 아주 잘 되어 있고 대부분의 책이 전자책으로도 존재합니다. 아마존에는 책과 관련하여 Kindle Unlimited 서비스가 있습니다. 국가마다 다른데 제가 책을 쓰는 2025년 현재 한국은 11.99달러, 미국은 9.99 달러입니다. 월간 구독으로 100만 권 이상의 전자책과 오디오 북을 보고 들을 수 있으며 권수는 무제한입니다. PC에서도 사용할 수 있습니다. 굳이 전자책 전용 킨들 기기를 구매할 필요는 없습니다. 그러나 문제는 모든 출판사가 이 서비스에 참여하지 않으므로 최신 도서, 베스트셀러는 볼 수 없습니다. 그러나 책을 쓰는 시기에는 충분히 자료 참고용으로 이 서비스를 이용할 가치가 있습니다. 저는 아마존을 통해서 영어권의 의사들뿐만 아니라 타국가의 의사들의 책, 그리고 스페인어로 쓰인 의사의 책까지 자료조사에 사용해 본 경우가 있습니다.

그러면 Kindle Unlimited 서비스로 볼 수 없는 책들은 어떻게 해야 할까요? 그런 경우는 전자책으로 구매할 것을 권장해 드립니다. 대부분의 전자책은 12달러 내외의 가격이기 때문에 책을 쓰기 위한 참고 자료의 용도로는 충분히 가능합니다. 그러면 언어 문제는 어떻게 할까요?

기본적으로 아마존의 자료들은 모두 영어로 되어 있고 유료 구매를 하여도 전용 APP인 킨들에서만 볼 수 있으며 PDF로 변환되지는 않습니다. 여기서부터는 저작권과 관련되어 제가 자세한 설명을 드릴 수는 없습니다.

검색으로 자료를 한번 찾아보시기를 바랍니다. 힌트는 AI에 있습니다. 현존하는 어떠한 콘텐츠와 영상들도 모두 AI로 다 번역하여 볼 수 있고 영어 원서 1권도 2~3분이면 모두 한글 번역이 되는 AI 세상에서 우리는 살고 있습니다. 현재의 번역 AI는 전통적인 파파고와 구글 번역의 수준을 뛰어넘는 수많은 서비스가 있습니다. 이들의 출현 전과 출현 이후의 책 쓰기는 제가 보기에는 완전히 다른 영역으로 넘어왔다고 할 수 있습니다. 아마존은 반드시 활용하시기를 바랍니다.

내 책을 번역하여
아마존에서 판매하기

책이 한글로 국내에 출판된 이후에 전 세계의 독자와 만나기 위하여 아마존에 등록할 수 있습니다. 먼저 번역 작업이 필요한데 국문으로 작성된 책을 전문 번역 업체나 번역 프리랜서를 동하여 번역 작업을 할 수도 있겠지만 전문가나 전문 번역 업체를 통한 번역은 예산의 부담이 상당합니다. 추천하는 것은 번역 AI를 통하여 번역 검수하여 영문 버전의 원고를 완성하는 것입니다. 추천하는 AI는 딥엘(https://www.deepl.com)입니다. 파일 번역 기능과 텍스트 번역이 있는데 책 1권을 한 번에 번역하는 파일 번역은 빠른 작업은 가능하지만 누락이 발생하고 번역의 정확성은 떨어지기 때문에 원고를 2~3페이지 정도 분리하여 번역하는 텍트 번역을 추천합니다. 이후 그래머리와 같은 현지에서 쓰는 APP으로 한 번 더 원고를 보정하는 것도 추천합니다.

아마존에는 전자책과 종이책을 등록하고 판매하는 것이 가능한데 종이책의 경우는 실제 물류창고에서 책이 발송되는 것이 아니라 POD 방식으로 전 세계로 발송됩니다. 따라서 종이책을 위해서는 pdf 파일을 등록해야 합니다. 번역이 완성되면 완성된 파일을 pdf로 변형하여 업로드 합니다. 전자책의 경우는 국내는 pdf 형식을 많이 이용하지만, 아마존의 경우 킨들을 사용하는 유저가 많기 때문에 pdf로 등록되지 않고 pdf를 EPUB 형식으로 바꾸어 등록해야 합니다. pdf 형식의 파일을 EPUB 형식의 파일로 바꾸는 방법은 Calibre라는 무료 소프트웨어로 가능합니다. Calibre는 전자책 관리 및 변환 프로그램으로 EPUB, PDF 등 다양한 전자책 형식을 지원합니다. 무료이며 Windows, macOS, Linux에서 사용할 수 있습니다. 아마존 출판을 위한 여러 E-Book 출판 소프트웨어들이 별도로 있으며 책 쓰기를 이런 프로그램에서 하여 편집까지 마치는 경우도 있습니다. 이를 이용하면 종이책 및 전자책의 형태로 디자인 및 조판작업까지 가능합니다. 대표적인 프로그램은 Atticus 라는 서비스가 있으니 관심 있으신 경우에는 검색해 보시기 바랍니다.

아마존에서 직접 종이책과 전자책(킨들 eBook)을 판매하려면 아마존의 KDP(Kindle Direct Publishing) 서비스를 이용하면 됩니다. KDP 아마존 공식 사이트에서 아마존 계정을 만든 후 KDP에 접속하여 세금 정보와 은행 계좌를 입력하면 됩니다. 로열티는 국내은행으로도 입금할 수 있습니다. 이후 지역별 판매가격을 설정하고 로열티는 전자책과 종이책이 다른데 옵션에 따라 35%~70%의 다양한 옵션이 있으니 선택하시면 됩니다. 모든 등록을 마치고 출간신청을 하시면 최대 72시간 이내에 판매가 가능합니다.

책을 쓰고 번역 AI를 활용하면 국내에서 전 세계 독자와 만날 수 있습니다. 해외환자 유치에 도움이 되며 최근 K-컬처의 영향으로 해외에서 인기도서가 될 수도 있습니다.

에필로그

AI를 이용한 글쓰기가 의료인의 마케팅 도서 출간에 있어 모든 것을 해결해 주지는 못합니다. AI는 데이터를 기반으로 학습하고 패턴을 인식하지만 인간의 직관적인 통찰력이나 감정의 깊이를 완벽하게 모방하기는 어렵습니다. 그래서 저는 의료인의 감정이 담긴 20%의 에세이는 반드시 직접 쓰시라고 앞에서 언급하였습니다.

AI는 성공적인 책 출간에 있어서 인간을 돕는 보조 도구입니다. 저 역시 챗지피티의 출현 이후 수많은 유료 AI 글쓰기 강좌와 책을 읽어보았지만 대부분의 도서는 AI의 글쓰기 기능을 과장하고 있고 실질적인 출간을 목표로 하는 책 쓰기에 접목하는 방법에 대해 구체적이고 실무적인 언급은 없어서 실망하였습니다. 대부분은 지엽적인 내용을 다루고 있고 앞으로 출연할 AI 세상에 대한 기대감만 자극하는 강의와 책이 대부분이었습니다.

AI가 글쓰기의 보조 도구라 하지만 가히 혁명적인 보조 도구이며 마케팅 도서 출간에 있어서 감성과 고유한 관점을 제외한 대부분을 도와주고 대체해 줄 수 있습니다. 그래서 저는 현실의 생활에서 시간이 부족한 의료인이 책을 출간하는 시간을 단축하고 원고의 내용을 늘리는 용도와 자료를 수집하는 용도로 AI를 책 쓰기에 확실하게 사용하자는 것이 저의 주장의 핵심입니다.

생성형 AI는 인간 저자가 가진 감성과 고유한 관점을 완전히 대체할 수는 없습니다. 인간의 글쓰기는 단순한 정보의 나열이나 문장의 구성을 넘어서는 복잡한 창작 활동이기 때문입니다. 인간의 감성과 관점은 복잡하고 미묘한 요소들로 구성되어 있습니다. 우리의 감정은 개인적 경험, 문화적 배경, 사회적 상호작용 등 다양한 요인에 의해 형성됩니다. 이러한 복잡성을 AI가 완전히 이해하고 재현하는 것은 현재로서는 불가능하며 앞으로 상당 기간 그러할 것이라고 예상합니다. 저자의 개인적 경험, 감정, 섬세한 뉘앙스, 사회적, 문화적 맥락에 대한 이해, 그리고 독자와의 정서적 교감은 기존의 데이터를 학습하여 결과를 도출하는 AI가 완전히 모방하기 어려운 요소들입니다.

책의 핵심적인 메시지, 감동, 통찰력은 여전히 인간 작가의 고유 영역으로 활용하여야 성공적인 출간이 가능합니다. 독자들이 의료인의 책에서 찾고자 하는 것은 단순한 정보나 완벽한 문장이 아닌 의료인의 인간적 경험과 감정의 공유이기 때문입니다. 여러분이 자신만의 독특한 시각과 경험을 바탕으로 독자들과 진정성 있는 소통을 이어가시기를 바랍니다.

도서가 출간되면 기존과 같이 마케팅 하시 마시고 여러분이 평소에 하시던 병원 마케팅과 꼭 결합하여 통합 마케팅 전략을 실행하시기를 바랍니다. 마지막으로 여러분께 매일 15분 이상의 에세이 파트의 책 쓰기와 매일 AI 사용을 꼭 당부드립니다. 꼭 출간에 성공하셔서 여러분의 책을 서점에서 만나기를 기원합니다.

이 책이 세상에 나올 수 있도록 도움을 주신 모든 분께 감사의 말씀을 전합니다.

여러분의 성공적인 출간을 기원합니다.

2025. 3

심진보 드림

▶ **닥터북클럽**: 매월 갱신하는 구독형 출판 코칭 프로그램

▶ **클럽장 및 출판코칭**: 투비스토리 심진보 대표

▶ **닥터북클럽이란?**

닥터 북클럽(Doctor Book Club)은 의사, 치과의사, 한의사를 위한 맞춤형 출판 & 퍼스널 브랜딩 프로그램입니다.

의료인의 전문성을 책으로 정리하고, 출판을 통해 개인 브랜드를 구축하며, 국내외 시장에서 영향력을 확대할 수 있도록 1:1 컨설팅과 AI 기반 글쓰기 지원을 제공합니다.

- ✓ **Type1: 월간 구독 프로그램** – 원하시는 시점에 시작
- ✓ **Type2: 단행본 과정** – 월간구독이 아니라, 1회성, 일시불 출간진행
- ✓ **매월 구독 가능 & 자유롭게 해지 가능** – 부담 없이 출판을 준비할 수 있음
- ✓ **출간이후 홍보 및 글로벌 출판 지원**(선택 사항) – 아마존 출간 보장, 해외 출판
- ✓ **출간 보장형 출판 컨설팅** – 출간 및 교보문고, Yes24, 알라딘 입점 보장

▶ **진행 방식**

매월 원격(Zoom, 전화, 이메일)으로 진행하는 1:1 출판 컨설팅 · 원고 진도 점검, 첨삭, AI 활용방법 및 코칭과 피드백 제공 · 매월 개인 맞춤형 일정 조정 가능 · 전국 어디서나 신청가능

문의: help@2bstory.com / 010-8718-5000
자세히 알아보기: www.doctorbookclub.com

찾아가는 병원 마케팅 무상점검

현재의 병의원 마케팅을 외부의 시선에서 개선점을 점검하여 1회 무료 방문해 드리고 컨설팅해 드립니다. 지방의 경우 Zoom으로 진행합니다. 무료로 진행되며 현황분석 자료를 만들어서 방문해 드립니다. 부담 없이 신청해 보시기 바랍니다.

신청 및 문의 : help@2bstory.com / 010-8718-5000

지방 1인 원장을 위한 마케팅 및 디자인 구독 서비스: 한마디

수도권 외 지방의 소규모 1인 의원의 원장님을 위한 마케팅 및 디자인 구독 서비스 '한마디'(한 명의 원장을 위한 마케팅, 디자인 서비스)입니다. 광고대행사나 원내에 마케터와 디자이너를 직접 고용하기 어려운 지방의원을 위하여 단톡방을 개설하여 의원의 필요 사항에 맞게 지원해 드립니다. 프리랜서를 고용하면 필요시마다 의뢰하기 어렵고 의료법에 대한 지식이 없어 힘든 점이 있기에 기본적인 마케팅과 디자인을 원격에서 지원해 드립니다. 현재 춘천, 동해, 진주, 순천 등 지방의 1인 의원에서 다수 구독하고 있습니다. 매월 광고비는 매월 자동이체이며 언제든 구독 탈퇴가 가능합니다. 지방 1인 의원을 위한 원격 마케팅 및 디자인팀 지원 서비스입니다.

신청: www.1madi.com
문의: help@2bstory.com / 010-8718-5000

병원 마케팅, 홈페이지, 영상 제작 의뢰

2008년부터 병원 온오프라인 마케팅과 홈페이지 제작, 영상 제작 업무를 해오고 있습니다.

부담 없이 문의하시기를 바랍니다.

문의: help@2bstory.com / 010-8718-5000

병원 마케팅 이기는 전략 정기세미나

매월 또는 비정기적으로 병의원을 위한 마케팅 세미나를 Zoom으로 진행하고 있습니다. 신청해 주시면 초대해 드리며 무료 세미나입니다.

신청: www.medibrain.co.kr

마케팅 감사(監査, audit)

우리 병의원의 마케팅이 제대로 되고 있는지 매월 객관적 시각에서 외부 감사 및 모니터링을 진행해 드립니다. 대표 원장님만 가입할 수 있는 구독 서비스입니다. 광고 대행 서비스가 아니며 직접 하시거나 외주 대행사를 쓰고 있거나 무관하게 현재의 마케팅에 대해 점검해 드립니다. 실제 마케팅의 전체를 파악하기 어려운 대표 원장님만을 위한 비밀구독 서비스

- 심진보 대표와 원하실 때 언제나 통화 및 카톡 가능 (핸드폰 직통, 주말 포함)
- 매일 온라인상의 부정 이슈 1회 모니터링, 발생 시에만 원내 통보
- 현재 마케팅업체의 광고 보고서를 분석하여 취약점 원장님께 통보, 월 1회
- 현재 마케팅 예산의 누수 포인트 분석 및 보고, 월 1회
- 원하시는 경우 월 1회 Zoom 미팅 가능
- 전국 어디서나 가입 가능
- 매월 구독모델, 자동이체, 언제든 취소 가능
- 철저한 보안과 비밀 유지

- 경쟁병원 분석요청 가능
- 의료광고 심의 및 경쟁업체의 공격에 대한 조언
- 광고 대행은 다른 곳에서 하고 있으셔도 됩니다.
- 신청 직후 원장님과 카톡 친구 추가로 시작합니다.

신청: 마케팅오딧 www.marketingaudit.kr
문의: help@2bstory.com / 010-8718-5000

병원 개원마케팅 컨설팅

현재 봉직 상태에서 또는 휴직 상태에서 병의원 개원을 준비하시는 원장님을 위한 시행착오 없는 병원 개원을 위한 개원마케팅 컨설팅 서비스, 개원 예정 3~4개월 전부터 진행

주요 진행 내용
- 미팅, 워크숍, 진도 점검, 전략회의 격주간
- 시그니처 진료 개발, 상표권 출원(with 변리사)
- 병원 컨셉기획, 키 메시지 도출
- 의료광고 심의 대행
- 개원 진도 체크, DB 마케팅 기획
- 가격 및 비급여 상품 기획 공동 기획
- 타 병원 벤치 마킹, 브랜드 차별화 포인트 개발, 로고 제작

문의: help@2bstory.com / 010-8718-5000

병의원 시그니처 수술 및 시술 개발 + 상표권 등록 서비스

별다른 차별화 포인트 없이 기기명, 시술명, 수술명, 지역명으로 지역사회에서 평범하고 경쟁력 없는 마케팅을 진행 중인 병의원을 위한 차별

화 진료 기획 + 진료 명 도출 서비스입니다.

　네이버와 소셜미디어, 유튜브 등에서 사용할, 중복 없는 우리 병원만의 특화 시술명과 그에 따른 스토리와 논리를 개발 후 특허법인의 변리사에게 상표권 등록 의뢰해 드립니다.

문의: help@2bstory.com / 010-8718-5000

해외환자 유치를 위한 다국어 홈페이지 제작

해외환자 유치를 위한 가장 기본적인 다국어 홈페이지를 번역 AI를 이용하여 빠르고 경쟁력 있게 제작해 드립니다.

문의: help@2bstory.com / 010-8718-5000

병원 홈페이지 무제한 유지보수 서비스

홈페이지의 원본파일이 없어도 홈페이지 유지보수가 가능하며 매월 팝업, 이벤트 디자인, 각종 수정사항을 담당 디자이너를 배정하여 실시간으로 지원해 드리는 월 정액 구독 서비스 입니다.

문의: help@2bstory.com/ 010-8718-5000

의사를 위한 AI 출판 가이드

발행   2025년 03월 01일

저자   심진보
펴낸이   심진보
편집   윤경희
펴낸 곳   투비스토리㈜

출판사 등록   2024.07.18. (제2024-203호)
주소   서울 강남구 테헤란로2길 27 비전타워, 10층 1022호
전화   070-8676-7132
이메일   help@2bstory.com

ISBN 979-11-988599-7-6

www.2bstory.com
@심진보 2025

본 책은 저작자의 지적 재산으로서 무단 전재와 복제를 금합니다.